LAST
ラスト フライト
FLIGHT

奥高千穂 隼 B-29 墜落秘話

工藤 寛 著

鉱脈社

五ヶ所高原三秀台から見る祖母山

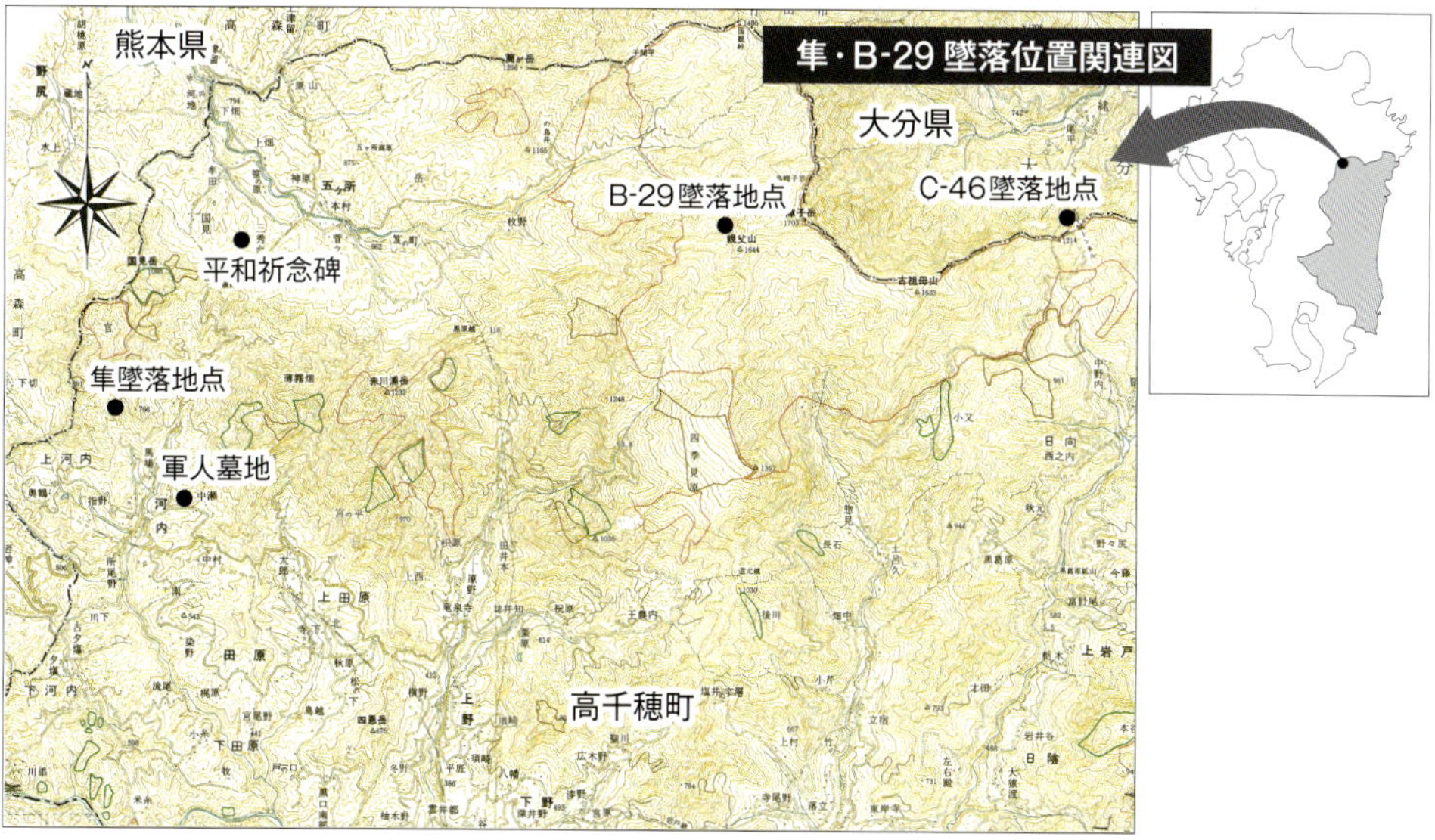

上／平和祈念碑がたつ五ケ所高原
下／祈念碑の正面と背面

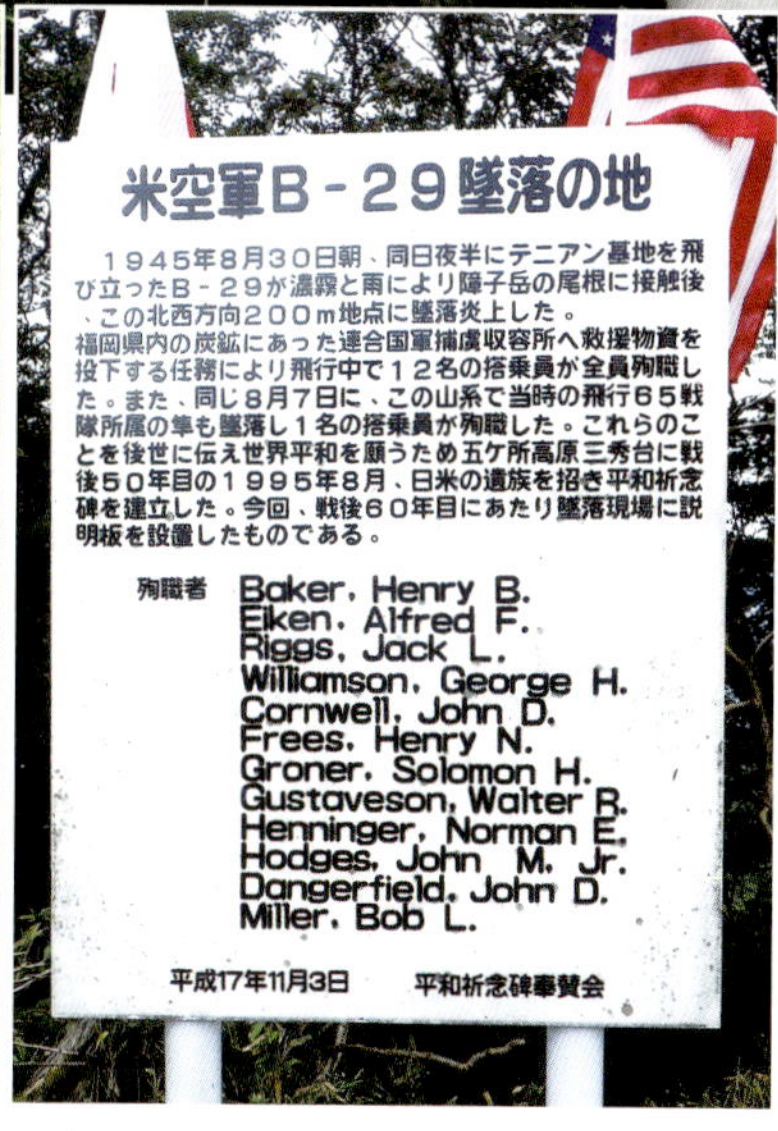

上／親父山の墜落現場付近を調査中の小笠原募と筆者（左）
下／親父山の墜落現場付近に立てた案内板

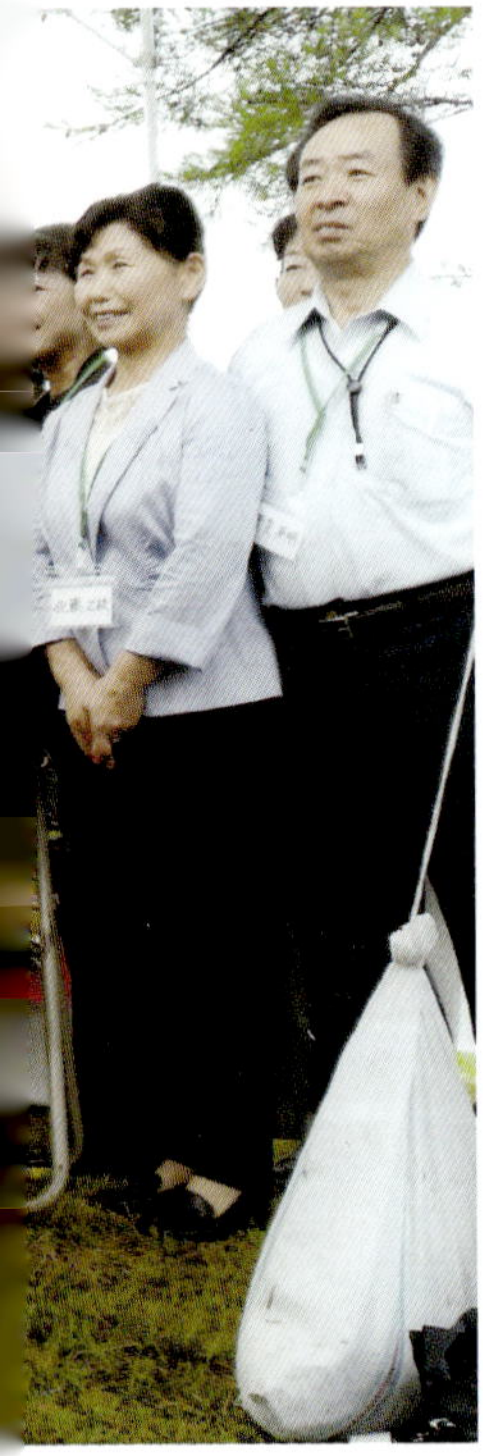

平和祈念碑除幕式（平成７年８月26日）

墜落現場に立てた日米両国旗と花

上／第20回五ヶ所平和祈念祭（平成27年８月29日）
左／同祈念祭絵ハガキ（原画 甲斐盛彦）

高千穂町町長室での一行
（前列左からケリー・メイヤー、メアリー・ブランソン、グレン・フォーク、マシュー・フォーク、メアリー・エレン・フォーク。後列左から甲斐英明（奉賛会事務局長）、武田計助（奉賛会会長）、筆者、溝辺牧男、ドン・メイヤー、マイケル・ナロン、清水達也、ロイ・ブランソン、佐藤定信、内倉信吾高千穂町長）

知覧での飛行第65戦隊第三中隊（前列中央吉田隊長、後列右から２番目松原弘直、３番目徳義仁。写真撮影３日後に５名が戦死）

一式戦闘機　隼

五ケ所小学校児童による
紙芝居の徳機発進のシーン

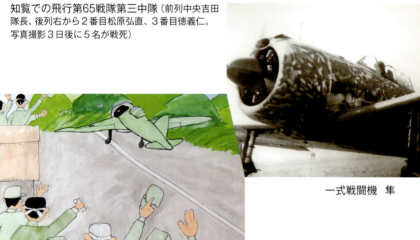

徳義仁軍曹（21歳）

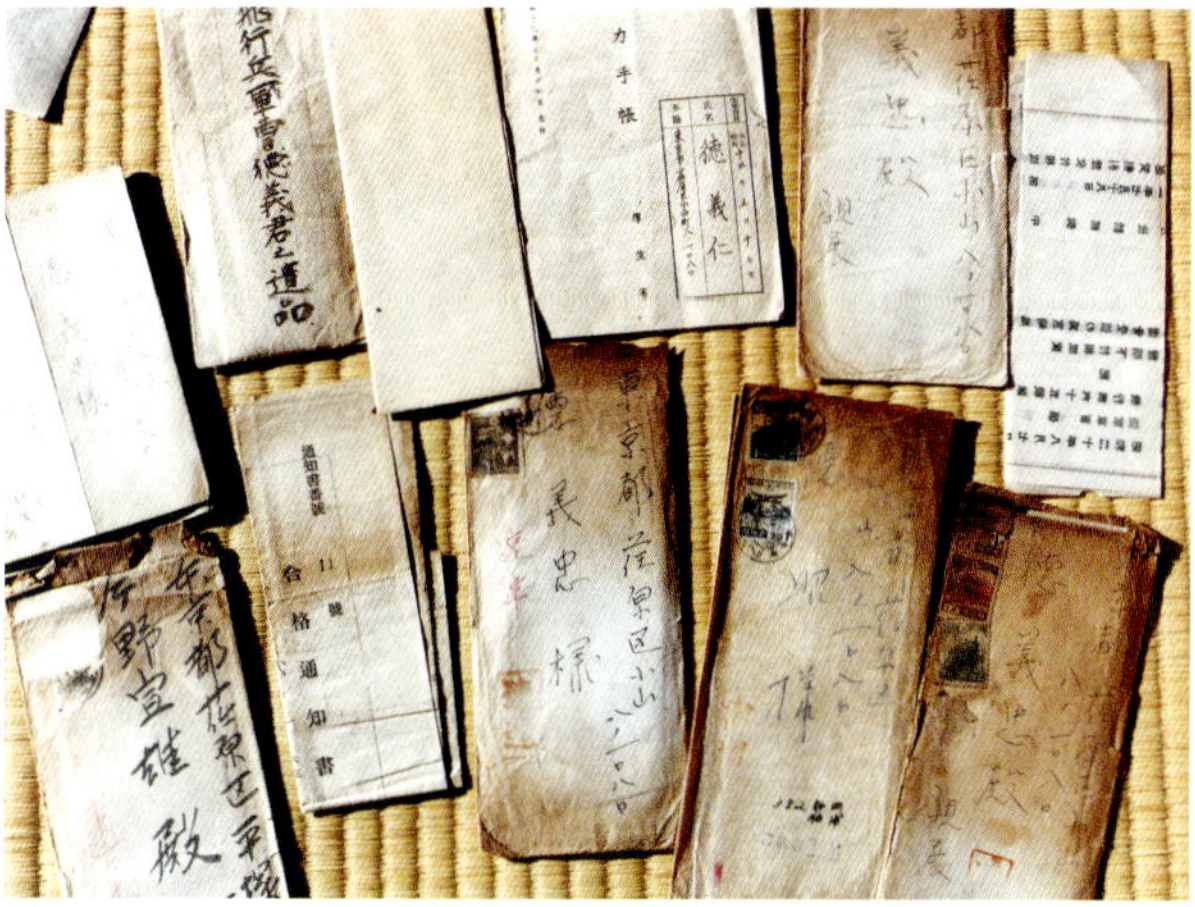

上／徳家に残されていた当時の手紙の数々
下／鹿児島山の墜落現場から回収した隼の部品
右／河内軍人墓地にある徳義仁の墓

B-29の搭乗員（後列左から Robert Wix, Jack Riggs（機長）, Miller, Alfred Eiken, Hilliard
前列左から Walter Gustaveson, Bane, Murrath, Athey, Henry Frees）
（下線の５名が親父山で殉職。写真提供　ドナ・ボイド）

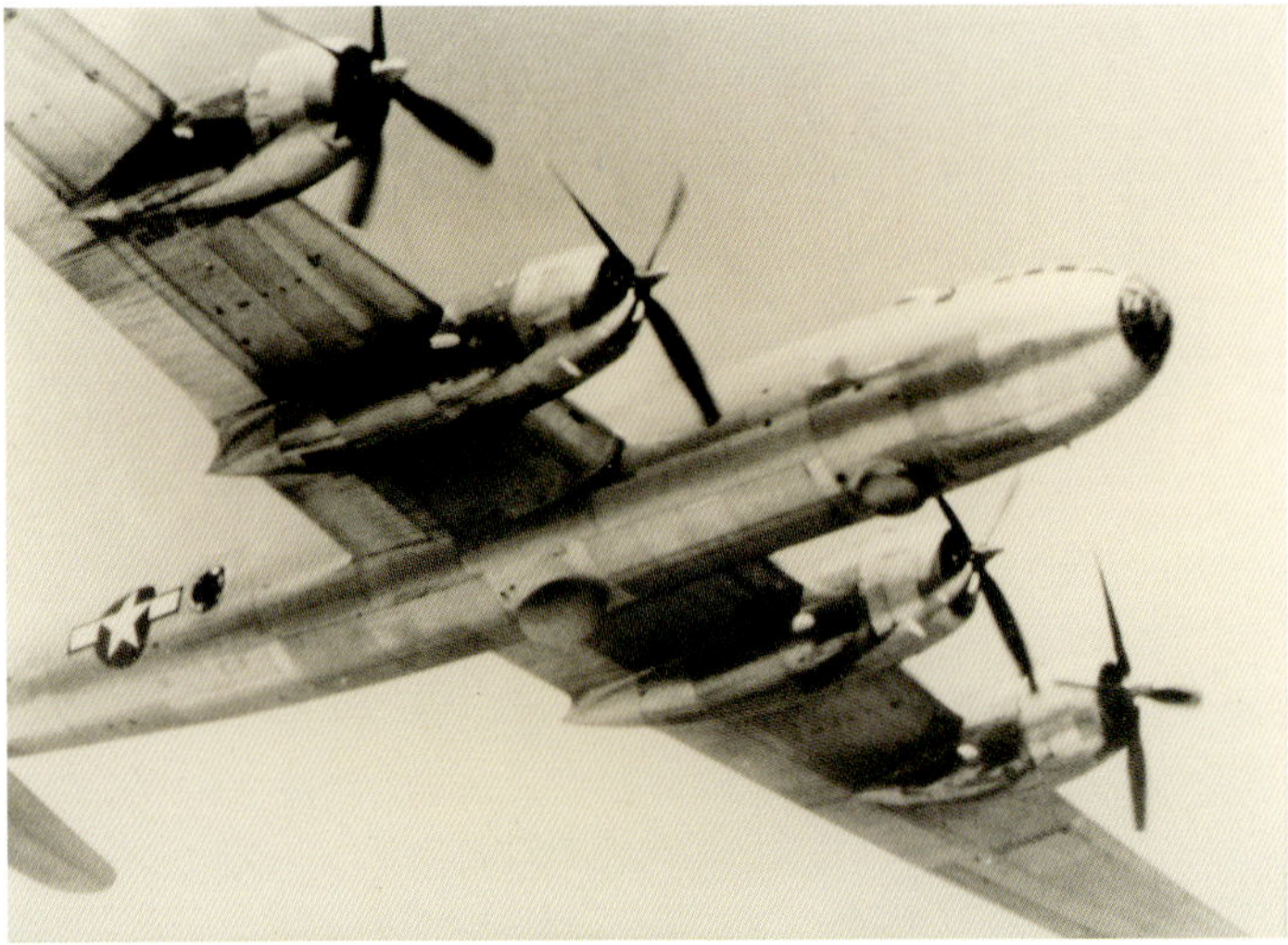

戦略爆撃機　B-29

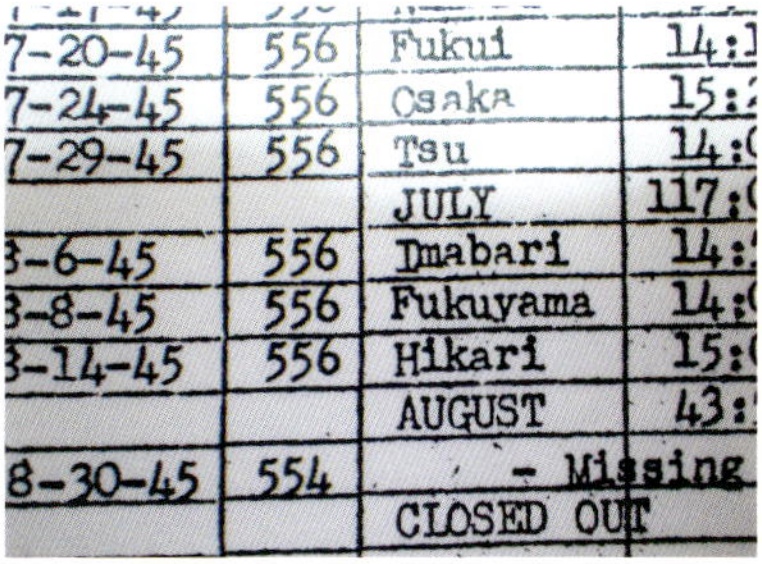

7-20-45	556	Fukui	14:1
7-24-45	556	Osaka	15:2
7-29-45	556	Tsu	14:
		JULY	117:
8-6-45	556	Imabari	14:
8-8-45	556	Fukuyama	14:
8-14-45	556	Hikari	15:
		AUGUST	43:
8-30-45	554	- Missing	
		CLOSED OUT	

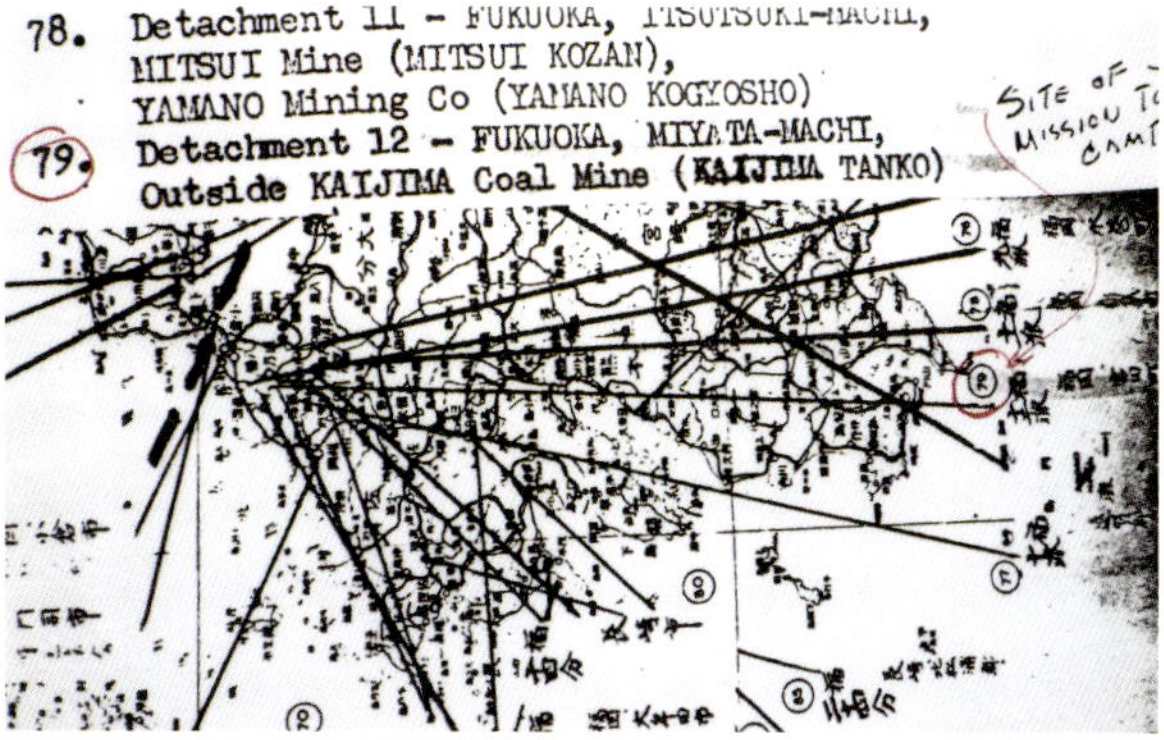

78. Detachment 11 - FUKUOKA, IITSUTSUKI-MACHI,
MITSUI Mine (MITSUI KOZAN),
YAMANO Mining Co (YAMANO KOGYOSHO)
79. Detachment 12 - FUKUOKA, MIYATA-MACHI,
Outside KAIJIMA Coal Mine (KAIJIMA TANKO)

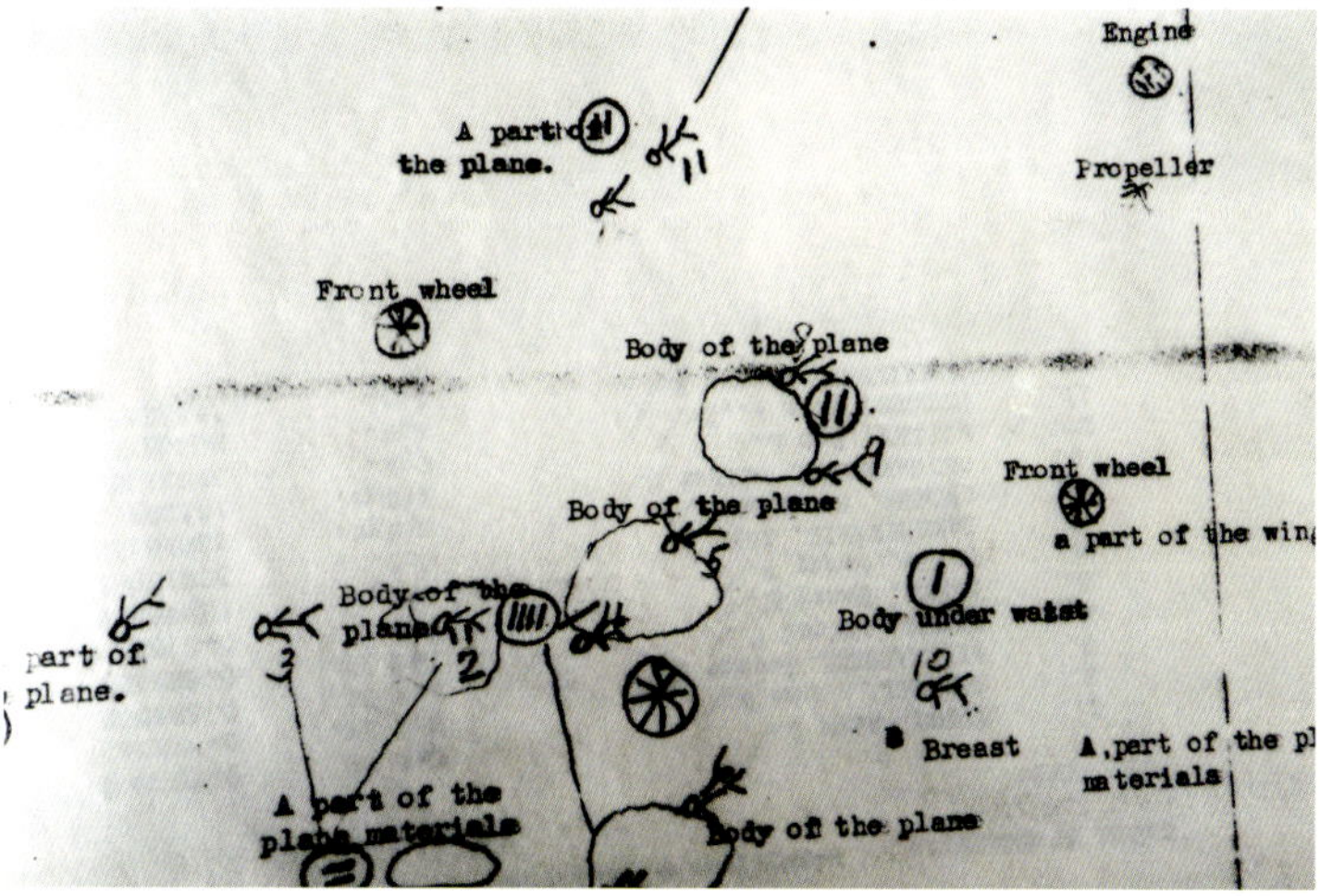

上右／救援物資投下予定地の地図
（ウィリアム・ヒューズ提供）

上左／アルフレッド・エイケン中尉の飛行記録
（ドナ・ボイド提供）

下右／墜落事故を記録した米国の報告書
（米軍歴史研究所提供）

高千穂町歴史民俗資料館に展示されているＢ -29の部品と緒方俊輔学芸員

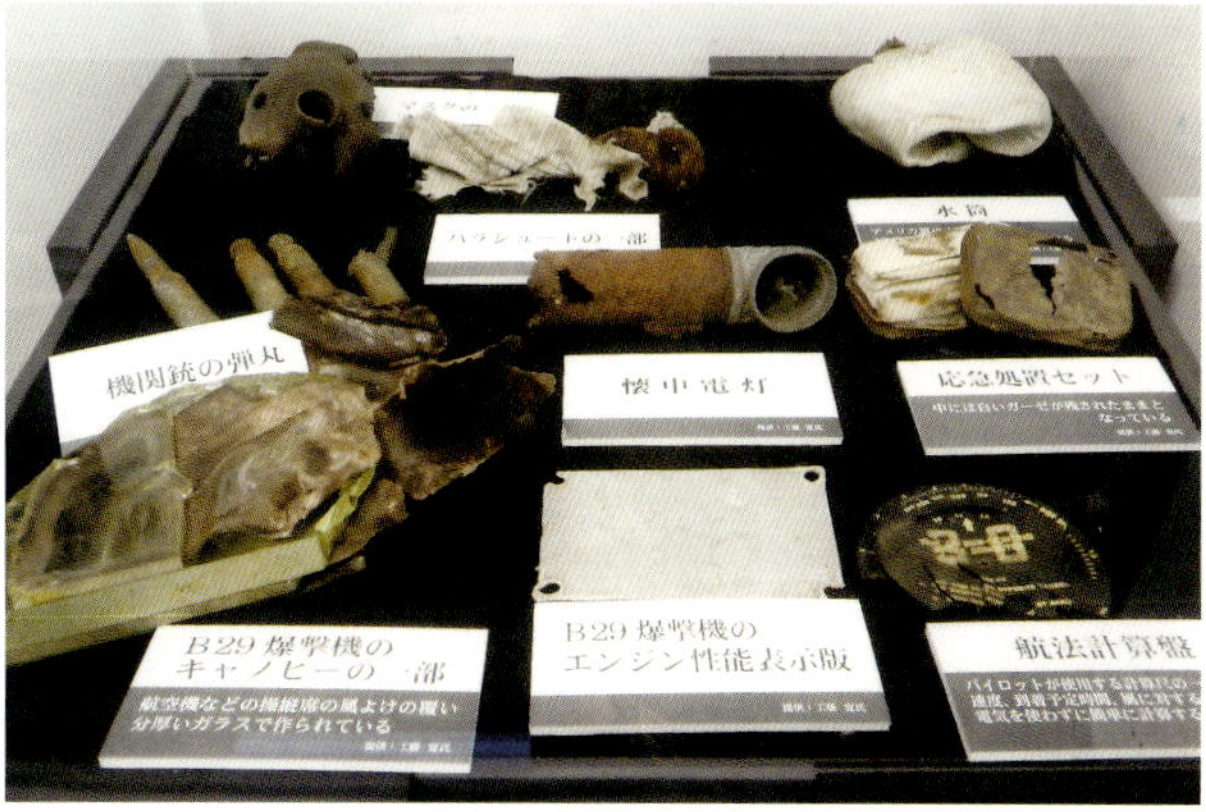

B-29墜落現場から回収した遺品の一部

アルフレッド・エイケン中尉が母に送ったクリスマス・カード

アルフレッド・エイケン中尉
の婚約者メルバの写真
（３点ともドナ・ボイド提供）

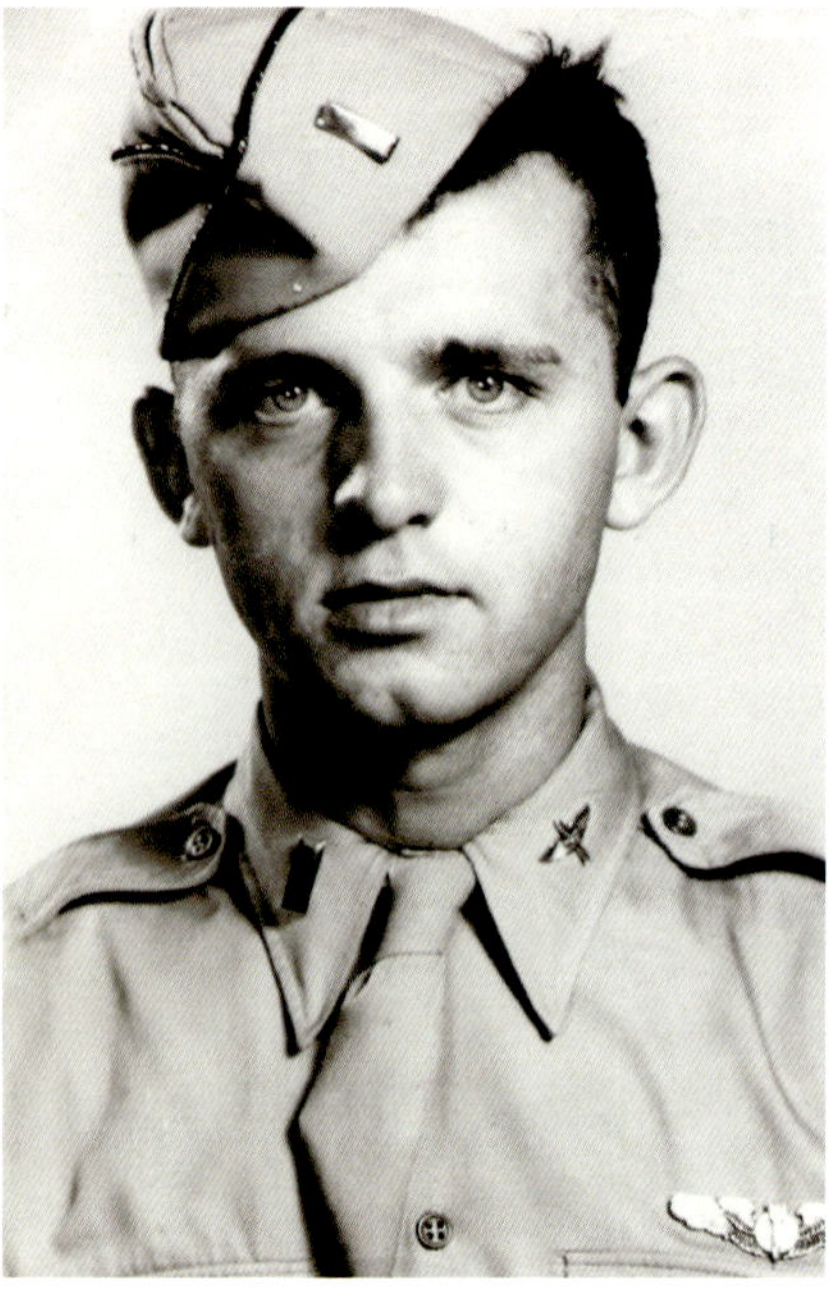

アルフレッド・エイケン中尉（当時23歳）

平和祈念碑前で兄の遺影を手にするケリー夫妻

平和祈年祭で読経をする正念寺住職
吉村順正と坊守ヴィクトリア

高千穂神社で後藤俊彦宮司とケリー夫妻

平和祈念碑前でカントリーロードを歌う五ヶ所小学校児童（写真提供　日高誠一郎）

墜落現場に今も残るB-29の衝突により折れ曲がったブナの木

目次

第五部　二〇一五年八月　七十年目の夏

ラスト フライト

奥高千穂 隼・B-29墜落秘話

第一部

一九四五年　祖母山
終わらざる夏

第一章　一九四五年八月三十日

祖母山

「祖母嶽は日豊肥三國に跨り遙か雲間に聳立する鎮西の名山なり。深くすぐれし嵐翠の気の複雑に渦巻ける、九州アルプスの中心をなし、久住、阿蘇と三山鼎立して、互いに其の覇を競ふ壮観たとへんにものなし。立ちて頂上より眺望すれば、千峰萬嶽眉端に集まり、筑豊日肥の山河一眸の裡に映え、遠く海峡を隔てて予土の境を望み得、景趣頗る雄深を極む」

これは、この山をこよなく愛し、明治末期から大正時代に頻繁に祖母山に足を運んでいた百渓禄郎太の著書『祖母嶽』（大正十四年発行）の冒頭の一文である。因みに、著者は、旧制延岡中学時代に、旅と酒を愛し「幾山河越えさり行かば寂しさのはてなむ国ぞ今日も旅ゆく」や「白玉の歯にしみとほる秋の夜の酒はしづかに飲むべかりけり」の名歌を残した歌人若山牧水と机を並べ、東京帝国大学で実験物理学を修め、卒業後は、ドイツの電気機械製作会社シーメンス・シュッケルト社の東京支店員として勤めた。昭和七年二月に再版が発行され、序文は、「天災は忘れた頃にやってくる」で有名な物理学者寺田寅彦が寄せている。

祖母山（一七五六・七メートル）の山頂は、三六〇度の展望に恵まれ、東西南北いずれの方向にも、山々が重なり合い、阿蘇・久住の山々から九州脊梁の山々、霧島山群、天気の良い日には、遙か遠くに四国の最高峰石鎚山（一九八二メートル）まで望める九州の主峰である。それだけに、天孫降臨伝説に関係する山岳として古代伝承も多く、相当古くから山麓の村人達の信仰の対象として崇められ、祖母山祭りの行事が山麓の広い地域にわたって盛大に行われていた。

一方、山の呼び名も姥ケ嶽《うばがたけ》、嫗嶽《うばたけ》、添利山《そふりやま》とも言われ、それぞれ呼び名の由来が伝えられている。前三つの山名は、神武天皇の祖母にあたる豊玉姫命《とよたまひめのみこと》が、この山の祭神であることに由来している。「豊後史跡考」には「祖母嶽は豊玉姫命を配祠す。神武天皇の皇祖母に当らせ給うの故を以てなりと云う」と記されている。一説には添利の語源は、朝鮮語の「京」を意味する「ソプル」に基づくという説もあり、山頂から遥か遠く朝鮮半島に向かって遠い先祖の来た道をたどっていた古代人達もいたのかもしれない。

徳川時代の紀行作家で伊勢国の儒医　橘　南谿《たちばななんけい》（一七五三〜一八〇五）は、天明二〜三年（一七八二〜八三）頃に竹田から祖母登山を計画し、そのことを、著書「西遊記」に記しているが、この年は凶年飢饉で、山中は人家もなく、強盗も多いとの風聞もあり、地元の人が、皆登山を止めるので、近くまで来たものの登るのをあきらめ心残りであったと書いている。

また、同じく伊勢国の探検家松浦武四郎（一八一八〜八八）は、西国地方旅行記の「西海雑志」に、当時の高千穂地方の風俗とともに、決死の覚悟で村人から魔所と恐れられ、春秋の祭日以外は、足を踏み入れることのなかった山頂へ、山刀や火縄銃を携えた案内人を付け、数千年斧斤を知らない霊山登山を成し遂げている。

当時は、交通の便も極めて悪く、しかも、どの登山口からも山頂までは鬱蒼とした原生林の中を長時間歩かねばならず、信仰の対象の山として、ごく一部の者しか入山しなかったのである。

祖母山（1756.7 m）

慶応三年（一八六七）四月九日、時の藩主内藤政挙《まさたか》は、諸塚から高千穂諸村を廻り、祖母山に登った。今も残る茶屋場台の地名は、その時に藩主が休憩した所と言われている。

また、明治十七年（一八八四）発行、平部嶠南著「日向地誌」において、五ヶ所村の項では、祖母嶽について「本村ノ東ニ聳エ肥後豊後日向三國ニ跨ル高六百三十丈周囲十八里北ニ筒嶽ヲ挟ミ南ニ黒嶽ヲ擁シ嶺上ヨリ東北ハ豊後ニ属シ西ハ肥後ニ属シ東南ハ日向ニ属ス俗ニ謂フ其四麓ニ八百八谷アリト其山ノ大ナルヲ語ルナリ　嶽頂石ヲ戴キ高樹ナク唯短卉ヲ生ス四五月ノ際雪消スレバ群草花ヲ開キ紅白観ツベシ半腹以下ハ椴栂槻赤松五葉松等ノ良材ヲ生ス例年小雪ヨリ山嶺雪ヲ戴キ明年四五月ニ至リ始テ解ク」と記されている。

祖母山は、明治三十二年に行われた陸地測量部三等三角点調査により海抜一七五七・五メートルとされ、九州本土では、久重山系の大船山（一七八七メートル）、久住山（一七八七メートル）、星生山（一七六八メートル）、稲星山（一七六五メートル）に次ぐ山である。

祖母山を登山の対象として最初に登ったのは、意外にも日本人ではなかった。それは、日本アルプスの父と呼ばれる英国人宣教師ウォルター・ウェストンである。明治二十一年(一八八八)に来日したウェストンは、まず日本の最高峰富士山に登り、次に九州に来て阿蘇山から祖母山に登り、次いで霧島に登り、日本アルプスに登ったのは、その後のことである。

当時、同じ英国から福岡に来ていたジョン・ブランダン宣教師が、隣村の田原村太郎《だいろう》に避暑によく訪れていた関係から盛んに外国人と連絡を取り合い、そのような縁でウェストンも五ヶ所を訪れ祖母登山をしたものらしい。その後、キリスト教監督エドワード・ビカステスやエビントン、アーサー・リー総監督なども大正七年(一九一八)頃から毎夏五ヶ所に滞在しており、九州在住の著明な外国人の間にあっては、五ヶ所は、九州の軽井沢のように思われていたのであった。

五ヶ所の旧家矢津田家に伝わる矢津田日記によれば、「明治二十三年十一月六日、英人ジョン・ブランダン師、神戸在留の同国人ウェストン師同道にて祖母山登山帰途同道にて立寄らる。河内泊りの由なり」と記録されている。案内人は、矢津田忠蔵であったらしい。

ウェストンは、明治二十七年(一八九四)ロンドンで発行されたB・H・チェンバレン、W・B・メイスン共著の「日本旅行の手引き」の中に「祖母山への道はひどく荒れて急だ。特に頂上近くの千フィートはひどい。頂上からの展望は、山と峯とが限りなく大パノラマとなって連なり、海も四国も見える。五ヶ所から高千穂への道は、すばらしい秋の紅葉のスペクタクルで決してスイスに劣らない道である」と記している。ウェストンの祖母登山を記念した碑が、昭和四十一年(一九六六)に三秀台に建立され、同年十一月六日に除幕式が行われた。

日本における著明な作家であり登山家でもある深田久弥の「日本百名山」にも九十六番目の山として祖母山が登場する。深田は、百名山の選定に当たっては、三つの基準を置いたとその後記に書いている。その第一は山の品格、第二は山の歴史、第三は山の個性であるとし、祖母山は、まさに、この三つの条件を具備した山として百名山に選定している。

一方、祖母山は、その植生の豊富なことでも知られ、明治四十二年（一九〇九）に世界的な植物研究家牧野富太郎博士は、祖母山においてカラカサバナ科の珍種を発見し山名に因んでウバタケニンジンと命名している。山歩きの好きな作家として知られる田中澄江も、読売文芸賞受賞作「花の百名山」で、この山の花の豊かさ、この景観の変化ある楽しさに、祖母山というよりは「花の乙女山」とも名づけたかったと記している。

動物については、祖母山の自然の豊かさから多くの鳥獣が見られるが、近年で一番話題となったのは、九州のツキノワグマの最後の棲息地としての可能性である。私も含め、多くの山男が生息を信じて山深く分け入り痕跡を調べたが、具体的な確証が得られないとして、環境庁は平成二十四年に、絶滅と結論付けている。ただし、過去には相当数生息していたことだけは事実であり、祖母山に連なる障子岳（一七〇三メートル）山頂には、明治十四年（一八八一）に、この地で岩戸地区の猟師藤野某が仕止めた熊を供養した熊塚が今も残り、この他に五ヶ所や河内にも熊塚があり、今でも山麓の人々によって供養されている。九州の山の先達加藤数功がまとめた「祖母傾山群に於ける熊の過去帳とかもしか」によると、記録として残っているだけで、傾山を含むこの山系で過去に、約五十頭が捕獲されている。もっとも最近では、昭和六十二年（一九八七）の十一月に、笠松山（一五二二メートル）のケイセイ谷で一頭が射殺され、生存を信じる山男達を喜ばせたが、最近になってＤＮＡ検査から人の手で飼育されていた個体が外部から持ち込まれたものと結論付けられた。

私が、初めて祖母山に登ったのは、昭和三十八年（一九六三）十一月三日のことであった。当時、小学校四年生の私が通っていたのは、古祖母山（一六三三メートル）の麓にある小さな小学校である。二つ上の兄の担任は、山歩きの好きな先生で、山奥の学校に赴任して来た若い先生達の休日の楽しみのひとつとしての登山に、両親と二つ下の弟と同行することになった。早朝に家を出て、天の岩戸神社の前から朝一番のバスに乗り、この地方の中心地三田井から熊本県境の津留行きのバスに乗り換え登山口の五ヶ所へと向かった。崩野峠（八五四メートル）の急坂を、ボンネットタイプの古いバスは、今にも止まりそうに、運転士はダブルクラッチを踏みつつ喘ぎ喘ぎ乗り越えた。

峠から初めて見る祖母山の雄大な景色と眼前の広々とした五ヶ所高原に驚きながら、祖母嶽神社の前を通り、五ヶ所小学校下の小さなバス停で降り、当時流行していたナップザックに母が早朝から作ってくれた弁当を入れ、キャップに小さな磁石がはめ込まれた水筒をたすき掛けにして、黙々と歩き始めた。まだ茅葺屋根の家がほとんどの嶽の集落を過ぎると、さらに道幅の狭い山道に入った。上から材木を積んだ自動車の古いタイヤを付けた荷馬車が降りて来るのを道脇に避けながら山道を歩き続けた。かつての祖母登山の遙拝所一の鳥居の水場で喉を潤すと、いよいよ本格的な登山開始である。

その昔、猪や鹿をこの滝に追い込み猟をしたというワナ場の滝の急登を経て千間平、国観峠（一四八六メートル）と歩き、九合目の山小屋で休んだ。山小屋の主人岩尾武男氏は、当時は、まだ珍しかった低学年の弟の登山を喜んで、ブナの枝を輪切りにした板に「祖母登山記念」の焼き印を押してプレゼントしてくれた。山頂で三六〇度に広がる大パノラマに目を奪われながら家族でおにぎりを食べた。

昼食後は、昭和二十四年（一九四九）頃に開かれた傾山へと続く縦走路の奥祖母新道に入り、天狗岩、障子岳へと縦走した。さらに古祖母山への縦走路の途中から土呂久へのコースを取り、出合を経て高千穂営林署土呂久事業所までの長い登山道をひたすら下山した。時は、高度経済成長の真っ只中、直径二メート

両親と兄弟で祖母山初登山（昭和38年11月3日）。
前で座っているのが筆者

ルもあるような大木が、登山道の脇に倒され、事業所の土場にも山積みがあり、四十世帯程の作業員家族宿舎が軒を連ね、山奥の谷間に一集落を作っていた。ほとんど日も暮れかけた事業所から、荷台に幌をかけて食料や日用雑貨品を行商に来ていた両親の知り合いの商店のトラックに便乗させてもらい、曲がりくねった土呂久林道を下り、隙間から容赦なく入ってくる排気ガスですっかり車酔いをして、ふらふらになりながら親子五人で我が家にたどり着いた時には、日もとっぷりと暮れていた。

これが、私と祖母山との最初の出会いであり、その後の登山の始まりでもあった。早速翌年には、友人の小学生だけのグループで祖母登山をしたり、少しずつ小遣いを貯めては、登山用品を買い求め近所の山々に登った。中学生になると山の好きな友人もでき、何度となく祖母登山に出かけた。高校生になるとオートバイの免許も取り行動範囲は、さらに広くなり傾山まで足を伸ばし、初めて九州から出て石鎚山まで出かけた。大学時代は、神奈川県で暮らし、近くの丹沢山から、北は利尻山、南アルプス、富士山、大峰山、屋久島まで足を運んだが、夏と冬の休みには故郷に帰り、必ず祖母山に登った。山の高さや登山技術の面では、決して本州の高山には及ばないものの、私にとっては、それとは別の「故郷の山・原点の山」としての祖母山であった。

しかし、初登山から二十四年後に、この山に連なる尾根で偶然出会った一片の金属片から、山懐に抱かれて人知れず眠っていたある悲しい忘れ去られようとしていたドラマを、さらに二十八年間もひたすら追い続けることになろうとは思いも寄らなかった。

テニアン基地

そもそも、無謀な戦いであった太平洋戦争で日本が有利に戦いを展開したのは、群雄割拠の戦国時代に各地方の野心ある武将が、突然、奇抜な戦法で他領に攻め入る奇襲作戦を取り、効を奏した緒戦におけるごく一時期であった。豊富な物量と技術力に加え、近代戦における合理的ともいえる戦略と戦術を駆使した米軍は、着実に反撃に転じた。日清、日露戦争勝利の夢から覚めぬ大艦巨砲主義に頼った日本海軍は、昭和十七年(一九四二)六月初旬、ミッドウェイ攻略に挑んだ山本五十六率いる連合艦隊が、圧倒的に優勢な米軍の航空機による猛攻撃の前に惨憺たる敗北を喫した。日本の前近代的な海からの攻撃に対し、米軍の近代的な空からの攻撃による戦争は、彼我の間合いを一気に詰め寄られ、集中的な攻撃に守勢一方に回るのみであった。

米軍の、最終的な目標は「日本に強力な航空攻撃を加え、空と海から完全に封鎖すること」にあった。そのためには、日本本土に、いつでも容易に侵入できる基地を構築することが求められた。

マリアナ諸島は、東京の南約二五〇〇キロにある南洋の楽園であった。グアム、サイパン、テニアンの三島からなり、第一次世界大戦後、日本の委任統治領となり、第二次世界大戦前には、多くの日本人が入植し、砂糖黍栽培などに従事していた。一方では、この島の戦略的価値を重要視した海軍は、テニアン島に、当時南洋最大と言われたハゴイ飛行場を完成させたが、その重要性を見出したのは、米軍も同じであった。航空戦略主体に戦争を優勢に展開しつつあった米軍は、ギルバート諸島、マーシャル諸島を次々に攻略し、日本本土爆撃および中部太平洋における日本軍の海上、航空兵站線を完全に破壊するための基地を確保すべく、一九四四年六月、マリアナ諸島の攻略計画を発動させた。

一方、日本軍は、ハゴイ飛行場を航空基地として使用していたが、陸上兵力が少なかったため、満州の遼陽から緒方敬志大佐を連隊長とする陸軍第五〇連隊を移駐させた。昭和十七年六月十九、二十日のマリアナ沖海戦で、日本機動部隊を撃滅した米軍は、サイパン島の攻略を完了し、グアム、テニアン島の攻略を開始した。

テニアンの戦は、一九四四年七月二十四日から八月一日の間、日本軍は、緒方連隊長率いる歩兵第五〇連隊など約八五〇〇人、米軍は、ハリー・シュミット准将率いる海兵隊二個師団五万四〇〇〇人で火蓋が切られ、両軍の戦死者は、日本軍約八一〇〇名、米軍三八九名と、圧倒的な兵力の差で短期間で決着が着いた。緒方連隊長は、軍旗を奉焼後、後退中に戦死し、テニアン島における組織的戦闘は、八月三日夜明け、日本軍の玉砕により終結した。

日本本土に強力な航空攻撃を加えることが出来る基地を確保した米軍は、さらに致命的なダメージを与え、戦意を消失させる戦略を展開させるため、第二次世界大戦において、もっとも強力な破壊力を持つ戦略爆撃機を配備した。敵国の中枢を破壊し相手側の継戦の能力と意思を完璧に奪い去ることを目的とした戦略爆撃という航空攻撃に着手した。この爆撃に使われたのが、米空軍が、長年にわたり膨大な経費を注ぎ込み、戦略における先見性と技術における革新性を融合させ、当時の日本には到底望むべくもない、総合的な国力の産物として誕生した「超空の要塞B-29」である。

無類の航続距離を誇るB-29は、昭和十九年十一月二十四日の東京大空襲を初めとして日本全国の主要都市を焼土と化し、膨大な数の人と施設の犠牲を強いたのである。次々とテニアン基地を飛び立つB-29に、日本は、もはやそれに抵抗する体力も気力も持ち合わせていなかった。

日本の敗戦を決定的にしたのは、米国の国力の産物、戦略爆撃機B-29であり、とどめを制したのは、八月六日八時十五分、原子爆弾を積んだB-29、エノラ・ゲイによる広島への原爆投下、八月九日十一時二分B-29、ボックスカーによる長崎への原爆投下である。八月十日未明、天皇の「聖断」により終戦が決定した。戦争は終わった。八月十五日正午、玉音放送により、初めて神の声を聞いた国民は、来るべき日が来たことをようやく知ったのである。

戦略爆撃機 B-29

日本の無条件降伏は、一九四五年九月二日、戦艦ミズーリ艦上で、多数の連合国軍高級将校の前で行なわれた。この式典の間、第二十航空軍の各飛行団、連隊、飛行隊を代表する四六二機のB-29が東京湾上を爆音を響かせて対日戦の完勝を祝うかのように舞い続けた。終戦時、米軍は、三七〇〇機以上の、国力の産物B-29を無傷のまま、まだ持っていた。テニアン基地には、日本の敗戦を決定付けたB-29が、所狭しと言わんばかりに整然と並べられ、その中に機体番号四四—六一五五四も、歴戦の疲れを癒すかのように静かに翼を休めていた。
　米軍は、日本国内の連合国軍の捕虜達が、肉体的にも精神的にも非常に過酷な状況に置かれていることは十分知っていた。彼らを一刻も早く救出するため、無条件降伏したばかりの日本に、捕虜収容所の位置をすみやかに連合国軍総司令官に提出することを命じた。青い目の新しい天皇の命令に逆らうことはできない。敗戦による多くの動揺と混乱を伴う状況の中、収容所の場所を印した黄色いリストは、八月二十七日には、第二〇航空軍に届いた。それには、七十三カ所の捕虜収容所を含んでいた。その収容所の位置を確かめるため、八月二十九日、第三一四爆撃航空団の航空機が、本州、四国、九州にある収容所の位置の確認に飛び立った。また、八月三十一日には、同じ航空団から中国の海南島、北京、香港、上海と満州の奉天地域に向け偵察を行ない、新たに五十七の収容所の存在と位置を確認した。

【黄色いリスト】

俘解第一三号
　俘虜収容所の標識に関する件
昭和二十年八月二十一日　　俘虜管理部長
内地各俘虜収容所長
内地各軍管区、台湾軍参謀長
敵側の要求により八月二十四日十八時までに俘虜収容所の位置に大きさ二十フィートのPWの文字を黒地に黄色をもって描きこれを南より北に向って読むごとく標示することとなりたり。よって同日までには困難を排し必ず実施せられたし。

右標識は分派遣所毎に屋上又は見え易き数個の場所に標識するものとす。敵はこの標識により通信筒または食糧等を投下しあるいは落下傘にて降下する等のことあるべきをもってかかる場所は適宜に処置しこれを妨害または抵抗するがごときことなく好意をもってこれを迎え敵側に悪感情を抱かしむることなきよう特に留意せられたし。

なおこの種状況発生したる場合は機を失せず当方に通報せられたし。

追って標識材料は物資不足の折柄その取得相当困難なるべきも黄色塗料は地方官憲に依頼する等あらゆる手段を講じ黒地は暗幕等を利用する等極力考案せられたし。


中国、朝鮮、台湾、満州及び日本本土に向けた「戦時捕虜補給作戦」は、一九四五年八月二十七日から九月二十日の間展開され、第58、第73、第313、314、315の各爆撃航空団所属のB-29は、一五八カ所の戦時捕虜と抑留民間人の収容所に対して、九百回の有効な出撃飛行をした。これらの任務で投下された補給品は、全部で四四七〇トンであった。

八月三十日夜半、突貫作業で補給物資を積み込んだ一機のB-29(機体番号四四―六一五五四)が十二名の搭乗員を乗せて、九州にある捕虜収容所に向けて飛び立った。機長は、三日前に二十六歳の誕生日を迎えたばかりのリッグス・ジャック大尉であった。

戦争は終わった。戦う目的がなくなった一機のB-29は、太平洋を渡り、いよいよ日本に近付いた。九州と四国の間の豊後水道に入り、九州の、とある捕虜収容所に向けて最後の任務を果たすため徐々に高度を下げた。九州中央部は、あいにく強い雨と濃霧に包まれていた。機長以下十一名の搭乗員達は、まもなく完了するラスト・フライトで最後の任務を終えるといよいよ家族や恋人の待つ故郷の我が家に帰れる喜びに満たされていた。機長は、操縦士に天候不良による航法上の注意を促した。

無敵を誇った一機のＢ-29は、九州の背骨九州山地の主峰・祖母山（一七五六・七メートル）を越えようとしていた。しかし、次の瞬間に訪れた運命は、誰も予想することは出来なかった。補給物資は、首を長くして待っていた捕虜達に届くこともなく、最後の任務も果たすことなく、十二名の搭乗員も、誰一人として生きて再び祖国の地を踏むことはなかった。

B-29（44-61554）が救援物資を届ける予定であった福岡県鞍手郡宮田町の捕虜収容所

救援物資の到着を待つ捕虜（福岡県遠賀郡水巻町）

（出典：上下とも「捕虜収容所補給作戦」奥住、工藤、福林）

秀國少年

　その日も、朝から雨が降っていた。ここ一週間近く大降りまではないものの、止むことなく降り続いた。九州のほぼ中央部に位置し、宮崎と大分、熊本の三県境にある高原の中に、ぽつんとあるこの小さな村にも低く雲が垂れ込め深い霧に包まれていた。霧がなければ、高原のどの場所からも、眼前には、鎮西の名峰として知られる祖母山が屹然と聳え、その従者のように山麓近くに筒が丘（一二九六メートル）の突兀《とっこつ》とした岩峰が、姿を現わすのであるが、その日は、山から麓まで深い霧にすっぽりと覆われていた。

　少年は、いつものように、夜明けとともに起きると家の背戸に向かい、山から引いた竹の樋に流れる夏でも冷たい水で顔を洗い、腰の手拭いで顔を拭くと、牛小屋の壁から鎌を取り砥石で研ぎ始めた。まだ、あどけなさの残る大人と言うには少し早い十六歳の少年は、あちこち継ぎ接ぎのある雨合羽を着て、底の擦り減った地下足袋姿で念入りに鎌を研いだ。連日の雨で砥石も充分に水を含み仕上げも上々で、親指を静かに刃に当て切れ味を確かめると、この地方で唐人かるいと呼ばれる丈の長い木製の背負い子を背にし、祖母山の裾野に広がる草刈り場へと向かった。

　八月の末とはいえ、標高八百メートルのこの地方には、麓より一足早い秋の気配が漂っていた。背後に祖母山の独立峰を控えてはいるものの、この一帯は、太古の昔に、隣の熊本県にある世界一のカルデラ火山阿蘇山の造山活動の影響を受け、比較的なだらかな高原状の地形を呈している。高原一帯には、早くも秋の草花が咲いていた。高原のいたる所で、赤い可憐な小さな花を咲かせていたヒメユリも一月以上前に姿を消し、人の背丈ほどもある女郎花が淡い黄色の花を朝露に濡らし、深い霧の中で一際目立っていた。

少年の目には、その花の姿は、今までは、毎年今頃咲くただ背の高い黄色い花としか映らなかったが、今年は、今度の戦争で、神州不滅と信じ込まされていた日本を降伏させたアメリカという大国の、話だけに聞いた背も鼻も高い金色の髪をした兵隊達に見えてならなかった。

戦争は終わった。この山深い寒村にも終戦の報せは、その日のうちに届いた。高原のほぼ中央に、三秀台と呼ばれる小高い丘がある。山の殿下として知られた秩父宮が、大正十四年（一九二五）に行幸で訪れたこともあるこの丘は、祖母、阿蘇、九住の連山が三方に見渡せることから三秀台と名付けられた。丘の周囲は、比較的なだらかな地形で丘と丘の間には、畑が開かれていた。

戦中、これらの畑を開墾し続けていたのは、「農兵隊」と呼ばれる食糧増産を目的に編成された国民学校を出たばかりの十三、四歳の少年達の集団である。三秀台の真下に粗末な茅葺の小屋を作り、その中で親元を離れ腹を空かせたあどけない少年達は、手にマメを作りながらひたすら日本の勝利を信じさせられ開墾に明け暮れていた。床に就くと、親を思い、時々枕を涙で濡らし、夜が明けると、米よりトウモロコシの方が多いトウキビ飯を腹に送り込み、大地にひたすら鍬を振り続けた。

五ヶ所高原に咲く女郎花

昭和二十年八月十五日、真夏の太陽が照りつける高原の農兵隊の宿舎前に、「正午に重大放送があるにつき来れる者は全員集合せよ」との触れが村中に回った。少年達も野良仕事を止め、皆と同じように宿舎の前に集まった。農兵隊の隊長が、宿舎から今にも壊れそうな古い真空管ラジオを持ち出し、音量を一杯に上げた。大きな雑音とともに、何とも難しい言葉が流れ始めた。その雰囲気から、集まった村人達は、神様の声、すなわち天皇陛下の声であることを直感し、直立不動の姿勢を取った。

「耐え難きを耐え、忍び難きを忍び……」。

ラジオに聞き入った村人は、何が起きたか、すぐに悟った。「神国日本」の敗戦である。戦争は終わった。本当に終わったのだ。

秀國少年も、近いうちに、この日が来ることは、何となくわかっていた。当時通っていた村の小さな高等小学校に若い教師がいた。誰に憚ることもなく「この戦争に、日本は負ける」と言っていた。秀國少年も心ではそう思っていたが、曖気《おくび》にも口にしてはいけないことと、無言の圧力に押され続けていただけに、心の中では、その勇気ある先生を尊敬していた。この先生も、その後、憲兵から厳しい取調べを受けたと聞くと、このことは、決して口にしてはいけないことと自分にも言い聞かせた。

終戦の報せを聞いても、村人の反応は意外にも冷静であった。それは、秀國少年と同様に誰もが、負けると心の中で思っていたからに他ならない。飛行機を飛ばすガソリンもなく、高原一帯にあった松の根まで掘り起こし、松根油という代用ガソリンまで作る非常事態も余計にそう思わせた。他にもいくつかの理由があった。

この小さな村からも、多くの若者が、次々に戦地へと出征して行った。秀國少年のすぐ上の先輩たちも、この中にたくさんいた。出征の日が来ると、村の中央にある祖母嶽神社の境内に村人は集められた。参加者全員で社殿に向かって武運長久を祈願し、村長が一通りの送辞を声高らかに述べ、万歳三唱の後、それぞれの家で家族水入らずの最後の夜を過ごした。翌朝早く、召集令状に指定された集合場所に向かうた

めに村を後にした。三秀台へと続く細い高原の坂道を崩野峠へと向かって家族と歩いて行くのである。ずっと昔から村人の悲喜こもごもを見つめて来た峠の前で、若者達は必ず振り返った。眼前には、なだらかな高原の中に屹然とそびえる祖母山の勇姿があり、彼らの武運長久を祈っているようであった。

これらの若者達が、終戦とともに次々と再び村へ帰って来るようになった。しかし、帰って来るのは五体満足な若者の姿ばかりではなかった。若者の変わり果てた姿は、白い布に包まれた白木の小さな箱であった。この箱が帰る度に、村人は再び、若者達を送り出した時と同じように祖母嶽神社の境内に集められた。しかし、送り出した時とは反対に、今度は、ほとんど無言で儀式は行なわれた。村長の口ごもったような通り一遍のあいさつが終わると、それぞれの白木の箱は、再び家族とともに生まれ育った生家へと無言で帰り、御先祖様のいる仏壇の前に置かれ、変わり果てた若者の姿にいつまでも涙を流し手を合わせた。その中には、秀國少年が身近に知っている先輩達も数多くいた。村中が暗く沈んだ雰囲気に包まれていた。

終戦とともにもうひとつ、村にも変化があった。空が静かになったことである。それまでは、祖母山のはるか上空を、銀色の大きな翼をきらきらと輝かせて、腹の底まで響くような爆音を轟かせながら、十機、二十機と整然と列をなした巨大な飛行機の群れが、決まって北の方へ向かって飛んで行った。時には、編隊の間を胴体が二つある小さな小回りの利く飛行機が援護するように飛び回っているのもはるか上空に見えた。

爆音とともに、上空から何とも言いようのない微妙な振動が伝わって来るようでもあり、この飛行機の群れがアメリカが占領した南方の島から飛んで来て、この村で村長以外誰も行ったことのない東京を丸焼けにしたという噂を信用させるに充分の迫力があった。梅雨明けが近い六月の末には、この村から一番近い旭化成の大工場がある工業都市延岡市が、百機ものこの飛行機の群れから大量の焼夷弾を落とされ、市街地はほぼ焼き尽くされたとの話が伝わって来た。その数日後、秀國少年は、夕方近く二百機近くの飛行機の大編隊が北に向かい、一時間もしないうちに、再び南の方へ帰る時、この村から直線距離にして二十里もない熊本市方面の空が、まるで夕焼けのように夜半まで赤くなっていたのを見た。翌日、熊本が大空襲に見舞われたとの報せも伝わった。

祖母山の上空を、我が物顔で、まるで勝ち誇ったように悠々と飛んで行くあの巨大な銀翼の仕業とわかると、いよいよこの戦争が終わるのも長くないことは、誰もが疑わなかった。八月初めのある暑い夏の日、秀國少年は、いつもと同じように、原野で草を刈っていた。突然、熊本よりやや西の方向、はるか天草、島原の方角で稲妻のようなものを見た。その後、上空に大きなキノコ状の雲も見えた。その日の夕方には、「長崎に新型爆弾が投下され、

何万人も死んだ」との噂が伝わってきた。数日して、広島にもこの爆弾が投下されていたとの報せも入り、いよいよ終戦は時間の問題であることは、この村の誰もが感じていた。

祖母山のはるか上空を、悠々と飛んでいく、あの銀翼の飛行機の群れが、日本の敗戦を決定付けたのである。この飛行機の名前は、アメリカが今度の戦争用に作った「B-29」という大型爆撃機であることも、長崎と広島に新型爆弾を落としたのもこの飛行機であることも、伝わって来た。子供達は、耳慣れないこの飛行機が上空を飛んでいるのを見ると、「ビーニク、ビーニクが来た」と、別に恐がる様子もなく、空かせた腹に、青鼻を垂らし口をぽかんと開け、継ぎはぎだらけでシラミの巣ともなったボロボロの洋服で上空をただ呆然と眺めていた。子供達の中には、父親が戦地から白木の箱で帰って来た者も何人もいた。

しかし、この飛行機の群れが、村に危害を加えたことは、一度もなかったとも言えない事件があった。それは終戦の年、村の小学校で開かれた卒業式の日のことである。山里に遅い春が訪

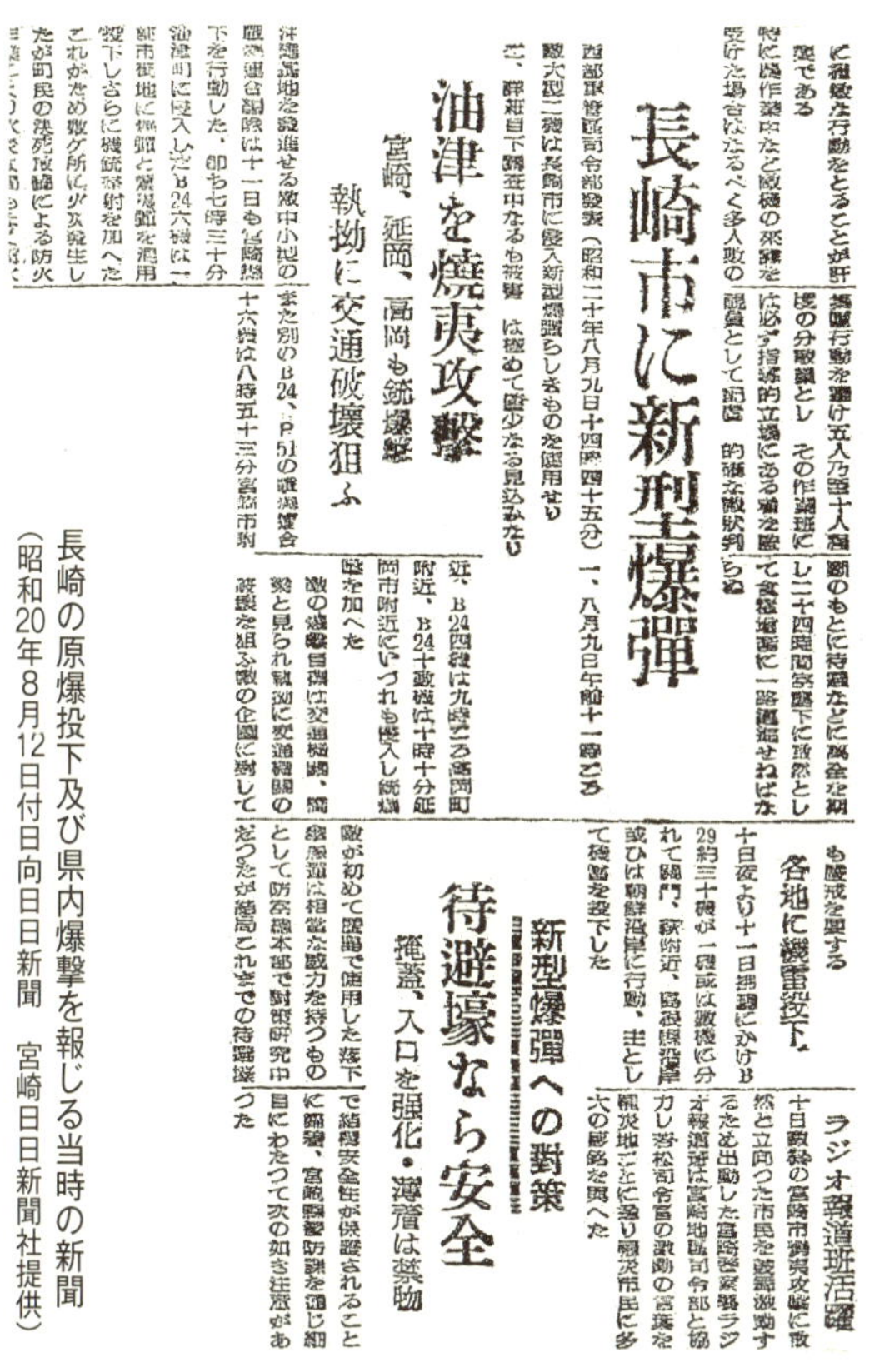

長崎市に新型爆弾

西部軍管区司令部發表（昭和二十年八月九日十四時四十五分）一、八月九日午前十一時ごろ敵大型二機は長崎市に侵入新型爆弾らしきものを使用せり 二、詳細目下調査中なるも被害は極めて僅少なる見込みなり

油津を焼夷攻撃

宮崎、延岡、高岡も銃爆撃

執拗に交通破壊狙ふ

各地に機雷投下

ラジオ報道班活躍

新型爆弾への對策

待避壕なら安全

掩蓋、入口を強化・薄着は禁物

長崎の原爆投下及び県内爆撃を報じる当時の新聞
（昭和20年8月12日付日向日日新聞　宮崎日日新聞社提供）

れようとしていた頃、突然、村の東の方角にある高原から急にせり上がった岩峰からなる筒が岳（一二九六メートル）のすぐ下から火の手が上がった。秀國少年も村の警防団の若い団員として駆り出された。手に鉈を持ち、現場に駆けつけた。消防ポンプも無く、少年達は、鉈や大鎌で防火帯を切り開き、燃え難い青葉の多い木の枝で懸命に火を叩き消し続けた。春の乾燥した気候で、山火事は一晩中燃え続け翌日自然に鎮火した。火元はわからなかったが、村人達の中では祖母山の上空を飛んでいたあの大きな銀翼のB-29が、飛行場のある太刀洗方面の飛行場を空襲した帰りに、余った焼夷弾をふざけて落としたということになった。この村と日本の敗戦を決定付けたあの巨大な飛行機との接点は、ただこの一度だけであった。

ついに、戦争は終わった。日本は敗けた。無言で村へ帰る若者、戦争の様子を生々しく伝える若者、二度と野良仕事の出来なくなった身体で帰る若者、消息不明のままの若者と、それらを取り巻く家族、かつて経験したことのない混乱が続いた。

これからの日本は、どうなるのかという不安の前に、すぐにアメリカの進駐軍が、どんな山奥にもやって来るとの噂が広まった。男はすべて雄牛のように去勢され、女は強姦され、逃げる者は、進駐軍が連れている子牛のように大きな真っ黒い犬に噛み殺され、日本刀はどんな所に隠しても電波の出る探知器で、すぐに探し当て没収されるとの、まことしやかな噂が飛び交い一層不安を募らせた。少年も、少し秋の気配が漂い始めた高原で、いつものように草を刈りながら、ふと股間に目をやり、いよいよ自分も、毎日こうして草をやっている我が家の牛のように去勢されるのかと思いつつ、もう、どうにでもなれという半ばあきらめの気持ちで、ただひたすらに鎌を振る手に力を込めた。高原一帯に彩りを添える可憐な草花達は、この戦争とは、まったく無関係に太古の昔からそうしていたように今年も季節を忘れることなく咲き誇っていた。

今日一日分の草刈りを終え、露に濡れた草の大きな束を背負おうとしたその時、厚い雲に包まれた祖母山のやや西の黒岳（一五七八メートル）の方向から、突然、今まで聞いたこともない山を揺るがすような、雷とも違う不気味な大きな音がした。しばらくして続けて何かが爆発したような音も聞こえた。阿蘇山が時々に噴火する音は、何度も聞いているが、今度の音は、それとは明らかに違っていた。何とも形容のしがたい、山に空から巨大な物体が衝突したとしか例えようのない「山鳴り」そのものであった。

この「山鳴り」を聞いた秀國少年は「甲斐秀國」、昭和四年（一九二九）四月三日生、この村で父貫蔵、母シゲが産んだ八人兄弟の長男であった。

山鳴り

祖母山は、古くから山麓の人々の信仰の対象となっていたが、村人達が、たやすく登れる山ではなかった。そのため、山頂の祖母嶽大明神（添利山神社）の下宮が八カ所にあった。宮崎県からの登山口五ヶ所から大分県鶴崎へと流れている大野川の支流に沿って約五キロの所に、祖母山の遥拝所一の鳥居がある。昭和十年（一九三五）に改修された社殿には、添利神社との扁額があり、社殿の前は、大きな広場になっており、毎年五月十八日には、祖母山祭りが盛大に行なわれ、近隣から多くの参拝者が訪れ、相撲や剣道の大会もあり、出店まで出され大いに賑わった。これから先は、女人禁制となり結界でもあった。

この一の鳥居のすぐ下に、山の斜面を切り開き石垣を積み平地とし、そこに山奥には珍しい大きな事業所が建てられ、周りには、杣夫の住居や水力を利用した製材所もあり活気を呈していた。祖母山を源と

一の鳥居での興梠千穂（前列左端　写真提供：興梠晃）

する大野川源流部に広がる広大な原生林の巨木を伐採し、製材したり木炭を製造する林業会社である。経営者は、上野村出身の佐藤庭蔵であった。佐藤庭蔵は、若い頃は、アメリカのロサンゼルスでレコード店を経営し、大正時代の初めから、祖母山の豊富な森林資源と水量に目を付け事業化した実業家である。地元では、アメリカボーイと呼ばれ、一目置かれていたが、山深い所にある事業所であり、海外生活歴や事業家としての経営手腕から、村人に取っては、身近な存在とは言えなかった。

この経営者の片腕として杣夫を取りまとめ、現場責任者としても一切の作業を仕切っている者がいた。女人禁制の境界線で采配を振っていたのは女であった。女の名前は、興梠《こうろぎ》千穂。高千穂地方に、古代から居を構えた由緒ある興梠一族は、その珍しい姓から、高千穂地方と隣の熊本県の阿蘇地方の一部のみに、その末裔が残っている。名前も高千穂に因んだものか、その名前を耳にしただけでは、奥ゆかしく上品な淑女を想像させるが、その実は、想像をはるかに超える稀代の女であった。

千穂は、明治二十九年（一八九六）、隣村の河内《かわち》で、父雅太郎、母カツの三男二女の末っ子として生まれた。子供の頃から、利発で負けん気が強く、男勝りの賢い子であった。年頃になると縁あって、五ヶ所村の祖母山に近い集落に嫁ぐことになった。しかし、男勝りの性格と桁外れの負けん気の強い千穂にとって毎日、祖母山を眺めながら痩せた黒土の畑に鍬を打ち、原野の草を刈る単調な野良仕事は、満足させることなく結婚生活は、長くは続かなかった。

その一因には、一の鳥居近くの事業所の活気と、経営者佐藤庭蔵からアメリカや東京の目も覚めるような発展ぶりを耳にしたり、時々事務所を訪れる遠来の来訪者から多くの情報を得て、千穂の中に元来備わっていた野心と事業欲に火がついたからでもあった。庭蔵は、千穂の男も顔負けするような事業家としての才能と豪胆な性格に惚れ込み、スポンサーとして支援することにし、事業所に雇い入れた。千穂は、嫁ぎ先でも牛を使っての材木の引き出しにも慣れており、すぐに杣夫達と一緒になり山仕事に汗を流した。そして、明日の命も知れぬ危険な伐採や搬出作業に打ち込む彼らから一目も二目も置かれ信頼されるようになった。

その並はずれた才気と仕事振りから、庭蔵は伝を頼って千穂を海外に出すことにした。折しも、日本は、坂を転げ落ちるように、第二次世界大戦の泥沼へと突入し、日中戦争から、いよいよアメリカと事を構える事態に陥っていた。日本は、真珠湾に奇襲攻撃をしかけ、緒戦における戦果に酔い、破竹の勢いでインドシナ半島を押さえ、さらに海を越え、マッカーサーのいるフィリピン基地も日本軍は制圧してしまった。マッカーサーは「アイ・シャル・リターン」の言葉を残し、オーストラリアで屈辱の日々を過ごすことになった。そして、千穂は、この占領下にあったフィリピンに軍属として行くことになった。祖母山の山塊から、ついに海外へと一気に飛んだのである。

ここでも男顔負けの度胸と竹を割ったような性格から将校達に気に入られ、ダバオで暮らすことになった。終戦後、フィリピンから復員した村出身の兵士が、ある日、軍の将校専属の車の横にすわり市内を走っている色の浅黒い背も鼻も低い現地の娘と思われる姿を目にし、珍しそうに良く見たら、見覚えのあるような顔をしており、キツネにつままれたようにさらに目を凝らすと、腰を抜かさんばかりに驚いた。千穂は祖母山麓から、いつの間にかフィリピンに現われていたのである。噂に聞こえた千穂の肝っ玉の太さに改めて脱帽したとの逸話が今も残っている。こんな桁外れの女であった。

戦況の悪化とともに、フィリピン暮らしも終わったが、千穂は、ここで海外の生活を知り多くの情報や将校達との知遇も得て再び祖母山の塊に戻った。男勝りの生活と野心に、さらに磨きがかかっていた。

その日は、八月末とはいえ肌寒く、標高千メートル近い事業所は、朝から深い霧に包まれ雨が降っていた。どんよりと低く垂れ込めた雲は、祖母山から尾根続きの障子岳から親父山を経て黒岳へと続く稜線をすっぽりと覆っていた。雨は、ここ一週間も降り続け、山仕事はまったく出来なかった。千穂と杣夫達は、事業所の広間に集まり、五徳に乗せられたヤカンから出る湯気を囲み、各々、鋸の目立てをしたり、仕事に使う山道具の手入れをしていた。

千穂は、男衆の真ん中にあぐらをかいて座り、一人だけ、コーヒーカップにフィリピンで味を覚えたネスカフェのコーヒーを入れ、うまそうに飲んでいた。背は一五〇センチ足らずと低く、色は浅黒く、鼻は決して高くなく、髪はオカッパで、お気に入りの乗馬ズボンに洋風の上着を羽織り、男衆達に、フィリピンでの将校達との生活や、今度の戦争の敗因が、アメリカの豊富な物量と国力の差であったことなどを、時には自慢話や武勇伝も交え、まだ、戦争が終わったことも十分に伝わっていないような静かな山奥の事業所で、興の趣くまま語り続けていた。杣夫達は、初めて聞く外国の話や千穂の数々の武勇伝に、無精ひげを撫でながら目を丸くし聞き入っていた。

その光景は、まるで女盗賊の首領と山賊達の巣窟のようでもあった。というのも、千穂の背中の壁には、この村では誰も見たこともない黒光りするライフルの二連銃と、昔から猟に使われていた村田銃の弾より一回り大きな弾が入った弾帯も掛けられていたからでもある。土間には、大正時代から庭蔵が飼っていたイングリッシュポインターと、在来の和犬との雑種犬が、どこかに洋犬の名残を残しながら、主人の千穂の呼びかけに、尾を時々振りながら、のんびり寝そべっていた。

いつもなら、もう山仕事に出かけている頃、突然、事業所の真上よりやや祖母山寄りの方向から、雷のような音がしたかと思うと、直後に、今度は、黒岳寄りの、まさに事業所の真上から、原生林の巨木を一度に倒した様でもあり、祖母山が噴火したとも思える地響きを伴ったような何とも形容し難い異様な音がした。しばらくすると、ドーン、ドーンと何度か、山奥で大太鼓を打ち鳴らすような音が続いた。

広間で囲炉裏を囲んでいた千穂も杣夫達も顔を見合わせたが、何が起こったかを理解することは、出来なかった。戦争が終わって、すでに二週間も過ぎている。こんな山奥に爆発を起こすような物もあるはずはない。肝の座った千穂も、さすがに、この聞いたことも無い大きな音と、事業所を少し揺らすような震動は、何が起きたかは理解できなかった。

霧に包まれた稜線付近を大きな火の玉が横切ったと、事業所の下を流れる渓流で酒の肴にするイワナを釣っていた杣夫の一人が竿も釣った魚も投げ出したまま走り込んで報告した。千穂も一瞬身構えたが少し冷静さを取り戻し、事の経過から、事業所の真上方向、すなわち、黒岳と親父山の間付近に巨大な物体が衝突したものであろうとの結論に至った。

唯一、祖母山の山壊で、今度の戦争が、日本とアメリカが戦っていることを知り得たのは、つい一月程前まで祖母山上空を銀翼を連ね、いかにも勝ち誇ったように腹に響くような爆音を響かせて飛んでいた大型爆撃機と、その爆撃機が三月に筒が岳に落とした焼夷弾による山火事くらいであった。その大型爆撃機の機影もこの一月程まったく目にせず、すべてアメリカに帰ったものと思っていた。

千穂は決断した。とにかく山に入り、何が起きたかを自分の目で確かめよう。次の手は、そこで考えることにした。千穂は、杣夫全員を呼び集め、事の経過を説明し、とにかく現場を確認するため、山仕度をしてすぐに出発することにした。さすがの男達も、何が起きたのか、これから何が起きるのかを想像することも出来ず、しかも雨の中、深山に分け入ることに大きな不安を感じたが、千穂の命令であれば、黙って従う他なく、地下足袋を履きゲートルを巻き、雨合羽を着て、手には斧や鳶口を持ち、この地方の山仕事に使われる曲げ細工のメンパと呼ばれる木製の弁当箱に、麦飯と味噌と梅干を詰め、それぞれの背のうに入れた。千穂も同じように仕度し立ち上がると、壁に立てかけてあった二連銃を雨に濡れないように舶来の皮ケースに入れ背に負った。そして背のうに、事業所にあるだけの晒しと怪我した時の傷薬と気付け薬も入れた。

千穂はこの時になると、山の中で起きたことが何であるかをある程度想定していた。愛犬は、千穂の背に負われた銃を見て、久し振りに猟に行けるものと、尻尾を振り振り事業所の周りを走り回っていた。

救難隊

降りしきる雨をついて、山へ向かうことになったのは、下請けの宮下林業の山口繁太郎（六十歳）、西村虎二郎（五十三歳）、鈴木金一（五十一歳）の、山仕事に長けた三人の屈強な杣夫である。

千穂は男達に、火の玉が落ちたと思われる山に向かうように命じた。そして、もしその場所に生きている人間がいたら、まず救い出すようにと付け加えた。男達は、千穂の指示に、互いに顔を見合わせてうなずくと、事務所のすぐ下にある大野川の源流を登り、アワセ谷から稜線へと背丈程もあるスズ竹を掻き分け、いくつもの小さな沢を登り詰めた。二時間近く歩き続け、最後の尾根と思われる山の肩部に達した時、深い霧が一面に垂れ込める中に、わずかに燃え続ける炎と、ガソリンの臭いと硝煙が立ちこめ、時々、何かが弾けるような音が聞こえ始めた。

男達には、事の重大さがようやく伝わった。その現場を遠くから恐る恐る見定めると手に斧や鉈、鳶口を持ち、三人で身を寄せるようにしてスズ竹を掻き分けながら現場へ少しずつ近付いた。

さすがの屈強な男達も、今までの人粒の汗が一気に引き、何が起きたのかわからない恐怖感に見舞われた。いよいよ最後の小さな尾根筋を越えると、目の前に二反歩程の焼けたスズ竹やなぎ倒されたようなブナやミズナラの大木が散乱した広場が現われた。

その中央部に銀色に光る巨大な胴体の飛行機が翼をもぎ取られプロペラも折れ曲がり、無残な姿で横たわっていた。その銀色の胴体は、男達が、山仕事の最中に祖母山の上空を決まった方向に悠々と飛んでいた飛行機その物が、目の前に、その屍を曝していたのである。

男達は、手に持った斧や鉈、鳶口を握りしめ腰を低くし、無残な姿をさらけ出した巨大な飛行機の残骸に近付いた。時々、小さな爆発音が続き、その度にさらに腰をかがめ足を止めた。あたり一面、ガソリンや生木の焼けた臭いや硝煙に加えて、動物の肉が焼けたような、何とも言えない空気が漂っていた。巨大な銀色の物体は、紛れもなく飛行機であった。しかも、この前まで、この上空を飛び続けていた飛行機のようであった。男達は、お互いのヒゲ顔を寄せ合いながら、さらに近づき周りを見回した。折れたブナの大木や燃えたスズ竹の中に、焼けただれた物体が放り出されたように横たわっていた。さすがの男達も、この光景には、すっかり腰が引けた。それは生身の人間であった。髪の毛は金色で飛び出さんばかりに開いた目は青色である。木にぶら下がっている大きな腕にも、金色の毛が生えていた。中には、内臓が飛び出した目を背けるような死体も転がっていた。その数は十体程と思われたが、下敷きになっているものや原形をとどめていないものもあり、正確な数はわからなかった。

現場の状況を一応確認すると、さすがの男達も互いに顔を見合わせ、振り返ることもなく、一刻も早くこの凄惨な現場を逃げるように後にした。先程、自分達で切り開いたスズ竹を分けた道を転がり落ちるように無言で沢伝いに降り続けた。皆、顔色はなく無精ヒゲの中に、恐怖の色を込めた眼だけが落ち着きなく動いていた。

三人は、一の鳥居近くにある千穂の事務所に、息をせき切って転がり込むようにたどり着いた。男達は、谷から引かれた竹樋から流れ出る水を一気に腹一杯飲むと、千穂に先程目にしたことをありのまま伝えた。さすがの千穂も驚きは隠せず、生きている者がいないことを確認すると身仕度を整え、近くの小屋に繋いであった芦毛の愛馬に飛び乗り手綱を引き締め、村の中心部へと馬を走らせた。通い慣れた木馬道であるが、この日ばかりは遠く感じられた。かつて、嫁いでいたこともある嶽の集落を経て本村へと急いだ。

男達の話から、山の中で何が起きたかほぼ想像は付いたが、事の重大さから、まず第一に村の総責任者である矢津田義武村長に伝えるべきであると判断した。村長の家は、村の中心部にあり、周りを古い石垣で囲まれ、庭には大きな五葉松や手入れの行き届いた盆栽が並べられ泉水もあり、いかにも旧家然としていた。庭の馬繋ぎ場に愛馬を繋ぐと千穂は、大きな門をくぐった。

村長は、千穂の男勝りの性格も桁外れの行動も十分知り尽くしていたが、その千穂が血相を変えて飛び込んで来た話の内容に、さすがに動揺を隠せなかった。

救難隊が現地に入った三日後の九月二日、東京湾に停泊していたアメリカ戦艦ミズーリ号の甲板で連合国と日本の間で降伏文書の調印式が行われた。日本側からは全権大使として赴いた重光葵外相と梅津美治郎参謀総長が、連合国側はマッカーサーをはじめとする十人が文書にサインした。この調印式で、戦争は正式に終了した。調印式にあわせて、その上空をB-29やその他の戦闘機総勢二千機が東京上空を轟音を響かせて飛び交った。すべては、勝者と敗者の力の差を思い知らせるための演出であった。その勝因に大きく寄与したのは、原爆の開発費二〇億ドルより多い二五億ドルをかけたB-29であり、僚機としてテニアンの基地で翼を並べた一機が、その無残な姿を九州の山深くで曝していた。

眩しい文書の白さ
ミズリー號上空を蔽ふ數百機
一對九の調印式（詳報）

式場に古びた米國旗

心持硬ばる面
大任果した我全權

降伏文書の調印式を伝える当時の新聞
（昭和20年９月４日付日向日日新聞　宮崎日日新聞社提供）

現場検証

南太平洋マリアナ諸島のグアム・サイパン・テニアンに、盤石の前進基地を構築した米空軍は、整然と並んだB-29を次々と日本本土に向け発進させ、全国の主要都市のみならず地方都市まで焼夷弾の雨を降らせ焦土と化していった。昭和二十年(一九四五)四月二十七、二十八、二十九日と五月三日に宮崎市も空襲に見舞われ、宮崎師範付属小学校の児童十二人が犠牲になった。同じ月には、日南市の油津港外で漁船太平丸が空襲に遭い沈没し三十六名が死亡した。六月二十九日夜半には、延岡市も百機以上のB-29による空襲により市庁舎は全焼し市街地の大半が焼野原となった。即死者三百五十余人、焼失世帯三千七百七十四、被災人口一万五千二百三十三人に上った。八月五日にも再び大空襲、六日は都城、十日は再び宮崎も空襲を受けた。

全国の地方都市まで焼き尽くされ、国民の戦意は完全に失せ、燃え盛る住宅や工場を、ただ茫然と立ちすくんで眺めるだけであった。当時の新聞は、空襲で燃え盛る民家を立見している不届き者がいると書いたが、ただ放心したように見ている他、手の付けようもなかったのである。

県警察本部警部補白川武夫は、五月に入ると県内各署から集められた優秀な警部補五人とともに、昭和七年に新築された宮崎県庁舎地下一階にあった県警察部警防課分室に集合させられた。空襲で焼ける心配もない地下の一室に、全県地図が拡げられ、縦に二本の線が引かれた。艦砲射撃の射程距離二〇キロ以内は交戦地区、避難地区は、椎葉、高千穂、米良、西諸、真幸の山岳地帯、その中間を臨戦地区と想定し、県民八十万人のうち、交戦、臨戦地区の三十万人を避難させようとする大移動作戦の具体的計画を策定するのが白川らに与えられた任務である。

白川以下五人の作戦要員は、県下に散り、すべての交戦地区の家族構成から輸送手段、輸送ルートに加えて引率する警察官の割り当てまで夜を徹して作り上げたが、相次ぐ空襲で計画倒れとなり実現することはなく、短期間で必死に作り上げ、当時の谷口知事からも褒められた膨大な関係資料も、進駐して来る米軍の手に渡るのを恐れて終戦と同時に焼却された。

いよいよ、米軍の占領下に置かれるという建国以来初めての事態を迎え、敗戦による虚脱感や絶望感から起こる治安の乱れを防ぎ、社会秩序を維持するのが警察の役目であるが、白川自身も、どこからどう手を着けて良いかわからず、通称「作戦室」と呼ばれていた県庁の地下室に残り、目の前に山積した終戦直後の想定し得なかった諸々の課題の処理に当たっていた。

月が代わった九月三日、白川は突然上司に呼ばれた。「白川警部補、高千穂へ急行してくれ。米軍機が山中に墜落した。搭乗員も全員死亡している模様だ。高千穂署に行き現地指揮を頼む。相手は米軍だ。処理は丁重にするように」との命令であった。白川は、「戦争は終わったのに、なぜ米軍機が、しかも高千穂の山中に」と思ったが、急いで身仕度を整えると、翌日早朝、宮崎を出発した。

日豊海岸沿いの国道にかかる一ッ瀬橋も小丸橋も空襲で破壊され、日豊本線・高鍋―川南間の小丸川鉄橋が通れるようになったのは九月十五日で、上流を迂回しながら、やっとの思いで渡り、米軍が日豊海岸から上陸し本土攻撃を行うとの想定から都農町に配置されていた菊池部隊がまだ残っていたため、部隊に配属されていた軍医と合流して延岡から五ヶ瀬川沿いに車を乗り継ぎ、高千穂署にたどり着いたのは、翌四日の午後であった。

署に着くと、早速、斎藤早雄署長から、八月三十一日と九月一日に行なった第一次現地調査による墜落事故の概要を聞き、現場検証の責任の重大さと、戦勝国米国の大型爆撃機の墜落という未知の事故の対処方法に大きな不安を抱いた。その夜は、河内の妻の実家に泊まった。宮崎から空襲を避けて妻の絹子と子供達が疎開していた。斎藤署長から生存者無しとの報告を受けていたので、不謹慎とはいえ一安心したものの、相手が、つい先日までの交戦国であるだけに容易ならざる任務を帯びた緊張感はあったが、覚悟を決めて、とにかく現場へ向かうことにした。

前日のうちに、矢津田村長には高千穂署から今回の現場検証のことは伝えてあり、田原村役場職員や地元の警防団員から大工まで同行する手配が整えられていた。大工は組合長大寺義光を頭に後藤棟、江藤光詮、甲斐熊太郎、佐藤仲市の五人である。白川は、これらの大工に現場で棺桶を組み立てさせ、収容した遺体を、すべて麓まで降ろす計画を立てていた。

このようにして、本格的な現場検証は、墜落から五日目の九月五日に行なわれた。これが、日本人だけによる公的な現場検証であった。参加者は、菊池部隊から副官の石田安照大尉、軍医唯本玉重中尉、都農憲兵隊山崎岩太郎伍長、県警察本部白川武夫警部補、同本部須崎進、田原村村長矢津田義武と、山口茂太郎を頭とする宮下林業の杣夫九人と五ヶ所地区警防団第三分団員十五人、高千穂警察署長斎藤早雄と署員に田原村役場職員を加えた総勢四十名近い一行となった。山口を案内人として、二班に分かれて八月三十一日と九月一日の二回の地元の杣夫による捜索隊と同じコースを取り現地に向かった。警防団員の一人に、十六歳の甲斐秀國も加わっていた。

墜落後は、ずっと雨模様で、踏み分けられたスズ竹の中の道は滑りやすく、不慣れな山歩きで、白川らの班は、道に迷った。若い警防団員を木に登らせ、方向を確認したところ、まだ二つも谷を越えなければならないことがわかった。スズ竹をつかみ、泥だらけになって、やっとのことで墜落現場にたどり着いたのは、午後三時前であった。大工組に用意させた棺用の板も、途中で運び上げるのを諦め大工道具箱とともに山中に放置した。

白川警部補は、斎藤署長の説明で、現場の状況は、一応頭に描いていたつもりであったが、実際に山深く分け入り、目の前に横たわる巨大な米軍爆撃機の無残な姿と、その周りに散乱していた搭乗員の目を背けたくなるような酸鼻《さんび》を極める遺体やその一部を目の前にすると、一刻も早く現場から逃げ出したい気持ちに襲われた。しかし、現地指揮官を命ぜられた責任と、いずれ占領軍が進駐し、処理の様子を厳しく追及されることを予想し、出来る限り詳しく見たまま記録することにした。

白川警部補も、警察官として、これまでに様々な事故の現場を目にしていたが、航空機の墜落事故は初めてであり、また、米兵の死体を目にしたのも初めてであった。

現場検証には、二人の女性も同行していた。田原村役場職員の佐藤リサと田中ミツエは、初めて目にした惨状に、顔を引きつらせ、足を震わせた。木の枝に無雑作にぶら下がっている金色の毛が生えた大きな腕を目にした時は、歯の根も合わず、膝を鳴らせ、二人で手をつないだまま立ちすくんだ。

墜落から五日が経っている。雨に打たれた遺体は、血液も洗い流され、白くふやけ、以前に何かの冊子で目にしたアメリカのロウ人形のようにも見えた。初めて目にした金髪で青い目をした異国の若者の変わり果てた姿に、恐怖心から次第に、言いようのない同情に変わっていた。

それは白川にとっても同じであった。つい先日まで、自分達が必死に守ってきた郷土を焼き尽くした敵国の爆撃機に乗っていた憎い敵が今、目の前に横たわっている。我が者顔で悠々と銀翼をぎらつかせながら、日本中に焼夷弾の雨を降らせ続けた爆撃機の巨大な機体も、ただの鉄の塊となって山深くに無残にもその機体を沈め横たえている。

しかし、もう戦争は終わった。そして、日本は負けた。もはや敵も味方もない。白川は、あまりにも悲惨な光景の中で、現場検証の任務を続けながら異国に散った若者達に心から同情した。中には、これが米国の少年航空兵かと思われるような、まだ童顔の搭乗員の遺体もあった。同行した軍医と警察医は、医師らしく冷静に検死を進め記録した。すべての遺体は、その所見から間違いなく高速による墜落激突が原因の即死であった。遺体は、身体の一部が離断した者もあったが、全部で十二体であった。当時、B-29には、女性が乗っているという噂もあり、実際に女性と見間違うような遺体もあったが、全員男性であった。

遺体の搬出は、現場が山奥であることと死体の損傷が著しいことに加え、麓までの道中が悪路であることから困難と判断した白川は、現場検証が終わると墜落現場の斜面に埋葬することにした。

現場検証に同行した地元警防団の若者を中心に、少しでも平らで、岩石の少ない場所を探し、焼け焦げた木の根を除き、鍬やスコップで交替しながら埋葬する穴を掘り続けた。しかし麓の村にある墓地での作業のようには進まず、道具も不充分で、汗だくになり、ようやく六個の穴を掘り上げた。山中の獣に遺体を食い荒らされないように掘ったが、深さは五〇～六〇センチがやっとであった。白川の指示で、二遺体を一カ所にまとめ、それぞれが着ていた飛行服やパラシュートで包み、所持品も記録して丁重に埋葬し、その上に盛り土をした。

損傷が激しく、日数も五日経った遺体の埋葬は、目を覆いたくなる状況であったが、一人の搭乗員の胸のポケットにあった若い女性の写真を見ると、一刻も早く静かに土の中に眠らせてあげたい気持ちも湧き、全員で力を合わせて埋葬作業を進めた。

矢津田村長は、青い目の搭乗員達が敬虔なキリスト教徒であることは、矢津田家に明治時代から頻繁に避暑に訪れていた宣教師達と接しており知っていた。現地指揮官の白川に申し入れ大工達に指示し、近く

の木を切り釘で固定した十字架を作り、それぞれに「昭和二十年八月三十日」という日付と一から六までの番号を記した。異国に散った十二名の搭乗員に対して山深い現場で出来る彼らの最大の供養の気持ちであった。矢津田はこの村でただ一人の士族の出であり、武士の血を引く者の務めとしての行動でもあった。

一同は、六本の十字架の前に整列すると脱帽して手を合わせた。焼き畑のような現場には、スズ竹とブナの大木が周りにあるだけで、何の野の花も咲いていなかった。スズ竹を鉈で小さく切り供花に見立てて十字架の前に供えた。六本の十字架を高千穂署の鑑識係から持ってきたカメラに収めた。

時の経つのも忘れ、過度の緊張感と山奥での過酷で異質な現場検証から遺体の検死、埋葬までの一連の作業が終わったのは、六時前のことであった。

山の日暮れは、夏とはいえ早い。一行は一刻も早く下山することにした。まとまった人数が現場に登ったのは、これが三回目で、踏み分け道も、次第にはっきりとわかるようになり、所々、木に刻まれた鉈目を頼りに下山を開始した。現場検証から遺体の埋葬までの一連の作業に思わず時間を費やし、一行は、山中で日没を迎え、手探りの中で、スズ竹の山道を滑りながら、精神的にも肉体的にも疲れ切ったままで、ひたすら下山を続けた。
ほぼ日も暮れ終わった頃、一行は、ようやく目覚えのある杉林に辿り着いた。ほっと胸を撫で降ろした時、杉林の隙間から、いくつかの灯りが見えた。下山が遅いのを心配した宮下林業の杣夫や村人が、松明《たいまつ》や提灯を点して迎えに来たのである。一行は、彼らに先導され、荷物も手分けして持ち笠の町を通り、そこの民家で新たな松明を貰うと、ようやく矢津田村長の家に辿り着いたのは、九時を過ぎていた。一行は、昼飯もそこそこに作業を続け、山道を長時間歩き、疲労も極に達していた。地元で、ソバ打ち名人の名で通っていた矢津田の妻ハルの作った温かいソバを食べると、ようやく生き返ったような気がした。地元の警防団員と河内に帰る白川、五人の大工、高千穂警察署員を除き、田原村役場の職員は大広間に一晩泊めてもらうことにした。

　現場検証の中で、白川や矢津田が、まず疑問に感じたことがあった。それは、なぜ、この時期に米空軍のB-29が飛んでいたのかということと、巨大な胴体の中や周辺に散乱していた大量の荷物や、落下傘の付いた、英語で文字が書かれた長びつのような大きな箱の存在であった。一行には英語の読める者もいなく、頑丈に梱包された箱の中身を開けて確認することも出来なかったが、いくつかの壊れた箱の中身は、すでに持ち去られた形跡があった。

　白川は、遠からず進駐して来る米軍の調査隊も当然来ることを想定して、登山口と現場の三カ所に次の看板を立てさせた。

田原村第17・18代村長　矢津田義武

「注意書

一、飛行機の墜落場所から品物を持ち出すことを禁ずる。

二、立ち入り禁止

三、航空機の墜落地点に入ること及びその地点から物品を持ち出すことを厳重に禁止する。もし、これを破った場合は厳しく罰する。

菊池部隊

都農憲兵隊

高千穂警察署　」

高千穂警察署の墜落直後の現地調査と今回の現場検証で、ほぼ墜落事故の概要は判明したが、内容は、あくまで当時の日本側の調査団が見た現場の客観的な様子だけで、事の詳細については、何も判らなかった。

白川が調査したこれらの内容は、九月九日付けで高千穂警察署から宮崎の警察本部あてに提出された防衛関係文書・文書番号五〇八一で報告された。田原村役場職員河内重利の当日の日誌（以下「河内日誌」とする）には「祖母山墜落飛行機搭乗員十二名埋土」とその事実だけが短く記された。

墜落現場には、六カ所の盛り土の上に立てられた六本の十字架と大量の荷物だけが残り、麓より一足も二足も早い秋風が吹き始めた。

第二章　六本の十字架

飢餓山道

「祖母山に米軍機墜落」の話は、たちまち麓の五ヶ所地区はもちろんのこと、近隣の村から村へと伝言ゲームのように伝わった。

しかし、その内容は、飛行機が墜落したという事実よりも、むしろ別の意味を含んだ伝わり方であった。村々を伝染病のように伝わって行ったのは、その米軍機には、山のような食べ物といろいろな物資が積み込まれているという話であった。着のみ着のままで、食うや食わずの生活を強いられていた当時の村人や近隣の住民にとっては、涎の出るような話であった。もちろん、このように飢えた生活を強いられていたのは、敗戦国日本の全国津々浦々どこでも同じであった。

どこでどう聞きつけたのか、墜落の数日後から、五ヶ所には、ぞろぞろと人々が集まるようになってきた。次第にその数は増え、見知らぬ人々の集団が、二人連れ三人連れ、あるいは家族連れと思われる子供を連れた集団まで現われた。一人で来たものは、ほとんどおらず、それぞれの組み合わせに見えたが、全員に共通していたのは、皆一様に、背に、この地方特有の竹で編んだ運搬道具「カルイ」か買い出しに行くような大きなリュックを背負っていたことである。

　これらの集団がめざす方向は一致していた。「祖母山詣で」である。皆、黙々と、祖母山の方向に歩いた。その姿は、飢えたハイエナが、血の臭いを嗅ぎ付けたようでもあり、山の中に、突然空から降ってきた宝船を捜しに行くようでもあり、すべてが同じ目的で、歩き続けるこれらの一行の姿は、異様でもあった。少々の雨が降ろうが、山へと向かう集団は続いた。「カルイ」を背負った一行は、その背中に、やや後ろめたさを漂わせながら、小学校の下を通り、嶽の集落を抜け、ひたすら目的の現場へと向かった。

　一行は、渓を渡り、スズ竹を分け、泥まみれになって、ひたすら歩き続けた。最初は、小さな踏み分け道も通う人のあまりの多さに、次第に、一本のはっきりした山道となり、現場までつながっていった。

「欲しがりません。勝つまでは」を合言葉に、あらゆる窮乏に耐えに耐えた日本の全国民であったが、今度の戦争の結果は敗戦、しかも完敗であった。あらゆる人と物資は、すべて戦争遂行のために費やされ、敗戦直後の日本には、まさに精神的にも物資的にも何も残っていなかった。「衣食足りて礼節を知る」はずの日本人にとって、衣も食も足りず、礼節を知れというのが、土台無理な話であった。

　墜落現場へと向かう飢えた人々の一行は、毎日のように続いた。噂が噂を呼び、むしろその一行は増える様相を呈していた。地元の五ヶ所からばかりでなく、隣接する大分県竹田や熊本県高森、遠くは、どこで聞き付けたのか熊本市内からの「祖母山詣で」もあった。

　そして、夕方になると、決まったように、「カルイ」やリュックに、それなりの戦利品を一杯詰めて、朝と同じように、やや後ろめたさを隠すように、いそいそと、それぞれの家へと急いだ。それらの戦利品の中身は、ほとんどが食べられる物と役に立ちそうな物であった。敗戦により「礼節」を忘れさせられた人々には、まず食べることしか頭になかった。とにかく腹が空いていた。腹がへっては戦は出来ぬのに、日本は戦をしていたのである。一方、その相手であったアメリカには、戦争が終わったのに、まだ、大量の食糧を、飛行機に積んで、どこにでも運べるだけの余裕があった。余裕があったからこそ、日本に勝ったのである。「祖母山詣で」の一行は、大量の食糧を目の前にして、日本の敗戦の理由を肌で感じ、納得させられた。

墜落現場から、とにかく食べられそうな物は何でも持ち帰った。そして、我が家に帰ると早速品定めを始めたが、容器に書いてあるのは、つい先日まで交戦していた相手の「敵国語」ばかりで、小分けして、きれいに密閉された容器とその中身に、不安を覚えながらも、何とか口に入れようとするものの、富める国と飢えた国の彼我の技術と文化の違いは大きく、容易に口に入れるまでには至らなかった。

墜落直後の宮下林業の杣夫を中心とした救難隊出動や現場検証の時にも、いくつかの食料品らしき物は持ち帰られた。それらは、矢津田の家で品定めをすることが多かったが、「敵国語」で書かれた文字を読める者は、当然いなかった。色とりどりの小箱に横文字で書かれた品物や色紙のようなきれいな紙で包装された箱を開けると、今までに嗅いだこともない、えも言われない芳香が漂った。その中に、乳白色の表面がやや脂ぎった、豆腐を固めたような物があった。今まで誰も見たことのない代物だった。南方の戦地から帰ったばかりの一人が物知り顔で言った。「これが牛の乳を腐らせて作ったチーズと言うもんじゃ」。早速、義武の妻ハルが包丁で短冊状に切り分け、周りの者達も恐るおそる口に入れたものの、口内を駆け巡る甘いような油臭いような、今まで味わったことのない味とともに嚙む程に、口の中が泡っぽくなってきた。

その時、延岡市にある本校が空襲により焼け、三田井の神殿《こうどの》に臨時に設けられた延岡中学高千穂分教所の三年生に在籍していた義武の次男吉次は、十五歳で、当然村一番のインテリであった。寄宿舎には、十分な食べ物もなく、週末には四里近くある道を歩いて生家に帰るのが常であった。その日は、ちょうど腹痛を起こし学校を休んでいた。食べられた後の箱に「ＳＯＡＰ」と書いてあるのを見つけた時は、後の祭りだった。吉次の説明により石けんであることを知り、全員が口から吐き出すと、ハルは、いかにももったいなさそうに、手でコンニャク玉のように丸めた。

それから、吉次は、運ばれて来た品々を相手に、わずかばかりの英語の知識と辞書を片手に目を通していった。「ＢＲＥＡＫＦＡＳＴ」「ＬＵＮＣＨ」「ＤＩＮＮＥＲ」と、それぞれの箱に書かれていた。そして、どの箱にもチョコレートが入っていた。当時、チョコレートは、貴重品で、まず一般の人々が口にすることはなかった。吉次は、義武が村長という仕事柄、子供の時から熊本出張の土産にもらうことがあり、同じような形をした「生姜板」とともに大好物であり、子供の頃に父の帰りを首を長くして待っていたなつかしい思い出があった。

しかし、吉次には、ひとつだけ、どうしても、わからない食べ物があった。「ＰＥＰＳＩＮ　ＧＵＭ」と書かれた食べ物らしい物があった。口に入れて噛むと餅に粘り気をつけたような甘酸っぱい味のする食べ物である。後で、これが、胃での食物の消化を促進するペプシンという消化酵素の入ったチューインガムという食べ物であることを知った時には、チューインガムさえ知らない日本人に比べ、アメリカには、消化を促進するという機能まで持たせたチューインガムがあることに驚くと同時に、こんなにも食べ物が豊富にあるアメリカと戦争をしていた日本は、いかに世間知らずというより世界知らずであったと思った。そんなアメリカを相手に戦うためフィリピンの戦地に行ったまま、まだ復員して来ないどころか、何の連絡も無い八つ上の兄義隆の帰りを待ち望んでいた。それは、義武とハルにとっても同じであったが、この小さな村でも、次々に、戦死者を出した村長の立場から口には出せず、毎朝二人で神棚に手を合わせ最愛の長男の無事復員を祈るのみであった。

とにかく、村人は食べられそうな物は、何でも食べた。ほとんどの物が、初めて目にし、初めて口に入れる物ばかりで、チューインガムは、そのまま飲み込み、粉石ケンは、話に聞いたカレー粉かと思い囲炉裏に掛けた鉄鍋で野菜とともに煮込み、部屋中に芳香を漂わせた家や、ポマードや歯磨粉のチューブを口にくわえ口の周りをベタベタさせたり、真っ白にさせ泣きべそをかいた子供達もいた。ピューレの缶詰を開け、「これがアメリカ人の雑炊か」と感心しながら食べた。バターも初めて見た食べ物で、鍋に入れて溶かすと、菜種油より、ずっと使い道が多く重宝した。ジャガイモの缶詰から水の缶詰まであるのには驚いた。中身が何かわからない物は、毒見のために、飼い犬に食べさせ、無事を確認した後に、自分達の口に入れる慎重派もいた。飼い犬も、もちろん初めて口にするアメリカの味にとまどっていた。どういう訳かパイナップルの缶詰だけは、その色と形からか口にせず捨てられた。

赤痢

敗戦という村始まって以来の未曽有の事態に、村の小さな役場の十人にも満たない職員は、天手古舞《てんてこまい》の忙しさに見舞われた。戦死公報の公布に、続々と復員してくる復員兵の世話、そして無言の帰郷をする白木の箱に入った兵隊の迎えに家族への連絡、加えて農村地帯とはいえ、極度の食糧難に物資難、村民の栄養状態は悪化していた。

泣きっ面に蜂とは、このことで、村内で二十年七月から八月にかけて赤痢の大流行があった。栄養状態が悪いのに加えて、医薬品もほとんどなく、赤痢は、我が物顔に猛威をふるった。役場近くの小学校が、緊急の隔離病棟と化して百十数人の罹患者が、所狭しと収容された。抵抗力の無い幼児の衰弱は著しく、なす術もないままに、幼い命は次第に泣く声も出ないほど衰弱して消えていった。

結局、この赤痢の流行で幼児から大人まで二十二名が死亡した。義武は、率先して事態の収拾に当たった。職員の佐藤リサや田中ミツエ、内倉ミツエも懸命に看護に努めた。義武は、毎日、患者の様子を、医者が入院患者を回診するように見て回った。そして、講堂を出ると、昇汞水《しょうこう》の入った五右衛門風呂で、頭から消毒して褌ひとつになり、また、消毒した衣類に着換えて出てきた。それから、リサやミツエに指示を出すのであった。それは、その日の内に幼い命の火を消そうとしている子供のための棺の用意であった。彼女達は、義武の指示した子供の大きさに合わせて棺を準備したが、翌日の朝には、まさに義武が言った通りになっていた。

棺には、赤痢の蔓延を防止するために、真っ白く石灰が入れられ、白粉を塗ったような子供の死顔は、悲しみを一層募らせた。大きさの違う棺は、熊野神社の参道脇にある大きな欅の木の下に並べられ、埋葬されるのを待っていた。そして、義武は時間があると、肩掛け式の手押しポンプの付いた噴霧器で、村の中心部の下水を、県から配給された消毒薬で消毒して回った。それは、すべての村民の命を預かっている村長としての使命感の表れでもあった。

赤痢は、五ヶ所にも広がった。五ヶ所小学校三年生の霜見富雄も罹患し、激しい血の混じった下痢に見舞われ、栄養失調とも重なって、

起き上がることもできず、寝たきり状態で床に伏したままで死を待つばかりであった。

ある日、どこから仕入れたのか、枕元に見たこともない、黄色い色で英語の文字が書かれた缶詰を、父が持って来た。錆付いた缶切りで、ようやく開けると中から石臼を輪切りにして小さくしたような黄色い真ん中に穴のあいた物が入っていた。父が、毒見のように少し口に含んだ後、富雄の、ようやく開いた口に、その一切れを差し入れた。初めて口にするこの食べ物は、甘酸っぱく、歯ごたえもあり、生きる元気が、少しずつ湧いてくるような気がした。何個か、この缶詰を食べるうちに、嘘のように、徐々に体調が回復し始めた。体力が付くと、他の食べ物も少しずつ口にするようになり、しばらくして、起き上がれるようになった。

富雄の命を救ったのは、親父山に墜落したB-29から父が失敬してきた救援物資の中にあった、パイナップルの缶詰であった。富雄はその後ずっと、この缶詰こそ命の恩人であると思いながら、パイナップルの缶詰を口にする度に、当時のことを思い出していた。

こんなこともあった。ほぼ赤痢が終息した頃、学校を再開するかどうかで、村と学校側とで意見が分かれた。再感染を心配する校長と義武は、議論を尽くしたが、義武には、やるだけのことはやったという自信があり、再発生の可能性はないと判断した。

しかし、子供を預かる校長の立場としては、不安は隠し切れない。二人で、あれこれ押し問答しているうちに、義武は、突然、ポケットに入れた竹の皮に包んだ握り飯を取り出すと、講堂の床に、ごろごろと転がした。と思った途端に、自分で拾い上げ、ぱくっとそれを食べてしまった。それを見た校長は、村長が、それだけ誠心誠意努力したことを認め、学校を再開することにした。

義武にも、目に見えない細菌の仕業である赤痢に「絶対」という保証は何も無く、不安もなかったと言えば嘘になるが、彼の、最善を尽くしたという自信が、そうさせたのである。

赤痢発生、敗戦、そして村から出征した兵士達の帰郷と戦死公報の処理に、極度の食糧難と、次々に山積みされた、村始まって以来の、しかも、誰もが体験したことのない作業のすべてを指揮しなければならない義武には、まさに、もっとも困難な村政を任されていた。息をつく暇もないような激務に、五ヶ所の自宅へ帰ることも少なくなり、役場近くに下宿をして役場へ通っていた。仕事を終えて、夜遅く下宿に帰り風呂に入り、配給のわずかばかりの酒を口にし、ようやく自分だけの時間が持てた。

疲れ切った身体を布団に横たえると、すぐに脳裏をよぎるのは、まだ、フィリピンの戦地に行ったまま復員して来ない長男義隆の安否のことであった。村長という公の立場にある以上、私的な家庭のことは口にしないのが義武の主義であったが、やはり、血を分けた親子である長男の帰りは、待ち遠しかった。

救援物資

街に住む者も山合いの村に住む者も、終戦直後の日本人のすべてがとにかく飢えていた。空から突然降って来たアメリカからの見慣れない大量の食べ物は、九州のほぼ中央部にそびえる祖母山麓の村人の空腹を満たすのに大きく貢献したのは、事実であった。

食料調達のための「祖母山詣で」は、しばらく続いた。しかし、トラック十台分はあるとされていた「食べ物」も次第に底をついてきた。

ある日突然、空から降ってきた「食べ物」で、ある程度、空腹を満たすと、人々は、墜落現場に立てられた六柱の十字架に目をやった。神州不滅の国日本を敗戦に追い込んだ強い国アメリカの、しかも、この戦争の幕を降ろした立役者「B-29」が、なぜ、こんな山の中に墜落したのだろうかと不思議に思い始めた。そして、この膨大な荷物は、一体何のために、誰に届けるために積んであったのか知ることはなかったし、ほとんどの「食べ物」を食べ尽くした今となっては、「食べ物」が届くのを今か今かと待っていたであろう人々への申し訳なさと後ろめたさを思いながら、帰り際には、六柱の十字架に手を合わせ、少なくなった「食べ物」を背のカルイに詰め込みいそいそと山を降りた。

食べ物が無くなると、今度は、日常生活に利用できそうな物は、何でも持ち帰り始めた。当時の日本には、「食べ物」はもちろんのこと、その他のありとあらゆる生活物資も不足していた。墜落現場に駆け着けた者達だけに、その役得はあった。あらゆる物資が窮乏していた当時においては、止むを得ない行動でもあった。

次に手を着けたのが、多量の物資が入った箱に付いていた落下傘である。着る物も十分にない時代に、落下傘のあの大きくて柔らかそうな布は、咽喉から手が出る程に欲しくなった。加えて、その布に付いていた細くて丈夫そうなたくさんの紐も使い道が多そうな気がした。また、落下傘と荷物を結んでいたベルトやフックは、丈夫で、田や畑を耕す鋤を索かせる牛の腹帯やカルイの肩紐にも活用された。布は、カーテンには持ってこいの代物で、古い萱葺の家に不似合いな真白い立派なカーテンが下げられ、当時、村に嫁入りしてきた娘が驚いたこともあった。

とにかく、使えそうな物は、何でも活用した。嗜好品として、当時、貴重品であったタバコもあった。熊本市から登って来たある商売気のある者は、タバコの入った箱を手にして、その後の闇市で大儲けをしたとの話も伝わってきた。防火性能を最重要視したB-29には、至る所にゴムやグラスファイバーによる防弾機能が施してあった。特に、これらのゴムは利用価値が高かった。普段の履き物は「ワラ草履」が主であったが、大きなタイヤを切り抜き、加工すると丈夫なゴム草履に化けた。至る所のゴムの付いた窓や部品が取り去られた。鉈や鎌で切り取ると、家に持ち帰り、立派な厚手の「ゴム草履」に加工し重宝された。直径が一メートル以上もあったタイヤは、豊富な原料の供給源となり利用された。

一枚野に住む小川原益雄の父兼義も現場に娘の秀子にカルイを背負わせ、斧を手にして登った。まだ無傷の大きなタイヤのゴムを取るために、いきなり大木を倒すように斧をタイヤに打ち込んだ途端、大音響とともに破裂した。兼義は、斧を手にしたまま吹き飛ばされ、しばらく気を失っていた。近くにいた者は、てっきり即死したものと思い近付くと、幸い怪我もなく呆気に取られたように正気に戻った。その破裂音は、麓の宮下林業の作業小屋まで届く程であった。

他の子供達と同じように父に連れられて現場まで登った笈の町の武田計助は、当時国民学校の三年生だった。キラキラと光る細長い機銃弾は、子供心にも欲しくなり持って帰った。風防と思われる樹脂性の分厚い板は、利用価値が高かった。細く棒状に鋸で切った物は、ローソク代わりに使われた。火を着けると、良く燃え、しかも長持ちし、ほのかな明かりとともに、良い香りを発した。これが、アメリカという富める国の香りかと思いながら計助は、停電になるのを楽しみにしていた。また、適当な硬さで、細かな細工もし易く印鑑としても使われた。機銃弾は重宝された。分解して中の火薬をダイナマイトの代用にしようとした。まさに無鉄砲な者もいたが失敗に終わった。

秀國少年も、家に持ち帰り、囲炉裏の端で分解しては火薬を集めていた。ある日の朝、家族で囲炉裏を囲み、朝食を食べていると、突然、爆発音とともに、自在鈎に掛けてあった鍋が宙に舞った。囲炉裏の灰の中に落ちた機銃弾が暴発したのである。囲炉裏は空っぽになり、家族全員灰神楽を浴び、ものも言わず、真っ白になったお互いの顔を見合わせた。

また、村には、あるファッションが流行した。それは、真鍮製のパイプ状の部品をリング状に切りピカピカに磨き上げ、指輪や腕輪を作り、身に付けていた。胴体や翼の一部も剝ぎ取られ、器用に、金槌で叩き延ばされ、洗面器にも化けた。

一枚野の、さらに奥には、自称早稲田大学出身と名乗っていた男が一人で住んでいた。背は低いが弁舌さわやかで、手先も器用で、普段は、木で彫り物をして暮らしていたが、ある時から、ぶかぶかの飛行靴に、地面を掃くような飛行ジャケットを着て村の中を歩くようになった。誰が見ても、元の持ち主は、背の高いアメリカ人であった。その姿は滑稽でもあったが、当時の極端な物資不足を物語る姿でもあった。

とにかく、終戦直後の日本には、何もなかったのである。利用できる物は、何でも利用したのは当然である。ある日、突然、空から大量の荷物とともに降ってきたB-29は、麓の五ヶ所は、もちろんのこと近隣の村々にとっても思わぬ救援物資を運んできた「救いの使者」でもあった。

しかし、本当に救おうとしていたのは、これらの飢えた日本人ではなく、故国に帰れる日を、今か今かと同じように飢えて待っていた異国の兵士達であったことは、誰も知らなかった。そして、この救援物資を届けようと、最後の任務を負って、同じように故郷へ帰り両親や家族に、そして婚約者に、もうすぐ会える日を目前にしていた十二名の搭乗員達のことも知らなかった。

山から持ち帰る物も、次第に少なくなるに連れて、祖母山詣でに通う人々の姿も少なくなり、山々が真っ赤に燃え渓々が黄色に輝き、平地の村々より一足も早い初霜が降りる頃には、ほぼ、人の姿を見かけることもなくなり、五ヶ所は、何事も無かったかのように、また、元の静かな村に戻っていった。

祖母山に初雪が降り本格的な冬を迎えると墜落現場もうっすらと雪化粧をして、燃えた切株が、山奥の焼き畑の跡のようになり、その中で六本の木で組まれた十字架も、頭に雪の綿帽子を被り、ここを訪れるのは、野兎やテンなどの動物だけになった。十二人の搭乗員は、異国で初めての冬を迎えた。その周りには、あれだけ積んであった物資も、すっかりなくなり、機体の一部を剝ぎ取られ、さらに貧相になった。かつて無敵を誇った「超空の要塞B-29」が、寒さに凍えるように無残な姿で横たわっていた。そして、祖母山も障子岳も親父山も、何も見なかったかのように、いつもの冬と同じように真っ白に、雪を被って聳えていた。

日本で、一番長かった年、昭和二十年（一九四五）の祖母山の雪景色は、一際輝いているように見えた。麓の五ヶ所でも、物資も無く、ある家では主も無く、来年のこともわからないままひたすら寒さに耐えながら、それぞれの正月を迎える準備が始まっていた。それは、日本全国すべて同じであった。六柱の十字架は、さらに雪に埋もれ、雪の綿帽子だけが、雪原に少しだけ頭を出していた。

戦勝国アメリカでも、未帰還の十二名の搭乗員の帰りを待つ、それぞれの家族や婚約者がいた。

武士の血

五ヶ所は、戦争が終わって初めての正月を迎えた。いつもと変わらぬ静かで寒い正月だった。山里の新年は、鉄砲の口開けで始まった。午前零時を過ぎると、この年の凶と言われる方向に、鉄砲を持つ猟師が、実弾を込めて発砲し、その年の災難を打ち払うとともに獲物が多く獲れるようにと祈るのである。

夜明け頃から、村人は、三々五々、祖母嶽神社にお参りして、その年の家内安全や無病息災、五穀豊穣をお祈りした。神社の鳥居には、真新しい注連縄《しめなわ》が下げられ、村中の社という社から、山の神から水神様や家の中にある屋敷荒神様まで、小さな竹筒二本を、棕櫚の葉で結んだ中に御神酒を入れた「懸けぐり」が供えられ、新しい年を迎えた。

しかし、まだ戦地から復員していない若者もおり、この年の初詣には、もうひとつの願いが込められていた。それは「帰らぬ人」が、早く無事に帰って来ることであった。

祖母嶽神社

祖母嶽神社は、彦火火出見命《ひこほほでみのみこと》、豊玉比売命《とよたまひめのみこと》、天照大神《あまてらすおおみかみ》、菅原道真公、天事湯彦命《あめのことゆひこのみこと》を祭神とし、社伝によると祖母嶽下宮八社の一つとして寛文九年（一六六九）四月十八日に、領主有馬左衛門佐康鈍が、再建したと伝えられている。

その由緒は、神武天皇東征の時、紀州沖の海戦において台風の危難にあい、兵船覆えらんとするや西南をかえりみて、添利山《そふりやま》（祖母山の古い呼び名）を望み、彼の山は、わが祭神の坐す所なり、願わくば神威顕現して海苫を警め皇孫の危難を救護せよと祈念されたところ、たちまち波は、おさまったという。神武天皇の祖母は、この霊峰の祭神豊玉姫命であり、三千年来、祖母山の頂上に鎮座せられていたが、戦国時代末期、大友氏系の匪賊の為破却され、今は僅かに石祠を安置するのみである。豊玉姫命の御子鵜萱草葺不合尊《うがやふきあえずのみこと》を生み給いて後、八尋の和邇《わに》となって海に入り給う時に、干支皆卯指し三国の人卯月初めの卯の日を以て祭日と定めて祀ってきたが、明治以降は、各地祭日を異にしている。

祖母嶽神社は、祖母嶽下宮八社の一つとして祖母嶽大明神と呼ばれ、明治四年領主の通達を受け、神原神社と社名を改めた。明治十六年（一八八三）十一月二十日許可を得て、祖母嶽神社と改称した。明治四十年五月十八日郷社祖母嶽神社となる。祖母嶽絶頂に、八十五畝九歩の社地と一町九畝二十一歩の境内がある。例祭日は、七月十八日である（「宮崎県神社誌」）。

祖母嶽神社に、同じように武運長久を祈願して村を後にした若者達に対して、決して神様は公平ではなかった。ある者は北の凍土の中に、ある者は南の密林の中で故郷を思いつつ死んでいった。運良く無事帰って来た者も、再び故郷の地を踏める喜びと同時に、同じように祖母嶽神社にお参りして、二度と生きて故郷の地を踏むことのなかった仲間への申し訳なさとを交錯させながら複雑な思いで、崩野峠を越えて帰って来た。峠から久し振りに悠然と聳える祖母山を眺めた時に、ようやく生きて故郷に帰れた実感が湧いた。

義武とハルも、夜明けとともに和服に着換え、祖母嶽神社に初詣に出かけ、神前に深々と頭を下げ、手を合わせ、まだ帰らぬ長男義隆の無事復員を祈願した。初詣から帰ると、家の前にある大谷川から引いてきた水路に、大晦日に柄杓につけた「とびの米」を流し「あらたまの年の初めに杓とりてよろずの宝我ぞ汲みとる」と唱え若水を汲んだ。

この年の正月は、日本にとって、建国以来経験したことのない新しい世の中の幕開けでもあった。元日には、「天皇神格否定宣言」が出され、天皇は、もう神様ではなくなったのである。ＧＨＱは、次々に、日本の民主化政策を打ち出した。まず、一月六日に、軍国主義者の公職追放と超国家主義団体の解散を指令した。学校の体育関係では、軍事教練的色彩を持つ武道は一切禁止された。公共機関や学校、その敷地内にある神社、神棚は、すべて取り除かれ、民間人の所有する刀剣類もすべて没収され、武技具も焼却させられた。家伝来の刀剣を取られるに忍びず、山の中に隠そうとする者もいたが、いずれ進駐して来るアメリカ軍は、どんな金属でも、簡単に探し出す探知器があり、もし隠していたら厳罰に処されるという噂を聞くとあきらめる他はなかった。

二月になると、第一次農地改革が行われた。アメリカには、日本の軍国主義を生み出したのは、土地制度であるとの考えがあった。つまり、「日本で生きる希望を閉ざされた小作農民は、外国侵略に夢を託し、彼らが日本軍国主義の温床になった」とする認識である。日本から大地主はいなくなり小作人は解放された。義武も、この改革で多くの農地を失った。マッカーサーの「農地改革についての覚書」には、「数世紀に亙る封建的圧政の下日本農民を奴隷化してきた経済的桎梏《しっこく》を打破する」と記されてあった。

食糧緊急措置令や金融緊急措置令、隠匿物資緊急措置令、公職追放令、労働組合法施行など戦後の混乱期特有の法律や軍国主義から一気に、民主主義への道へと進まされる日本人にとっては、戸惑い以外の何ものでもなかった。民衆にとっては、世の中が一度に百八十度変わったのである。

祖母山の雪も消え、村の中央を流れる大野川の水も少し温み始め、隣の村々より一週間程遅い桜が、ぽつりぽつりと花を付け始めた頃、つい前月の三月十五日で、昭和十五年(一九四〇)七月から四年と八カ月間、第十七、十八代と田原村村長として村始まって以来の困難な村政を担う村長の職を辞した義武は、その間の疲れを癒すかのように、のんびりと農業に勤しんでいた。義武は、大正三年(一九一四)三月に、熊本県立阿蘇農林学校森林科を卒業しており、もともと山仕事や野良仕事は好きな方で、身仕度を整えると早朝から暗くなるまで農作業に、汗を流していた。

その日も朝早くから、春とはいえ、祖母山を源流とする大野川の冷たい水を水田に引き入れ苗代作りの準備をしていた。自宅前の一反歩程の水田に水を張り、馬に鋤を索かせ代かきに精を出していた。昼前に田原村の天野要助役が、五ヶ所にやって来た。天野は、義武が代かきをしているのを、祖母嶽神社の鳥居の前から見つけると重い足取りで、水田の方へ向かい、畔道に立ち、どう切り出そうかと苦渋に満ちた面持ちで作業が終わるのを待っていた。義武が馬の手綱を緩め鋤を外し、自宅前の用水で泥にまみれた馬の足を洗い始めたのを見計らって重い足取りで近付いた。そして、思い切ったように懐から一通の封書を取り出すと、かつての村長でもあり、今は、その職を辞した義武に向かって、「義武さん、今日は、役目でこれを届けに来ました」と、なるべく目を合わせないようにして差し出した。「ご苦労」と一言だけ言った義武は、天野の姿を見つけた時から、すべてがわかっていた。辛い役割を終えた天野は、封筒を渡したことでやっと解放されたような気分になり、あいさつもそこそこに、その場を逃げるようにして離れた。

覚悟していたこととは言え、義武は、一瞬厳しい顔をしたが、馬を馬屋に繋ぎ、足を洗い、物も言わずに着物に着替えると、大広間の中央にある神棚の前に正座して、先祖に、長男義隆戦死の報告をした。じっと神前で手を合わせるその後ろ姿は、小刻みに肩が震えていた。しばらくして、突然仁王立ちになり、さっと神棚に手を伸ばすと、神様の納められた小さな社を抱え、上がり框《かまち》から土間に叩き付けるように投げ捨てた。「義隆の命も守り切らんで、何が神様じゃぁ――」。それは、まさに神様を怒鳴りつけるような剣幕であった。無残にも、土間に、ばらばらに砕けた小さな社を、さらに睨みつけていた父の姿を、吉次は、声を押し殺して隣の間から見ていた。

この村で唯一の士族として代々続いて来た矢津田家の当主として、その無念さを晴らそうとした義武の行動であった。

墓碑には「至誠院釋義正　大東亜戦争ニ現役兵トシテ従軍シ、シンガポールニ於テ公傷、第三陸軍病院ニテ八月十九日午前四時十分死去　享年二十五歳」と記されている。終戦前日の八月十四日に部隊間の緊急連絡時のオートバイによる事故であったという。

一方、海の向こうのアメリカでも、日本の九州で行方不明との報告を受けたばかりで、それ以上の詳しい情報もないまま未だ帰らぬ最愛の夫や兄、そして婚約者を待っているそれぞれの家族や女性がいた。義武も冷静さを取り戻すと、昨年夏、祖母山に墜落したB‐29の十一名の搭乗員のことを思った。義隆も彼らも目の色こそ違え、お互い同じ年頃で、それぞれの任務に忠実に従い、しかも終戦直後に異国の地で命を落とした共通の運命を感じつつ自分と同じ悲しみに耐えている異国の父親の気持ちに思いを馳せた。義武の心の中には武士の血が流れ、かつての敵に対して、矛を収めた後の武士としての情があった。

調査団

しかし、不思議にも、祖母山中に「B‐29」が墜落して半年以上も経ったが、まだ、米軍による捜索隊や現地調査は、一度も行われたことはなかった。占領軍は、昭和二十年(一九四五)八月二十八日に、米第八軍先遣隊が湘南海岸に上陸、同月三十日以降、京浜地区に厚木や横須賀などから続々と進駐を開始した。西日本の占領にあたった米第六軍は、九月二十二日から二十五日にかけて佐世保、長崎、和歌山、名古屋に第一陣を上陸させ、おおむね十一月上旬までに各地への分散、展開を終えた。

宮崎には、十月五日、佐世保進駐軍所属のマスマン海軍少佐ら三名が、県内一般状況調査のため来県した後、十一月十日に、米海兵隊第二師団第二連隊第二大隊長トッドマン中佐ら千人が、宮崎市に進駐した。

宮崎市天神山の武徳殿には、星条旗が翻った。その後、十二月六日にフランク少佐以下七十名が、延岡市へ進駐した。

「神州不滅の国・日本」はやはり敗けたのである。天皇に代わり日本を支配することになった「青い目の大君」が、日本への第一歩をしるしたのは、偶然にも祖母山中に「B-29」が墜落してから、わずか五時間後のことであった。

日向日日新聞

戰爭終結の確認
卅一日に正式調印
マッカーサー元帥廿八日に我邦へ

戰爭終結の事態確認に關する聯合軍最高指揮官マッカーサー元帥と帝國全權委員との間の正式調印は三十一日行はれることとなつた

一日は先發二機
二日に主力上陸

我軍撤收區域

一部は相當期間
召集を解除されず
武器返納後も團結保持

マッカーサーの日本上陸を伝える当時の新聞
（昭和20年8月26日付　宮崎日日新聞社提供）

昭和二十年八月三十日、午後二時五分、ダグラス・マッカーサー連合国軍最高司令官を乗せた愛機「C-54・バターン号」が、東の空に現われ、しばらくして厚木飛行場に舞い降りた。先発隊として二十八日に日本入りをしていたアイケルバーガー中将の出迎えを受けた六十六歳のマッカーサーは、扉を開け、二歩タラップを降りると占領地をしみじみと眺め回した。そして愛用の黒いメガネにコーンパイプをくわえると、ゆっくりとタラップを降りてきた。そして、待ち受けた記者団に「メルボルンから東京までの道程は遠かった。だが、これで万事は終わったようである。無用な摩擦、そして不必要な流血を見ることなく戦争終結が成功することを期待できるであろう」と語った。

連合国軍最高司令官総司令部（GHQ／SCAP）は、日比谷の第一生命ビルに置かれ、星条旗が翻った。九月二日、彼は戦艦ミズーリ号の甲板で、日本の無条件全面降伏文書に調印した。上空を、この日本にとっては屈辱的な世紀のセレモニーを見守るかのように、「B-29」の編隊が、爆音を響かせ、低空飛行を続けた。しかしマリアナ諸島で、翼を並べた僚機が、九州のほぼ真ん中の、とある山中に三日前に十二名の乗組員とともに消息を絶ったことは、誰も知らなかった。それは、マッカーサーが日本へ第一歩を踏み入れたわずか五時間前のことであった。

マッカーサーには、彼の長い軍人生活の総決算として日本の再建を監督するという重大な任務が与えられた。荒廃した土地、根こそぎにされた都市、崩壊した経済、そして屈辱を嘗めた日本は、絶望的というよりは、むしろ虚脱状態になっていた。しかし、マッカーサーは、彼なりに日本を理解していた。そして、これまでの日本の諸制度を、彼の理解するアメリカ型のものと置き換える作業を始めた。「日本における最高のものと、アメリカにおける最高のもの」を融け合わせるのが彼の狙いであり、相互理解の上に立つ世界を願った。それは「平和、寛容、正義」の三つの柱であった。

そして、マッカーサーは、天皇に対しては、特別の尊敬と誠意を持って接したのである。九月二十七日、天皇は、自らマッカーサーを訪問した。そして「マッカーサー元帥、わたくしは、あなたが代表する列国の判断に身をゆだねるべく参上しました。わが国が戦争遂行にさいして行なった政治的、軍事的決定と行動に唯一の責任をもつ者として」と述べた。マッカーサーは、かつての現人神《あらひとがみ》であった天皇の勇気に心を動かされた。そして、六年間の支配期間中に、今日の日本を作り出すのに大きな役割を果たしたのである。

内倉要三は、終戦当時、福岡にあった航空技術員養成所にいた。終戦後、生家のある河内に帰り、十二月から田原村役場に勤めると、主に復員兵や戦死者に関する仕事をする兵事係になった。自分自身もいずれ整備兵として戦地に行き、生きて帰ることはないだろうと思っていた二十歳になったばかりの要三にとって、同じ年頃の仲間の戦死公報を処理するのは、辛い仕事であった。

そんな毎日を送っていた要三のところに、高千穂警察署河内部長派出所の長友巡査部長から緊急の連絡があったのは、終戦の翌年、昭和二十一年（一九四六）三月二十日夜のことである。

「明日、進駐軍が、B-29墜落現場を調査するにつき、明朝崩野峠に馬六頭を準備して置くように」と、本署から指示があったとのことである。日本は、アメリカの占領下に置かれている。警察と言えども、進駐軍の言うことには絶対服従である。要三は、馬を持っている河内の荷馬車業者に、一軒一軒足を運び協力を依頼した。進駐軍の命令とあらば、もし大事な馬を没収さ

れてはと一も二もなく引き受けてくれた。

　要三は、夜十一時過ぎに、役場を出発し、夜道を崩野峠へと急ぎ、取りあえず先日まで村長であった義武に、事の次第を報告し協力を求めた。義武は、まだ三秀台の下にあった農兵隊の馬小屋に飼われていた馬も念のため借りられるよう手筈を整えてくれた。要三は、あまりにも突然な、しかも、敗戦国日本を完全に支配している進駐軍の来村に奔走したため、精神的にもすっかり疲れ、かつての農兵隊の馬小屋の片隅で寝入ってしまった。

　眠りから醒めると、すっかり夜も明けていた。慌てて祖母山へ続く道を追いかけると、六頭の馬に跨った進駐軍のアメリカ兵が、ちょうど祖母嶽神社の前を通るところであった。要三も、義武が村長時代に、馬に跨って発庁していた乗馬姿や、千穂が二連銃を背にして馬に跨っていた姿はよく目にしていたが、青い目のアメリカ兵の乗馬姿は、背が高いだけに、一層威圧的でもあり異様でもあった。

　彼らは、崩野峠を越える峠道では、時々、腰のピストルを抜き、山や空に向けて「パンパン」と実弾を発射していた。村人達も、家の裏に隠れたまま、村を訪ねて来た初めてのアメリカ人とその乗馬姿を怖る怖る物陰から眺めていた。

　三月二十日の河内日誌には、「九時頃、長友部長占領軍が祖母山飛行機墜落現場視察するに付、馬六頭用意方を伝え来る。竹次茂、内倉要三宅に行き、手配方相談、荷馬車業者来集し協議、荒内、竹次、長友十一時頃退場。要三、工藤、安井、乗馬準備のため五ヶ所へ向う」と記されている。この日の具体的な調査内容はわからないが、おそらく義武や千穂から当時の状況を聞き取ったものと思われる。

　翌日、役場に再び来た進駐軍は、福岡にある「第二十四連隊終戦処理班」と名乗った。大尉、中尉、少尉の一行であった。英語の話せる者が役場にいるはずがないが、当時五ヶ所の祖母山林業に、工藤某という同志社大学英文科出身の男がおり、通訳として呼ばれた。顔の赤黒いアメリカ兵と会話を試みたが、一向に通ぜず、お互いに筆談することで何とか意味を解することができた。役場に進駐軍が来たのは、これが最初で最後であった。

四月十日には、終戦後初めての衆議院議員選挙が行われた。マッカーサーの五大改革指令の筆頭にあった「参政権の賦与による日本婦人の解放」により、女性にも参政権が与えられた。五月二十二日には、第一次吉田内閣が成立し、六月二十日に憲法改正案が帝国議会に提出され、新しい民主国家・日本が胎動し始めた。

遺骨収集

米軍による本格的な現地調査が行われたのは、B-29の墜落からちょうど一年後の昭和二十一年（一九四六）八月二十七日から翌二十八日にかけてのことであった。

福岡市にあった「第一〇八墓石登録局・P分遣隊第三チーム」の一行がやってきた。彼らが最初に訪れたのは、五ヶ所の隣村熊本県野尻村津留（現在高森町津留）にあった「万福旅館」であった。この旅館の経営者は、女性であった。この女性は、一年前のB-29墜落事故の当時、現場から一番近い山林事業所の責任者でもあった興梠千穂である。千穂は当時、山林事業と併行して、津留で、海軍嘱託の牛の放牧場も経営し、終戦当時百七十頭の牛も飼育していた。

千穂の男勝りの性格から、いずれ進駐軍に没収される牛達なら、先手を打とうと考え、熊本市に駐留していた軍政官ハートマンに連絡を取り、すべての牛を無償で提供したのである。牛肉の好きな米兵達のために、近くの田が、にわか仕立ての屠殺場となり、千穂も牛刀を手に血まみれになりながら解体した。それらの肉は、進駐軍が乗って来たウィンチ付きのジープの荷台に積み込まれ熊本へと運ばれた。

千穂の男勝りで豪気な性格は、進駐軍にも気に入られ、その後も、気を通じ合い調査団一行の世話をすることになった。

昭和二十一年八月二十七日の午後六時頃、分遣隊の一行は、熊本県側から津留にやって来た。青い目や皮膚に炭を塗ったようなアメリカ兵の一行は、神社の階段でも楽々登るというジープに乗ってやって来た。怯えることもなく彼らと対等に相手をする小柄な千穂の姿に、村人は改めて彼女の胆の太さに驚くとともに、「千穂はアメリカのスパイじゃったげな」と噂する者まで出る始末であった。分遣隊員は、早速、千穂から詳しく墜落当時の様子を通訳を通じて聞いた。その内容は概ね次のとおりであった。

一、昭和二十年八月三十日の十時、一機の「B-29」が祖母山の山頂近くに墜落した。その日の天候は、非常に霧が深くパラシュートは見えなかった。墜落した時に飛行機は燃えていた。

二、同じ日に、田原村の消防隊と高千穂の警察官が山に登り火を消し、十二体の死体を発見し埋葬して帰った。

三、数日後、この飛行機が近くにある捕虜収容所に救援物資を届けるために多くの物資を積んでいたことが、近隣にひろがり略奪を防止するために警察は、集めた物資を安全な場所に保管した。後になって、千穂はこれらの物資を自発的に熊本のＣＩＣに送った。その内容は、十一月二日にアーバント大尉以下六名の海兵隊員に五丁のピストル、一箱の靴、三個のパラシュートを届けた時に述べた物と同じであった。

翌日の朝七時に、一行は高千穂警察署の警察官山本善一と千穂の「夫」（報告書には、千穂は独り者であるがと記されている）の案内で墜落現場に向かった。現場には十一時に到着した。そして、次のことを確認した。

一、「B-29」は、明らかに高速で、山に激突したものであり、その部品は約一ヘクタールに散らばり、その区域のすべての木は破壊されていた。

二、コンパスの針は三二〇度を指していた。一つのエンジンの部品には「ボーイング611053」の印があった。大きな「36」という文字が黒く胴体に書かれていた。

三、着陸装置8Mのモーター部品の番号は「1710」であった。

四、一つの部品に書かれた観察できる部品の連続番号はAN157285６と書かれていた。

五、大量の〇・五口径の銃弾と壊れた「緊急食糧」のケースがあった。

六、小さなケースには、航空機カメラK30№.42164348と書かれ、テープの一片には鉛筆で9698と書かれていた。

七、機関銃の通し番号は、ツイン・50S・1787188と1674929、ツイン・50S・1675032と1787489であった。

八、四個のバッテリーは、50S167976、1781678、1787215と1783669であった。

九、十二人のアメリカ空軍兵を埋葬した墓が墜落地点に六基あった。それらは平均七メートル離れ、飛行機の形のように不規則であった。

十、それぞれの墓には、日本語で一九四五年八月三十日と書かれ、平均三十センチの深さに埋葬され、その上には木で作られた十字架が立てられていた。

同じ福岡の分遺隊から、本格的な遺骨収集に来たのは、さらに二年が過ぎた昭和二十三年（一九四八）四月二十三日と四日にかけてであった。現地を訪れたのは、トーマス・S・オーエン大尉、アーサー・A・アンダーソン、アンソニー・D・カーフォールド二等兵と通訳のハリー・原口らであった。

この調査では、最初に県警察本部の白川らによって付けられた一〜六までの番号が確認できずに、改めてA〜Fの番号が付けられた。しかし、Fには遺体がなく、Aは機長を示す記章からヘンリー・B・ベイカーと判明し、Dは認識表からジョン・D・デンジャーフィールドと判明した。最初に日本の調査隊が付けた一〜六の番号と今回付けられたA〜Fの番号が対応しているかという疑問と遺体が分離されて別々に埋葬されていた可能性もあるが、ジョン・N・ホッジの遺体も確認された。

※現地の状況と遺体の確認状況については、米空軍歴史研究所に保管されていた一九四七年一月二日付けW・E・ギル大尉からの報告書（事例番号二七七）及び一九四八年四月二十九日付でトーマス・S・オーエン大尉から第八軍司令部記録局に報告された文書、及び甲斐秀國、白川武夫からの聞き取りにより構成した。

遺体の収容作業には、五ヶ所の若者も何人か参加した。若い警防団員の甲斐秀國や田上巽も遺体の収容作業に駆り出された。秀國は、墜落直後の埋葬作業に続き二回目の現場作業である。「もう、どうされてもいい。どうせ日本は敗けたんじゃ。アメリカの奴隷と同じじゃ」という半ば、やけくそのような気持ちが彼らにはあった。日本全体に、このような虚無感が漂っていた。

背の高い青い目をしたアメリカ兵を乗せたジープが津留の方から何台も五ヶ所にやってきた。まだ、自動車自体が珍しい頃、大きなタイヤを付けた四輪とも駆動するジープを直接目にしたのも初めてであった。恐る恐る遠巻きに見守る村人達に、米兵達は気安く「ハロー、ハロー」と声をかけた。武田計助も、小学校の校庭にやって来た米兵に声を掛けられ大きな手で頭を撫でられた。鬼畜と思い込まされていた彼らは、毛の色や肌の色こそ違うものの同じ人間であった。秀國と巽は、ジープに乗せられた。狭い荷台に米兵と向かい合って座った二人は、まるで子供のようであった。何とも言えぬ不安感に襲われながらも、荷馬車しか通らない狭い急な山道をものともせず、谷間にエンジン音を響かせながら登るジープの力強さに、これもアメリカの強さかと思った。

そして、もっとも驚いたのは、彼らは、口の中をくちゃくちゃ言わせながら、荷台に無雑作に置いたカービン銃を靴で踏み付けたまま何も気にしない素振りで乗っていることである。もし、これが、今は消滅した日本の軍隊であったら、どんなことになっていたかは、戦地に行った先輩から十分聞かされていたので、銃の台座に菊の御紋こそなかったものの、ただの驚き以上の出来事であった。口の中で噛んでいたのは、墜落した「B-29」の物資の中で初めて目にしたチューインガムであった。これが話に聞いていた自由の国アメリカなのだとも思った。

一の鳥居に着き、ようやくジープから降りると、身仕度を終え、米兵は、彼らにカービン銃を持つよう指示した。秀國たちは驚いた。つい一年前までお互いに敵として戦っていた者同士である。彼らは、敗けた日本人をまったく相手にしていないのであろうか。あるいは、日本人を完全に信用しているのであろうか。秀國は、肩に掛けた銃の重さを感じつつ、アメリカ人のものの考え方について理解できなかった。

いよいよ山道は険しくなった。巽は、日本人は背は低いが、世界で一番屈強な人種だと思っていた。この急坂を、背は高いが青い目の肌も白い米兵が、登れるかと勝手に思っていた。しかし、その考えは、すぐに覆された。岩場に取り付いた彼らは、難所をものともせずに強靱な体力で、しかも大股で軽々と登り続け、後に付いて行くのがやっとであった。巽は、やはりアメリカは強い国だと思いながら、こんな国と戦争したことは、そもそも間違いであったと自分に言い聞かせ、薄汚れた手拭いで額の汗を拭った。

墜落現場に着くと彼らは、胸に手を当て敬虔な祈りを捧げた後、若者達にすべての墓を掘り起こし、遺体を収容するよう指示した。遺体は、ほぼ白骨化していたが、わずかに肉片らしい物が付いている物もあり、所持品と思われる物も一緒に埋葬されていた。まだ、腐肉臭を少し残す白骨の一部もあり、米兵は辺り一面に消臭剤を撒くと、それぞれに黒いチャックの付いたビニールの袋を渡した。秀國は、消臭剤はもちろんのこと、初めてチャックという物を目にした。この袋の中に、白骨化した遺体と所持品を次々に入れた。

彼らの遺体収容に対する作業には、執念のようなものがあった。遺体が埋葬された周辺の土は、すべて篩にかけて爪ひとつ髪の毛一本残さず持ち帰ろうとしていた。スズ竹のヒゲ根までも髪の毛といっては、ゴミ袋に入れさせた。

作業中に斜面の上の方で突然、大きな部品が、ゆっくりと転げそうになった。秀國たちは、スピードがついて直撃されると思った時に、一人の大柄の米兵が、その部品に、走り寄って、がっしりと受け止めた。そして、急いで逃げるように目で合図した。秀國らが、その場を逃げると、米兵は手を離した。大きな部品は、音を立てて谷底へ転げていった。秀國は、アメリカ人の優しさと逞しさを知った。

必死に遺体を収容する彼らの姿を見て、秀國も巽も今まで知らなかった「アメリカ」という国を知った。彼らは、やはり鬼でも畜生でもなかった。自分達が知っている多くの日本人よりも、自由で優しく、そして強い人間であった。

その後、墜落現場には、もう利用できる物はすっかりなくなり、アメリカからの調査団や遺骨収集のジープが来ることもなくなった。墜落現場を取り囲む山々は、太古の昔から繰り返されたように四季折々の彩りを見せながら時が過ぎていった。現場を訪れる者もなく、焼け野原の山の斜面には、わずかに盛り上がった六カ所の一坪の畑ほどの、人の手で掘り起こされたとわかる、かつての十二名の若い搭乗員が眠っていた場所に立てられた手作りの六本の十字架も朽ちるにまかせていた。焼野原であった墜落現場は、元のようにスズ竹に覆われ始め、途中から、ほぼ直角に折れた一本のブナの木の周辺に一部の残骸を残したまま、時だけが過ぎ、それとともに、日本は未曽有の敗戦から確実に立ち直り続け、神武景気を迎え、人々の口から、この墜落事故のことが語られることは、ほとんどなくなった。

五ヶ所

祖母山の麓に五ヶ所という小さな村がある。祖母山の宮崎県側の登山口でもある。

今から約八百四十年近く前の治承の頃、某家の臣足利又太郎忠綱、彦山に住む。十代の後の秀雄は阿蘇大宮司友成の家客となり子孫矢津田常陸、肥後矢津田荘千石を領す。九州の乱に大宮司方敗軍の為に矢津田織部正吉は原山に落ち来り、其の子義治は神原《こうばる》に移る。耳川敗戦の後、大友方甲斐清源は下畑、主水左ヱ門は笹の原、田上加賀は嶽に住して五ヶ所の名起こる……とされている（「田原郷土誌」）。

したがって、矢津田氏が原山に来たのは、今から約四百八十年前の天文の頃と考えられ、古くから開けていた当時の高千穂地方の他の村々に比べれば、五ヶ所は、比較的新しい村である。

明治十七年（一八八四）発行の「日向地誌」により、当時の村の様子を見てみると以下のように記されている。

「区域」

東ハ豊後國直入郡太平村ニ隣リ東北ハ同郡神原村井手ノ上村妙手村ニ隣西ハ肥後國阿蘇郡津留村川池村ニ接シ北ハ同郡山附村上津留村ニ接シ西南ハ同郡水上村及ヒ川内村ニ界ヒ南ハ田原村東南ハ上野村ニ界フ、幅員―東南間一里半南北間一里十町、里程―宮崎県廳ヨリ西北ニ距ル四十一里二十四町四十六間、東南―三田井驛エ四里三十町二十八間、延岡驛エ十九里十二町四十四間、富高驛エ二十五里五町、細島町エ二十六里四町四間、美美津驛エ二十七里二十二町四十四間、都農驛エ三十里十三町、高鍋驛エ三十四里十七町五十七間、廣瀬驛エ三十八里八町三十七間、西南―肥後國阿蘇郡馬見原驛エ同六里十二町餘、鹿児島県廳エ六十九里三十三町五十八間、西―肥後國阿蘇郡高森驛エ同四里十六町、熊本県廳エ同十七里

「地勢」

東ニ祖母嶽ヲ負ヒ東北ニ筒嶽ヲ挟ミ東南ニ黒嶽ヲ擁シ西南ニ國見嶽ヲ抱キ西北両面ニ肥後豊後ノ界ニ接シ眼界頗ル広豁高千穂諸村ニ比スレハ運輸稍々便ナリト雖モ地味瘦悪気候寒冷民業亦隋テ艱難唯薪ハ僅ニ自給スヘシ

「地味」

其田大約黒ホヤ土沃土極テ少ナシ其質下ノ下畑亦田ト同シ其質下ノ下ノ中唯蜀黍ニ宜シキノミ水利ハ便ナリ水害モ亦コレナシ

「戸数」

本籍六十九戸、士族一戸、平民六十八戸、社三戸郷社一座村社二座総計七十二戸。人数男二百十五口、士族二口、平民二百十三口、女二百二十口。士族四口、平民二百十六口、総計四百三十五口。牛馬、牡牛八十頭、牝牛六十五頭、総計百四十五頭、牡馬十一頭、牝馬二百三十頭、総計二百四十一頭。学校、

人民共立小学校、神原ニアリ生徒男五十八人女五人。
「物産」
動物駒四十頭、犢十頭、猪鹿八九頭、雉百五十羽。植物、蜀黍三百石、麻百八十貫匁、煙草五百斤、油菜子五石。器用、油一石五斗、下駄木五百丁、炭八十俵、飲食酒百石、葛粉一石。

このように、広大な地形にもかかわらず、地味は痩せ、また寒冷な気候のため、原始農業の域を脱しなかった当時の五ヶ所地区の農民の苦労には想像を絶するものがあった。加えて、昔から幾多の飢饉に見舞われ、普段でも収穫の少ない農民にとっては、それは悲惨なものであった。

「矢津田日記」から抜粋してみると、以下のような大飢饉に度々襲われていたことがわかる。もちろん、高千穂地方全域が同じような飢饉に見舞われたのであるが、地味、気候条件から五ヶ所地区が、より甚大な被害を受けたことは、明らかである。そのなかから、いくつかの飢饉の様子を挙げてみる。

一七八二年（天明二）
九月上旬、大霜降り諸作実らず十一月から葛根を掘って露命をつなぐ。
大飢饉続き飢餓百姓絶えず、老人子供は立廻りも出来ぬ様になり下野村の飢饉百姓六十七戸四百八十人内四十人は老人三十四人は病人七十二人は幼児。
一八三二年（天保三）
九月十四日、十五日大風雨蕎麦皆目出来ず。ついに、天保四年（一八三三）五月二十七日、五ヶ所村の百姓等御用金賦課に反対して豊後竹田領に逃散す。
一八三六年（天保七）

七月七日、七月十五日大雨それより北風続き諸作実らず八月二十三日、大霜にて諸作収穫皆無空前の大飢饉となる。

歴史を繙いてみると、五ヶ所の歴史は、先祖代々、痩せた原野に鍬を打ち込んできた苦難の歴史である。当時の幼稚な農業技術では、自然の猛威の前には、まったくの無防備状態で、農民は荒地と化した田畑の前に、ただ呆然と立ち尽くすのみであった。しかし、翌年は、また荒れた田畑を耕し作物を植え付け、実りの秋を待ち、決して自然を恨むことはしなかった。

阿蘇火山灰による痩せた地味、氷点下の続く極寒の冬、吹き荒ぶ阿蘇からの季節風、祖母山おろし……。しかし、五ヶ所の人々は、祖母山の裾野に広がるこの地を愛し、決して離れることなく鍬をふるい続けてきたのである。

五ヶ所の自然は阿蘇的である。高千穂地方の村々は、深く刻まれた谷を挟み、両側の山の斜面を利用してわずかな耕地があり、その所々にしがみつくように民家が点在しているのに比べると、五ヶ所は比較的なだらかな地形である。位置的にも地形的にも阿蘇的であるが、古くから高千穂の村に属していた。大分の竹田、熊本の高森からの往来は、一旦、県境の熊本県津留を中継点として五ヶ所を経由して高千穂の村々へと行われていた。一方、高千穂地方から五ヶ所へ入るには、高千穂的地形から阿蘇的地形に移行するために、ひとつの険しい峠を越えなければならなかった。

その崩野《くえの》峠（八五四メートル）は、河内の馬場から熊野鳴滝権現の下を通り、須の谷を経て、坂はいよいよ急になり、最後の峠直下の坂は、曲がりくねったうえに急坂という難所である。この難所を通り、峠の短いトンネルを抜けると、眼前に、突然阿蘇的風景が広がり、その中央部に、祖母山がどっかりと腰を据えている。気候も、この峠を境に急に変化し、夏は、突然涼風に歓迎され、逆に冬は、身体にぐっと食い込む寒さに見舞われる。

戦後に、この峠はコンクリート巻立工法によりトンネルとなり、現在は峠の下を新しいトンネルが抜けたが、それまでは、単なる狭い切り通しの道であった。冬は、切り通しの壁面が凍り、気温が上昇すると、それらが溶け両側から落石が発生し、当時の唯一の運送業である馬車引き泣かせの峠であった。牛の背に荷を負わせて通る者も、冬にこの峠を越すのは苦痛であった。

長い急な峠道を両親に連れられて五ヶ所へ嫁いだ嫁から、初めての赴任先として五ヶ所小学校へ配属された不安一杯の新米先生まで、いろんな人々がそれぞれの思いを胸に越えた崩野峠。かつては、峠から祖母山を振り返りつつ故郷を離れ戦地へ向かったまま二度と帰らなかった若者や故あって故郷を捨てた者などを峠はすべて見てきた。黙して語らない崩野峠は、峠を越えたすべての人々の喜怒哀楽をじっと飲み込んでいるような気がする。

しかし、終戦から程ない時期に、青い目をしたアメリカの十二名の若者の遺骨が無言のまま、進駐軍のジープに乗せられて、彼らにとっては、まったくの未知の異郷にあるこの峠を越えたことは、ほとんど知られていなかった。

今は、すべてが車社会。そんなことを考える間もなく一気にアクセルを踏み込むだけで峠を越え、峠の存在さえ忘れてしまいそうな時代であるが、かつて草鞋履きでこの峠を幾度となく越えたある翁の詠んだ歌を紹介しよう。翁の名を甲斐有雄と言い、文政十二年（一八二九）熊本県阿蘇郡野尻村（現高森町）に生まれた。翁は、村会議員等の要職を務めていたが、思うところあって、熊本、大分、宮崎の県境付近を中心に、約二千基の道標を作りながら、この地方の四季折々の自然と人々の生業《なりわい》を歌に詠んだ。

七重八重　九重の峠を幾こえて
　　君をとはむと　思ひこそすれ
志んどうして　造りし道は崩野坂
　　きうどうしても　通度成
七重八重　九重野越へても十重廿重
　　霞に深き　春の夜半かな

祖母山を鳴動させたB-29墜落事故から二年が過ぎた。

祖母山麓を自分の生きる場所と定めた千穂には、製材所や旅館経営の次に、さらに大きな夢があった。それは桁外れに大きな夢であった。

祖母山麓の村々は、耕地に乏しく大部分は丘陵草原地帯で、鉄道は発達せず交通の便も悪く、それぞれの集落は、山麓に点在し、共通の厳しい自然条件の中で、素朴で実直勤勉な農民達は、細々と先祖代々の土地を守りながら農業を営んでいた。

この山麓一帯から、戦後の食糧難の克服と日本の民主化を進める大理想郷を立ち上げようとしたのである。千穂は自ら、「祖母山麓開発期成協同組合」の理事長となり、入植団代表松本修一とともに、新たな日本更生と民主的な入植団の共同生産組合を作り上げげようと意気込んだ。その計画書は、祖母山にB-29が墜落して二年後の昭和二十二年（一九四七）八月に作成された。

千穂は、B-29墜落事故の処理から進駐軍とも緊密な信頼関係を築き上げ、軍からの支援も得られる自信のもとに、夢と信念を持って計画を練り上げた。敗戦の混乱期に、九州の一寒村から、夢も希望も失った地域の復興に賭けた千穂の壮大な夢物語に、村人達は驚いた。

その計画の骨子は、第一期・第二期各三年、第三期二年の計八カ年間、入植団を募り、農畜工一如の祖母山麓地方農村協同社会を確立する。総工費は、何と四億八千六百万という莫大な額であった。時の進駐軍に対する払下げまたは貸下げを申請する大型機械は、トラック二十台、ブルドーザー六台、キャタピラー式トラクター十台、ジープ三台、トラクター用トレーラー十台、他に資材としてセメント十五万五千袋から電線三十六万メートルまで含まれるというものであった。

この農村理想郷をめざした千穂の計画は、国・県に対し申請されたが、戦後の混乱期にあって、あまりにも現実離れした計画であったため、翌二十三年十二月に不許可となった。

しかし、村人達は、またも千穂の郷土愛とスケールの大きさを思い知らされた。祖母山麓から日本の進むべき方向を見定め、故郷に世界に類のない理想郷を作り上げようとした名もない一女性のことは、その後のめまぐるしい高度経済成長の波の中で、あのB-29墜落事故のこととともに次第に忘れられつつあったが、千穂には、さらなる大きな夢があった。

第三章　飛行第六十五戦隊

戦隊誕生

米国のライト兄弟が、人類として初めて空を飛んだのは、一九〇三年。今から百年以上も前のことである。それから六年後の明治四十二年（一九〇九）、当時の陸軍大臣寺内正毅大将は、陸海軍合同の臨時軍用気球研究会を創設した。これが日本の航空界の歴史における第一歩であった。翌年十二月十九日、代々木練兵場において徳川好敏工兵大尉と日野熊蔵大尉が、日本初の飛行を行ったが、飛行時間は、わずか数分で飛行距離も数キロという程度であった。しかし、当時としては画期的な出来事であり、国民は大いに狂喜し、両大尉は一躍国民的英雄になった。徳川大尉は、フランス製の複葉二枚羽根のファルマン機、日野大尉は、ドイツ製のグラーデ機であった。

大正四年（一九一五）十二月、埼玉県所沢に航空大隊が置かれたのが陸軍航空隊の始まりで、編成は、飛行二個中隊と気球一個中隊であった。大正三年（一九一四）七月に突如として第一次世界大戦が勃発し、日英同盟に基づき参戦した日本は、青島攻略に、初めて航空部隊が参加した。

当時は、まだ航空戦術も幼稚なもので、まさに戦国時代の一騎討ちの有様を呈して、お互い機銃で射ち合ったり、落下傘付きの砲弾を敵の陣地に落として地上軍を混乱させたりの程度であった。もっぱら捜索と指揮連絡を中心としていたが、その後、ヨーロッパ戦線での大規模な航空部隊の活躍に刺激されて、わが国でも航空部隊の重要性が認識され始めた。

大正七年（一九一八）のシベリア出兵では、極寒地での作戦を体験し、昭和六年（一九三一）に勃発した満州事変では、関東軍飛行部隊が臨時に編成され、捜索・指揮連絡・局地爆撃等を行って地上軍を助けた。この事変におけるめざましい活躍が認識された陸軍航空部隊は急速に拡充され、昭和十一年末には、十六個の飛行連隊までになった。

昭和十二年（一九三七）七月七日の盧溝橋事件は、支那事変へと発展していった。同時に陸軍航空では、同年一月に飛行部隊の増強計画が決定され、航空戦力の急速な充実が図られることになった。翌年に、飛行大隊あるいは連隊は飛行戦隊と改称されたが、このような中で、昭和十年（一九三五）十二月、滋賀県八日市の飛行第三連隊において編成された第九連隊は、翌年八月に新たに編成された第二飛行団の隷下に入り、朝鮮の会寧に移動し、そこで第二大隊が飛行第六十五戦隊として改編されたのである。昭和十三年（一九三八）七月一日に戦隊の編成は完了し、初代戦隊長に藤塚止戈夫大佐が就任した。

当時の戦隊は、戦闘隊に九五式戦闘機をはじめ、一部に九一式及び九二式戦闘機が配備され、軽爆隊には、九三式双軽爆撃機と九三式単軽爆撃機が配備されるという混合編隊で構成されていた。昭和十三年十二月、九八式軽爆撃機に機種改変し、翌年五月連浦飛行場へ移駐した。九月、応急派兵によりハイラルへ前進、翌月帰還。藤塚大佐は、ポーランド駐在武官に転任し、後任戦隊長に寺田済一大佐が着任した。十五年、連浦から宣徳へ移駐。十六年、敦化飛行場へ移駐。寺田大佐は、航空本部へ転任し、後任に桑塚城中佐着任。十七年五月、椙村隆良中佐着任。五月淅贛《かん》作戦に参加し三名戦死、杭州飛行場に移転した。九月、九九式襲撃機に機種改変の命令があり、空中勤務者は、南京から岐阜を経て鉾田で九九式襲撃機受領

一式戦闘機　隼

後、未修教育を受け、引き続き浜松でも戦技教育を受け、再び連浦に移動し、さらに勃利に移駐し、第二飛行団の隷下に入った。梠村大佐の後を継いで石原政雄戦隊長が着任し、九月に海浪飛行場に移駐し、十九年五月、戦隊は、第六飛行団長小野寺門之助大佐の隷下に編入された。

昭和十七年（一九四二）六月、ミッドウェイ作戦で日本海軍が、大打撃を受けた頃から戦局は次第に悪化し、十八年二月ガダルカナル撤退、四月山本連合艦隊司令長官は、ラバウルを離陸した後、ブイン上空で十六機の「P-38」に急襲され戦死。五月、アッツ島守備隊玉砕、七月キスカ島撤退、そして十月には、神官外苑で学徒出陣壮行会が行われ、ペンを捨てた学生は、次々と戦場へと向かった。十一月マキン・タラワ島守備隊玉砕と、戦局は日本にとっていよいよ不利となってきた。

第六飛行団長の隷下に入った戦隊も、ついに最前線のフィリピンへ前進することになった。戦隊はレイテ作戦に参加、リパを経てサラビヤに前進した。いよいよアメリカを相手の比島航空作戦（捷号作戦）への突入である。

レイテ湾の敵艦船を攻撃するが、敵の圧倒的な戦力の前に、未帰還機が増え戦死者も続出した。わずか一月間の戦闘で戦力回復のため再びリパに移動した。その後、空中部隊は機種を「一式戦・隼Ⅲ型」に変更し、戦力を回復するため福島県原ノ町飛行場に移動した。

一方、フィリピンに残された残置人員約二百五十名は、北部ルソンでの作戦準備のためにリパからエチアゲへ移動した。この間、徒歩部隊は一カ月を要した。そして地上部隊に編入され、フィリピンの山中を敵の攻撃と飢えと病気と戦いながら、終戦になるまで悲惨な戦闘を続けることになるのである。

この戦闘で、宮崎県出身者は、十九年十月二十六日レイテ・タルラックで東睦男中尉戦死（宮崎市出身）、十一月七日リパ東方二キロ地点で伊藤芳春伍長戦死（高岡町出身）、二十年五月三日イムガン山で甲斐頼信伍長戦死（日之影町出身）、同五月二十七日サラクサクで島崎庄兵伍長（日南市出身）が戦死した。

航空機乗員養成所

昭和六年（一九三一）九月十八日の満州事変に続き、昭和十二年（一九三七）七月、支那事変が勃発した。空を舞台にした戦いが徐々に活発になると、航空要員の大量養成が求められるようになった。それまでは、所沢の陸軍飛行学校や霞ヶ浦の海軍航空隊に委託して操縦士を養成していたが、大正九年（一九二〇）の官制公布により誕生した陸軍航空省航空局も、自前の操縦士養成の必要に迫られていたのである。

逓信省航空機乗員養成所は、昭和十三年六月に誕生した。操縦生は、旧制中学校三年終了ないし卒業者が受験資格で、わずか八カ月（のちに一年に延長）の修業年限であり、これは非常時における緊急の必要性から臨時に設けた制度であり、一部では「臨時操縦生」とも呼ばれていた。

衣食住は、すべて国庫支出で、全員生徒舎に起床し、全く軍隊と変わらない日課で訓練を受け、卒業時は二等操縦士、二等航空士の免許を得て、直ちに軍籍に入り、六カ月間軍用機による訓練を受け、陸軍では伍長、海軍では一等飛行兵曹として除隊。その後は、中央(高等)航空機乗員養成所に進む者、民間の航空会社に入社する者、あるいは母校である地方航空機乗員養成所の助教として奉職する者などに分かれたのである。

徳義仁《とくぎじん》は、大正十三年(一九二四)五月十日、鹿児島県奄美大島出身で、警視庁勤務の父義忠と母オナイの長男として東京で生まれた。男三人、女六人の九人兄弟であった。荏原区立第二延山国民学校を卒業すると、鳥羽藩士であった近藤真琴(一八三一〜八六)が文久三年(一八六三)に開いた攻玉社の商業学校を昭和十二年十二月に卒業した。

徳が学んだ攻玉社は、多くの海軍軍人を輩出した学校で、日清戦争中、海軍の将校総数六〇六名中二三四名は、攻玉社出身であった。日露戦争の時、第二艦隊司令長官として東郷平八郎を助けた上村彦之丞や、日清戦争威海衛攻防作戦に第六号水雷艇長として参加し、北洋艦隊撃滅に大功を立てた海軍大将で、昭和二十年四月七日に小磯内閣を継ぎ、困難な終戦処理に老骨を挺した首相鈴木貫太郎(明治十七年卒業)、日露戦争中、旅順港封鎖作戦に福井丸指揮官として自沈に成功し、脱出時に部下杉野兵曹を探し求めて砲弾を受け壮烈な戦死を遂げた大分県竹田出身の軍神広瀬武夫(明治十八年卒業)、第六号潜水艦長として潜航訓練中沈没、その艇内で沈没原因を書き残して殉職した軍神佐久間勉(明治三十一年卒業)等多くの軍人を育てた学校である。その他にも、宮崎県出身の財部彪海軍大臣、加藤寛治、竹下勇、百武三郎、宇都宮太郎などがいる。

このような多くの著明な軍人を輩出した名門校攻玉社を卒業すると、徳義仁は、当時の世相からためらわずに、航空機乗員の道を選んだ。子供の頃から無口に近い位の寡黙であったが、名前の義は、父・義忠の一字をうけつぎ、人としておこなうべき正しい道のことであり、仁は、人間の慈愛の情のもとであることに因んで付けられたものであり、姓の「徳」は、正義・人道にそった行為をすることと重ねても、その名に負けないような、誠実で思いやりがあり、正義感も人一倍強い不言実行型の性格であった。

徳は、昭和十八年（一九四三）四月に、航空局京都航空機乗員養成所に入校した。

通知書番号十一号

合格通知書

徳　義仁　大正十三年五月十日生

貴下ハ曩《さき》ニ執行ノ航空機乗員養成所入所試験ニ合格セルニ付左記ニ依リ入所相成度

記

入所日時　昭和十八年四月八日午前十時

入所養成所　京都航空機乗員養成所

注意一、本通知書ヲ受領シタルトキハ速カニ受領證ヲ航空局第三部管理課へ送付スルコト

二、本通知ヲ受領スルモ入所ノ際改メテ行ハルベキ身體検査及人物考査ニ不合格トナリタル者ハ入所ヲ取消サルモノトス

三、傷痍疾患病其他ノ事由ニ因リ入所ヲ取消サムトスル場合ハ「別記様式一」ニ従ヒ受領書裏面ニ明記ノ上航空局へ届出ヅルト共ニ入所養成所ニ対シテモ其寫ヲ送付スルコト

四、國民徴用令ニ依リ徴用セラレ居ル者ハ「別記様式二」ニ依ル届書ヲ受領證ト共ニ航空局宛提出スルコト

本届出ヲ怠リタル者ハ入所スルモ退所處分ヲ受クベキニ付注意ノコト

五、天災事変其他ノ事由ニ因リ指定日時ニ入所シ難キ場合ハ速ヤカニ入所養成所宛其旨届出ヅルト
共ニ出頭予定日時を通報ノコト
当日無断不参ノ者ハ入所ヲ取消スモノトス
六、入所ノ為指定養成所へ出頭シタル者ニハ汽車賃及船車馬賃ヲ支給ス
七、入所ノ際ハ必ズ本通知書ヲ持参スベシ
八、入所ニ関スル細部注意事項ハ別ニ入所養成所ヨリ指示セラルルモノトス

徳は、第十三期操縦生として五十八名の同期生とともに入所し、厳しい訓練を受け、昭和十九年（一九四四）一月に卒業した。同期生のなかに、小林巌夫もいた。

徳義仁軍曹（写真提供：徳光枝）

徳が入所した時は、敗戦色も濃くなり、訓練に使う練習機も少なくなっていた上に、教官、助教も召集を受けて指導者も少なく、生徒数も増えてきたので、飛行時間も約六十五時間で卒業せざるを得ない程、操縦員が不足し、戦局の悪化を物語っていた。

同じ第十三期操縦生として都城地方航空機乗員養成所には、五十九名の同期生とともに、松原弘直が入校した。松原は、大分県宇佐郡長嶺村（現宇佐市赤尾）の生まれで、農業をしながら教師をしていた父は、第三十五代横綱

双葉山を教えたこともあった。松原は、徳とは正反対に九州人らしい陽気な性格で茶目っ気もあり、大分弁丸出しで同期入隊組の人気者であった。対称的な性格の徳と松原は、なぜか馬が合い、いつも行動を共にしていた。同期の桜には、大阪出身の西庄三郎、広島出身の松本温夫、和歌山出身の阪口俊次、北海道出身の前田健郎、福島出身の川瀬貢らがいたが、年の頃も同じで航空機乗員養成所出身でもあり、彼らは、よく集まっては、お国訛りで故郷の話や家族の話に、花を咲かせていた。

徳と松原は、乗員養成所を卒業すると、すぐに、陸軍に入隊した。圧倒的な米軍の航空戦力の前に、日本軍の航空機搭乗員は、戦死が相次ぎ、まさに底を突いた状態で枯渇寸前であった。

隼襲撃隊

徳と松原たちは、浜松飛行場から日本をあとにした。

【浜松から父あての（昭和十九年三月十七日付）はがき】

十七日無事浜松に到着致しました。

昨夜はわざわざお見送まで受け有難うございました。両親の元気なる様を見て小生も安心してやることが出来ます。

入隊の暁は御期待に叛かぬ様頑張ります。

叔父によろしくおつたへ下さい。では又

浜松ニテ
徳　義仁

徳義仁が、両親と最後に会ったのは、昭和十九年（一九四四）三月十六日である。

一日、朝鮮の平城飛行場に集められ、飛行第六十五戦隊へ配属になった。平城から本土に帰ると、早速、茨城県の鉾田教導飛行師団で軽爆撃機の操縦訓練を受けた後、昭和二十年の元旦、操縦者一同は、福島県原ノ町飛行場へ集合した。

フィリピンで、死闘を繰り返していた飛行第六十五戦隊は、二百七十一人もの戦死者を出し、戦力回復のために原ノ町に帰っていた。戦隊創設から海浪を出発するまでの戦死者が、二十九名であるから、いかに熾烈を極めた戦闘であったかがうかがえる。

しかし、地上部隊は、密林の中で、汗と血にまみれ、飢えと病気に苦しめられ、草の根をかじり戦友の屍を乗り越えつつ、まだ戦っていたのである。特に、フィリピン戦線最大の激戦地といわれたルソン島中央サラクサク峠の戦いでは、二十年二月から六月にかけて、日米双方二万人近くが激しい戦闘を繰り広げ、日本軍四六〇〇人、米軍三二〇〇人が、戦死したといわれている。

激戦地での死力を尽くした航空線を戦い抜いてきた歴戦の猛者たちと合流した徳たちにも、いよいよ、先輩操縦者に続き、祖国のために命を捧げても戦うという気持ちが湧いてきた。

機種も、九九式襲撃機から「一式戦闘機・隼Ⅲ型」に変更された。こうして、陸軍唯一「隼」による襲撃隊が誕生した。攻撃型の襲撃部隊、しかも小回りの利く「隼」、加えて陸軍唯一の襲撃戦隊であるという誇りも手伝って、極めて悪化した戦局を好転させる起死回生の戦隊役を担う意気込みで、隊員の士気は大いにあがっていた。

新しい戦隊長には、陸軍士官学校五十二期の吉田穆が、航空士官学校から着任した。吉田は、大正六年（一九一七）九月十三日山口県熊毛郡佐賀村（現平生町）に生まれた。旧制柳井中学校から昭和十一年（一九三六）に陸軍士官学校予科へ五十二期生として入校、在校中に陸軍予科士官学校と改称され、卒業すると、後に航空士官学校と改称された陸軍士官学校分校に入校し、十四年に卒業。中国戦線を戦い、航空士官学校教官から初めて戦隊長となった。十二月に少佐に進級したばかりの、まだ二十七歳の若い戦隊長である。中隊長は、第一中隊が、フィリピンの前線から帰ったばかりの中神晴雄大尉、第二中隊長には、同じく航空士官学校から来た園田陽一郎大尉（宮崎県小林市出身）、第三中隊長には、中神大尉と同じくフィリピンの前線で奮戦した北村彬大尉が、それぞれ任命された。

徳と松原は第三中隊に配属された。戦隊長は、着任にあたっての挨拶では、「旺盛なる責任感（任務必達）」、「不撓不屈」、「明朗・団結」を特に協調した。戦隊には、いろいろな所から操縦者が集められた。徳や松原のように実戦経験のまったくない技量未熟の者から、最前線の戦火の中から帰ってきたばかりの生え抜きの筋金入りの操縦者までが、渾然一体としていた。吉田は、この混成部隊をうまく指揮してやっていけるか不安もあったが、陸軍唯一の一式戦「隼」の襲撃戦隊としての誇りと、今までの九九式襲撃機と違って、いざという場合は、対等に一騎打ち出来るという安心感と同乗者を道連れにしなくて済むという気持ちも手伝っていたのか、隊員達の士気は、最高潮に達していた。

着任三日目に、吉田は部下に「隼」による一騎打ちの相手を募った。申し出た村上曹長と全員が注視するなかで、飛行場上空を舞台に単機戦闘を始めた。垂直に水平にと急降下や急上昇を繰り返しながら、吉田機は村上機の後尾に、ぴったりと追尾し勝負を決めた。

航空部隊では、指揮官が先頭に立つのが原則であり、戦隊長の技量は、部隊を統率するうえでは、特に重要なことであり、吉田は身をもって部下に、その姿勢を示したのである。

以後、吉田は、「航空兵操典綱領第十」を以て戦隊を指揮した。

「指揮官ハ軍隊指揮ノ中枢ニシテマタ団結ノ核心ナリ故ニ常時熾烈ナル責任観念及強固ナル意志ヲ以テソノ職責ヲ遂行スルト共ニ高邁ナル特性ヲ備エ部下ト苦楽ヲ倶ニシ率先躬行軍隊ノ儀表トシテソノ尊心ヲ受ケ剣電弾雨ノ間ニ立チ勇猛沈着部下ヲシテ仰ギテ富嶽ノ重キヲ感ゼシメザルベカラズ為サザルト遅疑スルトハ指揮官ノ最モ戒ムベキ所トス是此両者ノ軍隊ヲ危殊(筆者注：あぶないこと)ニ陥ラシムルコトソノ方法ヲ誤ルヨリモ更ニ甚ダシキモノアレバナリ」

戦局は、いよいよ悪化していた。昭和十九年十一月一日に、「B-29」が、東京を初偵察飛行の後、同月二十四日の一一一機による中島飛行機武蔵野工場初空襲をはじめとして、十二月には、三菱名古屋工場空襲と関東・東海地区の航空機生産工場が、次々と爆撃され、しかも敵機の損失は、わずか数機という状態であり、大本営発表の「被害軽微なり」とは裏腹に、この戦争の結末は、国民にも見え始めていた。それを決定的にしたのは、サイパン、テニアン、グアムのマリアナ諸島から、次々に飛び立ち、日本本土を焦土と化しながら悠々と帰投する「B-29」の大編隊を目にするようになってからであった。しかし、戦いが続いている以上は、たとえ末期的状態にあったとしても戦隊は、何としても勝利をめざして戦わなければならなかった。

戦隊は、もっとも不利な条件下におけるもっとも有効な攻撃方法を考慮して日夜、訓練に励んだ。その方法は、敵軍の制空下において格段に発達していた敵のレーダーによる捕捉を回避し、敵艦船を撃沈するための夜間低空進攻襲撃であった。吉田は、細かに具体的な訓練計画を次のように立てた。

第一期（一月中旬～下旬）
　基礎的技量の充実、空中戦闘、低空降下爆撃訓練

第二期（二月上旬～下旬）
　夜間低空進攻航法の習熟

第三期（三月上旬～下旬）
　夜間急（緩）降下爆撃の習熟と実戦的総合訓練

吉田は、士気を充実させ、技術の向上を図り、航空機や資材も十分に備えて、来るべき日米決戦に挑もうと考えていたが、戦況は逼迫していた。昭和二十年一月九日、米軍はルソン島リンガエン湾に上陸。周辺の制空権も制海権も完全に米軍側に握られ、加えて南方諸地域との交通は、空も海も途絶え、肝腎の燃料補給は皆無といった状態にあり、まさに八方塞がり状態であった。

軍部は、フィリピン作戦の失敗から、敵の日本本土に対する総攻撃を想定し、内地における航空作戦に

日向日日新聞

昭和二十年一月二十八日

B29約七十機來襲

帝都數箇所に被害

重要工場には被害なし

大本營發表（昭和二十年一月二十七日十八時）本一月二十七日十四時頃より十五時頃迄の間マリアナ諸島のB29約七十機は數編隊を以て帝都に來襲せり 右敵機の投下せる爆彈及燒夷彈に依り都内數箇所に被害を生じたるも火災は夕刻迄に悉く鎭火せり 重要生産工場には被害なし 戰果に關しては目下調査中なり

新兵器既に活躍

八木技術院總裁の答辯

軍事費の現地調達

B-29の東京空襲と、
戦況を報じる当時の新聞
（昭和20年1月28日付日向日日新聞
宮崎日日新聞社提供）

専念する軍司令部の必要性を認め、昭和十九年十二月二十六日に、第六航空軍を創設し、司令部を東京三宅坂に置き、菅原道大中将が、軍司令官となった。そして、飛行第六十五戦隊も、その隷下に入った。この前後から、戦力強化のため、方々の部隊から操縦員や地上勤務員が戦隊へ転属し、総員二七六名という大所帯になった。吉田は、来るべき戦闘に備えて、三人の中隊長とともに戦闘規定を作った。その概要は、次のとおりであった。

一　進攻高度　なしうる限り百メートル以下
二　進攻隊形　編隊、疎開隊形いずれにても可（状況により指揮官が決定）
三　突進開始点の高度　六百～八百メートル。目標の約二十メートル手前から右高度まで上昇する。
四　爆撃法　単機で急（緩）降下直撃
五　攻撃時期　月齢を考慮し、目標上空到達時に最も目標発見が容易なように決定する。
六　攻撃目標　主として艦船

日本軍の戦略は、比島決戦（捷号作戦）―東支那海周辺の航空作戦（天号作戦）―本土決戦（決号作戦）のシナリオであったが、すでに捷号作戦は完敗、天号作戦にすべてを賭けることになった。すなわち、この作戦の基本的な構想は、米軍が本土攻撃に向けて沖縄諸島に進攻基地を作ろうとして進攻してくるその出鼻をとらえ、陸海航空の総力を結集して、敵輸送船団を洋上において攻撃し、地上軍の奮闘と併せて、米軍に大打撃を与えて本土への進攻を遅らせ、その間に、本土決戦の準備を整えようというものであった。

内地は、「B-29」による都市爆撃が、いよいよ強化され、東京は、連日のように空襲を受け、二月十九日から三月十日までの間に東京だけでも四日間にわたり延べ四七〇機が来襲し、広範囲にわたって焦土と化した。三月に入ると米軍の艦載機が、南西諸島に来襲し飛行場を攻撃し始めた。このような戦局のなか第六航空軍司令部は、三月十日福岡へ前進した。翌十一日から三日間、佐賀県の目達原《めたばる》飛行場で軍内の通信演習が実施され、戦隊長と三人の中隊長が参加した。そして、十四、五日の二日間、福岡で天号作戦の兵棋演習が行われた。

いよいよ戦隊も前線へ移動することが決定された。その中で、米軍の沖縄進攻は五月上旬と予想されることと、軍の攻撃主体は特攻隊であり、多くの振武隊が指揮下に入れられること、及び戦闘隊は集結使用を避けて、特攻隊の掩護に徹することとされ、戦隊の展開飛行場は、目達原飛行場と知覧飛行場に指定された。藤塚軍参謀長は、会議において「絶倫の創意」「屠竜の気魄」を強調したが、それは、精神力のみで戦えと言うに等しかった。

三月二十三日夕方、原ノ町飛行場から北村中隊長指揮下の「飛行第六十五戦隊第三中隊、隼襲撃隊」は、いよいよ来るべき時が来たことを実感しつつ、次々と飛び立ち目達原へと向かった。徳と松原も愛機に乗り込み、早春の日本列島を南下した。真っ白に雪を被った富士山の上空を「隼」の戦隊は、爆音を轟かせながら整然と隊列を組み南へと向かった。遠くで、中国大陸からフィリピンの戦場まで戦い抜いた飛行第六十五戦隊の戦隊歌が聞こえてきそうな雰囲気であった。

〽**飛行第六十五戦隊歌**

一　国を離れて幾百里　　今日も敵空にらみつつ
　　鵬翼高く羽搏けば　　はるかに見ゆる国境
　　ああ厳然と空守る　　我等咸興爆撃隊

二　東に漂う日本海　　西にそびゆる狼林を

朝な夕なに仰ぎては　畏む五ヶ条の御勅諭
ああ厳然と空守る　我等威興爆撃隊

三　ああ残月を震わせて　爆音吠える揚子江
翼の休むひまもなく　連戦苦闘死を越えて
御稜威に勇む若桜　我等威興爆撃隊

四　雄図は遠く南溟に　戦火交じゆるレイテ島
鉄血狂う唯中に　健児怒号の襲撃隊
米鬼の胆を奪いたり　我等威興爆撃隊

五　千石揺がぬ神州に　敵勢近く迫るとき
百戦錬磨の腕は鳴り　今新たなる陣容に
夜を日に叩く敵の基地　我等威興爆撃隊

六　ああ全戦に天翔けし　偉勲を秘めて更に練る
必勝のわざ鉄の意志　至誠使命に決戦に
進め六十五戦隊　飛行六十五戦隊

沖縄戦――天一号作戦

阿武隈山脈の裾野に広がる福島県原ノ町飛行場を飛び立った戦隊は、日本列島を南下し、九州へと向かった。一旦、佐賀県目達原飛行場に落ち着き、体制を整えて、次の作戦へ参加する予定であったが事態は急迫していた。

三月十八日未明から敵艦載機は、南九州の各飛行場を急襲した。その数一三〇〇機とも言われた。その後十九、二十日と攻撃は続き、九州のみならず四国、瀬戸内海、阪神地区の飛行場、艦船、港、工場は予想以上の大打撃を受けた。続いて二十三日に、米機動部隊は、沖縄及び南大東島に延べ千機で来襲し、沖縄本島周辺では、敵の艦船約四十隻が一斉に艦砲射撃を行った。二十六日には、米軍は、ついに慶良間列島に上陸し、沖縄攻略は目前となった。予想以上の敵の進攻の早さに比べ、作戦準備が整わず、敵を迎え撃つことさえできない第六航空軍司令部は焦った。

大本営は、第六航空軍を連合艦隊指揮下に編入した。二十六日、吉田は福岡の軍司令部に出頭し、原ノ町で訓練を続けた夜間航法訓練に続き、本格的な戦闘に備え、沖縄往復航法訓練の実施許可を申請したが、その日は米軍の慶良間列島上陸の日とちょうど重なり、演習どころか、いきなり本番に参加することになった。

目達原から知覧に突然展開、飛行場が変更となった戦隊は、航空部隊から地上部隊と続き逐次知覧へと向かった。三月二十七日には、全機知覧に到着した。徳も松原も、いよいよ前線に来たという緊張感と実戦に参加できるという言いようのない興奮と不安を交錯させていた。同時に、末期的戦況から、いよいよこの世ともついにお別れかと、覚悟も決めていた。

戦隊は、知覧に新たに展開した第三攻撃集団司令部（第六飛行団司令部）に属した。最前線の戦闘指揮所を徳之島と定めると、早速、戦隊から庶務担当の西少尉が、同じく知覧に移動していた飛行第六十六戦隊の九九式襲撃機に同乗して出発したが、途中で敵艦載機の攻撃を受け戦死した。戦隊の沖縄作戦第一号戦死者となった。同日夜、飛行第六十戦隊と第百十戦隊の十機が、沖縄周辺の艦船攻撃に出撃したが、六機も未帰還となった。もはや、この海域は、完全に米軍の手中に収められていた。

吉田は、実戦に参加するにあたり、戦闘規定を一部修正し、次のように攻撃要領を定めた。

一、攻撃目標　敵輸送船。状況により他の艦船。

二、中継飛行場　徳之島。状況により喜界島、種子島

三、爆撃装置　海軍の二五番弾（二五〇キロ徹甲爆弾）一発を片翼に装備。他の片翼には二〇〇立の増槽を取付ける。

四、敵戦闘機の攻撃を受けた場合の処置　投弾して回避に努める。止むを得ない場合は戦闘する。

五、留意事項

㈠万止むを得ない場合のほか、体当たり攻撃は実施しない。万難を排し生還に努め一度でも多く出撃する。

㈡被害局限のため戦果確認に拘らない。戦果は、出撃者全員のものであって個人のものではないと考える。

㈢攻撃終了後は、速やかに離脱し、各個に帰還する。無理して空中集合を行わない。

「本日かしこくも『天一号作戦は、皇軍安危の決するところ挙軍奮励以てその目的達成に違算なからしめよ』との御言葉、全員死力を尽くし以て聖慮にこたえ奉らんことを期すべし」という軍司令官の訓示が伝達されると、戦隊は、初めて沖縄周辺の敵艦船攻撃に飛び立った。知覧到着後わずか二日目の三月二十九日午前三時のことである。第一撃参加者は、吉田戦隊長以下十七名であった。戦果は、大型船爆発一、輸送船火災五、船種不明撃破一であり、まずまずの戦果であった。第二中隊の斉藤信治軍曹が戦死した。

吉田は、全機発進を見届けると最後に発進した。ところが、途中の洋上で「F4コルセア」八機に取り囲まれ一対八の戦闘を展開したが、お互いに雲間に隠れ相手を見失い、燃料も、ほとんどゼロに近くなった。死を覚悟するが、運良く五島列島最南端の女島付近の海に不時着した。浜育ちの吉田は、愛機から脱出すると子供の頃から鍛えた水泳で必死に洋上を泳ぎ続け、偶然にも小さな岩礁によじ登ったところを運良く近くを通りかかった漁船に救出され、四月一日に陸路知覧に戻ることが出来た。吉田は、中国大陸の戦線で偵察機や爆撃機に乗っていた時代にも、何度も危機一髪の場面に遭遇したが、いずれも幸運に命拾いしている。

吉田が帰還した四月一日未明、濃霧の中を徳と松原の所属する第三中隊の北村中隊長以下五機は、沖縄西方海上の輸送船攻撃に発進し、大型輸送船轟沈一、同撃破炎上三の戦果をあげたが、フィリピン戦線から生き残った北村中隊長と久保貞次、渡辺津奈男軍曹が戦死した。攻撃の火蓋が切られた途端に、徳と松原は、所属する中隊の直属の指揮官を失い、ここは戦争の最前線であることを身をもって知らされた。

徳には、もっとも拠り所とする身近な中隊長を突然失った不安と、いよいよ自分が沖縄に向けて出撃し中隊長の仇を射つという気持ちが、次第に高まってきた。

【徳が知覧から父にあてたはがき】

其の後皆様には御変わりありませんか。降って小生も相変わらず元気軍務に精進致しております故御安心下さい。数回に亘る米機の空襲、新聞を見るにつけ帝都の様子が色々思い出されてくる実に残念だ。

敵の戦力は愈々増強され物量と共に沖縄に集中されて居る時自分等の日頃の苦心の発揚の時が参りました。張切ってやります。

皆々様もどうか御身大切に。

鹿児島県川辺郡知覧局気付

靖九一〇四部隊北村隊　徳　義仁

（筆者注：靖とは第六航空軍の兵団符号）

四月六日、第一次陸海軍総攻撃で、戦隊から神宮武少尉と前田健郎伍長機が喜界島へ前進したが、敵哨戒機の妨害で出撃できなかった。

四月十二日、第二次航空総攻撃が行なわれ、戦隊から出撃した河本慶太郎少尉、谷口信雄（宮崎県出身）、阪口俊次軍曹は、夜間攻撃で戦死した。ついに、徳と同期入隊の阪口が戦死した。

【徳からのはがき】

其の後皆々様にはお変わりありませんかお伺い致します。

小生相変わらず元気で軍務に精進致しております故御安心下さい。

長らく音信がありませんが、何か変わった事でも起こったのではないですか。空襲に於ける被害などは日頃より覚悟している事でせう。小生も皆様の奮闘に負けぬ様時を待ち潔く散る覚悟です。では又御身を大切に。

鹿児島県川辺郡知覧局気付
靖九一〇四部隊北村隊　徳　義仁

特攻命令

三月二十九日、沖縄沖の敵艦船への第一撃以来二カ月にわたり、想像を絶する熾烈な米軍の対空砲火を潜りぬけながらも勇猛果敢に、かつ執拗に攻撃を続けた飛行第六十五戦隊の攻撃も五月二十七日の夜間攻撃で事実上終了した。しかし、この戦火の陰には、空中勤務者二十三名、地上勤務者四名の戦死と飛行機五十機の損失があった。また、その裏には昼夜の区別なく空襲の中、懸命に飛行機の整備に当たった整備班の奮闘が戦隊を支えたのである。

【徳からのはがき】

御便り有難く拝見致しました。父上始め皆々様にはお元気で奮闘されて居る由、小生も相変らず元気で軍務に邁進致してをります故御安心ください。
先日の十五日には附近迄焼けたそうですがこれも戦争の常です。自分等も敵に対してそれ以上にやっております。美枝子よりの便りで飛行機が低空で上空を飛んだとか。ここもそちらも大空は續

知覧三角兵舎を背景にした生き残りの操縦者（昭和20年5月1日）、
この中から3日後に5名戦死した。（『飛行第65戦隊史』より）

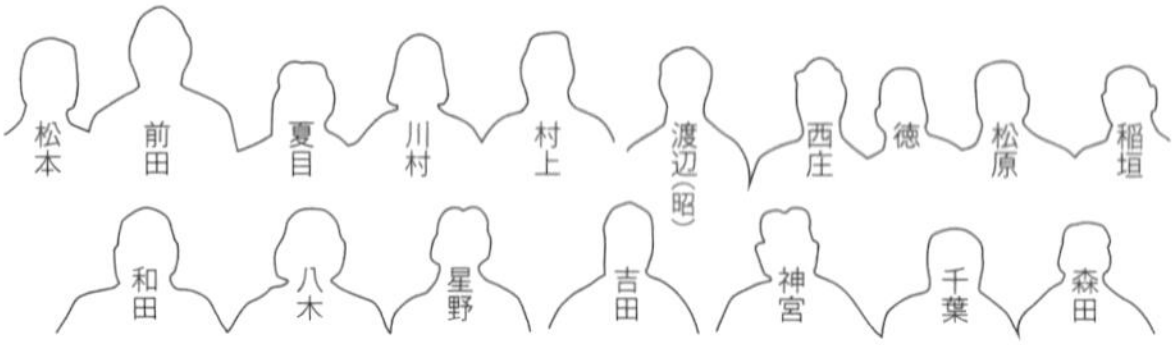

いて居ります。すべて上空を通るものは自分が乗って居ると思って下さい。では皆様もどうか御身を大切に。軍曹に進級致し益々張切って居ります。

鹿児島県川辺郡知覧郵便局気付
西部九一〇四部隊北村隊　徳　義仁

（筆者注：十五日の空襲とは、昭和二十年四月十五日にB-29二百十九機による川崎市街を目標にした空襲で、徳の家の近くの大森・荏原付近まで焼けた）

五月四日の第六次総攻撃の前日午後、飛行団司令部から飛行団長の指示が伝えられた。内容は「明日の総攻撃に六十五戦隊から特攻隊員七名を選定し、隊員名を至急報告せよ」との命令である。吉田は、早速司令部に出頭した。そして、自分の信念を述べ、特攻攻撃を思いとどまっていただくよう飛行団長に次のように具申した。

「私は、日頃から部下に対しては『死

なばもろとも』と指導しています。それは、戦隊長も部下も同じ条件で死ぬということです。一方は普通攻撃、一方は死期を定められた特攻攻撃では不公平です。どうしても、特攻攻撃をやれとおっしゃるのなら、私が戦隊全機を指揮して特攻攻撃をやります」と不退転の覚悟で意見具申した。

このやりとりの様子を誰かが戦隊員に知らせた。その日の夕方、戦隊長室の前に下士官パイロット二十数名が整列していた。吉田は何事かと思った。一同を代表して宮脇曹長（現姓松原）が、一歩前へ進み出た。そして、宮脇は敬礼をすると、直立不動の姿勢で固い決意を示すように大きな声で堂々と述べた。

「われわれの生命は、すべて戦隊長にお預けしてあります。どうか、ご心痛なさらないで下さい。われわれは戦隊長のためなら、どんな命令にも従い、死にます」

後に並ぶ下士官たちも全員、宮脇の言葉にうなずくように戦隊長を見た。もちろん、この中には、徳も松原もいた。吉田は涙が出るほど嬉しかった。隊長冥利に尽きると思ったが、どうしても、この中の誰かを特攻隊員に選ぶことは出来なかった。

このような戦局での特攻攻撃は、徒に戦死者を増やすばかりであることは百も承知であった。しかし、知覧からは「片道切符」の特攻機は、前途ある若者を乗せて、次々と沖縄の海へと飛び立っていた。

【徳からのはがき】

長らく御無音に打過ぎ申し訳ありません。

皆々様には益々御元気でそれぞれ持場々々で張切ってやって居ることと存じます。小生相変わらず元気一意軍務に精進致して居ります故御安心下さい。一大至難元寇の神風の如く我々も又国民の期待にそふべく大いに頑張って居ります。散る櫻残る櫻も又櫻何時かは潔く散る時があります。先輩後輩に遅れをとらざる様大いにやる覚悟です。皆様の御健勝をお祈り致します。近隣の人々によろしく御傳へ下さい。

さようなら

鹿児島県川辺郡知覧町
西部一八九四六部隊気付
吉田部隊　徳　義仁

徳も、来るべき時が来たことを覚悟して末尾に別れの五文字を入れ、最後のはがきを書き送った。
第六航空軍は、六月三日から十一日にかけて第十次の総攻撃を行なったが、みるべき戦果はなかった。六月中旬、空席になっていた中隊長がようやく着任した。二カ月近く中隊長のいない部隊を一人で率いてきた吉田にとっては、待望していた中隊長の着任である。第一中隊に長田正春大尉、第二中隊に野村潔大尉、第三中隊には八代武大尉が、それぞれ着任した。
沖縄の第三十二軍は、二カ月半にわたって米軍と壮烈な死闘を繰り広げたが、陸海空から物量にものを言わせた米軍の合理的な攻撃の前に刀折れ矢弾尽き果て、ついに六月十八日、牛島満軍司令官は、各方面に訣別の電報を発するとともに、十九日には最後の軍命令を発し所在部隊ごとの戦闘を命じた。そして二十三日未明、長勇参謀長とともに摩文仁洞窟で、次の辞世の句を残し自決した。

矢弾尽き　天地染めて　散るとても
魂かへり　魂かへりつつ　皇国護らむ
陸軍大将　牛島　満

沖縄は陥落し、引き続く沖縄への航空攻撃は、いよいよ来るべき本土決戦に対して、徒に残り少ない航空機の損耗を助長するばかりと判断した司令部は、第六航空軍の天号作戦を六月中旬に中止した。

七月五日正午、知覧に「B-24」三十機が来襲し、戦隊の「隼」十二機が破壊され、そのうち三機が炎上した。その時、整備兵が飛行機とともに戦死し、また、戦隊長付きの運転手も爆死した。十分に作戦準備も整わないまま、いきなり沖縄戦を戦った第六航空軍は、大きな犠牲を出しながらも、米軍の本土進攻を食い止めるべく必死に戦った。しかしながら、戦力をすでに、それ以前にまして消耗していた戦隊は、ただ徒に沖縄の海に若い生命を散らせた感もあった。

こうして天号作戦は、日本軍の完敗に終わり、いよいよ大戦も末期症状にあることは、誰の目にも明らかだった。天号作戦における軍全般の攻撃結果は、以下のとおりであった。（防衛研究所資料による）

㈠特攻機突入　　六六一機

㈡一般飛行部隊出動　　九〇一機

その内訳

艦船攻撃　　九四機出動　五一機未帰還

飛行場攻撃　一一六機出動　二九機未帰還

制　空　　六一二機出動　七九機未帰還

偵　察　　七九機出動　一三機未帰還

㈢出動延機数（故障で帰還した特攻機を含まない）　一五六二機

未帰還機合計　　八三三機

出動延日数　　六十日

吉田穆元飛行第65戦隊長（知覧・特攻平和会館にて）

㈣戦果

轟撃沈　五九隻

撃　破　八八隻

忘れ得ぬ人々

本土防衛の最期の砦となる沖縄戦が熾烈を極めるにつれ、戦隊から戦死者が続出した。制海権も制空権も完全に米軍に握られた沖縄周辺に向けて出撃することと自体が、生きて帰れぬ戦闘において、出撃を命令する若い戦隊長の吉田の胸中に去来し続けた責任感、無力感、焦燥感は、計り知れないものがあり、吉田は、自著『大空に生きる』と『飛行第六十五戦隊史』の中で、それぞれの部下の思い出を書き残している。吉田の言い知れぬ苦悩と、当時の若い隊員達の捨身の果敢な行動を伝えており、両書から、抜粋して記載する。

北村彬大尉

吉田は、『飛行第六十五戦隊史』の「忘れ得ぬ人々」の中で、北村中隊長のことをこう述べている。

「濃い立派な口ひげを生やし古武士の風格があり、実に堂々たる挙措動作の人であった。また、竹を割ったようなあっさりした気分の持主で実行力に富み、芯の強い人と見た。一言で言えば迫力のある指揮官であった。比島での大活躍もうべなるかなである。

また、彼は、かつて鉾田陸軍飛行学校甲種学生では、成績がトップで栄えある航空総監賞を受けた華やかな経歴の持主でもある。

私は、このように三人三様個性豊かで、しかも各中隊長という点で一致している中隊長をもって戦隊長冥利に尽きると心の中で感謝していた。（筆者注：中神晴雄第一中隊長は、三月三十日、徳之島北方洋上で戦死、園田陽一郎第二中隊長は、四月二十日、沖縄中飛行場で戦死している）

ところが、私が四月一日の昼頃に知覧に帰ってきたその日の早朝、深い朝霧の立ちこめる中を四機を指揮して出撃、比島の勇者も遂に帰って来なかった。壮烈な戦死である。やはり、私と最後の別れは、中神中隊長と同様、三月二十九日の早朝、私の出撃を見送ってもらった時となった。

北村中隊長が出発前、今は亡き永井正志中尉（当時戦隊副官）に『攻撃終了後、敵戦闘機の活動状況によっては、宮古島へ着陸し、再び攻撃した後、知覧に帰るかも知れない』と話していたと聞いたので、今日か今日かと連日帰りを待っていたが、空しい神頼みに終わってしまった。一カ月の間に頼りとする中隊長が三名とも戦死されたので、私は深い深い奈落の底に突き落とされた。その時の悲嘆、落胆、寂寞、脱力感は未だに忘れることができない」

園田陽一郎大尉

四月十六日第三次総攻撃、特操出身の若鷲森田寿衛少尉戦死。四月二十日夜、園田陽一郎大尉(宮崎県小林市出身)、村上巌曹長、権藤貞雄伍長が沖縄北、中飛行場を攻撃、園田大尉と権藤伍長は戦死。

園田大尉は、大正八年生まれ、旧制鹿児島一中を首席で卒業した秀才で、その後、航空士官学校に入校、五十三期生として昭和十五年、連浦の飛行第六十五戦隊に配属されたが、同年十二月、航空士官学校区隊長として帰り、飛行第六十五戦隊に転属するまでここで勤務していた。長男ではなかったが、武人として自分が一番早く死ぬだろうからと母親をいたわって一緒に住むなど優しい性格で、またユーモアにも富み、温厚で人望もあり、戦隊が、九州に移動してからも、目達原や知覧などで子供を集めては、航空糧食や菓子を配るなど大変子供好きであった。

大尉の機は、沖縄中飛行場に急降下、反復攻撃を加え、敵の対空砲火を受け戦死した。その時、大尉が、膝に付けていた飛行コースや部下の名前を書いたアルミ製の筆記板は、日本機を七十八機撃墜してルーズベルト大統領自身から米国最高の勲章の議会功労賞を授与された米二二二海兵隊戦闘隊ケネス・ウォルシュ大尉が拾い、その血染めの筆記板を、勇者の遺品としてバージニアの海兵隊航空博物館に寄贈した。その筆記板は、戦後五十年目を迎えた平成五年五月、小林市の遺族のもとに返ってきている。

なお、吉田は、ケネス・ウォルシュ大尉とは、戦後親交があり筆記板の引き渡し式には、名古屋で立ち会ったという。また、戦隊史の中でも園田大尉のことを、次のように述べている。

「園田君と私は、航空士官学校の区隊長時代、勤務する中隊は違っていたが、下宿は、二年近く同じ屋根の下であったので、毎晩のように夕食時は、一時間ばかり話す機会があったので、実に良く気心がわかっていた。

遺品の筆記板50年ぶり小林の実家へ

沖縄で戦死の園田大尉

当時の米軍人「命日」に返却

戦後50年

飛行ルートや仲間の名前記入

故園田大尉

太平洋戦争末期、鹿児島県の知覧特攻基地から出撃し、沖縄で戦死した旧陸軍の園田陽一郎大尉＝小林市出身、当時(二七)＝の遺品である筆記板が五十年ぶりに実家に返ってきた。戦後五十年の節目に、米国の博物館に寄託していた米国人が四月二十日の大尉の命日に返却した。遺族は「最後まで身に着けていた大事なもの。来年の命日には知覧特攻平和会館に寄贈したい」と感無量の表情だ。

筆記板は縦約十五㌢、横約十㌢。アルミ製の枠にメモ用紙が付いており、飛行士が太ももにくくり付けて飛行中のメモに使っていた。黄ばんだ用紙には飛行ルートや仲間の名前などが書いてあり、一枚目には血のにじんだ跡も。裏には「園田大尉」と名前がある。

園田大尉は小林市本町出身。陸軍士官学校を卒業後、陸軍飛行第六十五戦隊に所属。沖縄の米軍基地攻撃のため、昭和二十年四月二十日、知覧特攻基地を戦闘機で飛び立った。遺族でおいに当たる園田正治さん(五九)＝小林市本町＝によると、大尉の飛行機は米軍の砲撃を受けて沖縄本島に不時着。銃撃戦の末に戦死したという。

筆記板は当時、沖縄を訪れていた米海兵隊員ケネス・ウォルシュさん＝米・カリフォルニア州在住＝の手に渡り、戦後、バージニア州の米海兵隊航空博物館に展示されていた。ウォルシュさんは今年が終戦五十周年に当たるため、「筆記板は遺族に返したい」と、名古屋市在住の米国人の仲介で返却。正治さんが名古屋まで出向いて受け取った。

園田大尉の筆記板は十五年前、航空雑誌に掲載されたことがある。正治さんは「返却されるとは思ってもいなかった。叔父は鹿児島一中を首席で卒業するなど優秀で、おおらかな人だった。刀や双眼鏡、写真など他の遺品は既に知覧の特攻平和会館に展示してあり、筆記板も寄贈したい」と話している。

園田大尉の遺品の筆記板を手にするおいの園田正治さん

園田大尉の遺品返還を伝える新聞記事
（平成７年５月９日付宮崎日日新聞 宮崎日日新聞社提供）

彼は、頭脳明晰で非常な秀才であり、航空士官学校の卒業成績は、極く上位であった。また、他の人との交際では、よく気配りして周囲の人によく話を合わせ、しかも朗らかな性格と相まって秀才の片鱗の一かけらも外に表さなかった。世の秀才には、往々にして孤独な人が多いが、彼の場合、決してそのようなことはなく誰にでも好かれていた。彼が入って来ると、その部屋は、急に明るくなるのが常であった。これは、誰にも真似できない彼の特技であろう。

彼の沖縄戦での活躍については、四月二十日、沖縄飛行場攻撃の出発に際して、私は彼に『攻撃は、一撃だけで帰ってくること、粘って二撃三撃とかけると必ず撃墜されるから一撃に止めておけ』と言ったのであったが、勇敢に、何度も攻撃して散華されたが、返す返すも惜しい事であった。多数の敵機を見るとムラムラと闘志が燃えて何度も攻撃をかけたくなったのであろうし、また、それにも増して敵を一機でも多く撃滅しなければならないという責任感が、そうさせたのかも知れない」

谷口信雄軍曹

四月十二日、第二次総攻撃で戦死した谷口信雄軍曹は、眼の神様として知られる宮崎市生目の出身である。もともと宮崎県は、谷口姓の多い地域であるが、この地区には特に多く、当時、筆者の勤務する職場に、同地区出身の谷口姓の上司があり、早速調べていただいたところ偶然にも縁戚関係にあり、その上司の案内で、実兄の貞義氏を訪ねた。突然の私の来訪に驚かれたのと同時に、故人のことを思い出し、時には声を詰まらせながら話をしていただいた。信雄は姉一人兄二人の四人兄弟の末っ子であった。

最愛の息子に会いたい一心で、父亀作は、妹アヤを連れて、大好物のぼたもちを手にして知覧を訪ねた。ちょうど知覧へ着いた時には、敵機来襲の真っ最中で、二人は、戦隊長への挨拶を済まし、谷口軍曹にぼたもちを渡すと、ほうほうの体で翌日、途切れ途切れの日豊線を乗り継ぎながら、宮崎へ帰って来たという。しかし、久々の面会の余韻を残しながら、我が家にたどり着き、家族に、知覧での様子を話している頃には、すでに、谷口軍曹は、沖縄の海に散っていたのである。

吉田も、このことを戦隊史の中で、次のように述べている。

「なお、四月十一日には、谷口軍曹の御尊父が、面会に来隊された。ところが、その次の日には、谷口軍曹は戦死である。時まさに戦闘の最中にあり、また、戦いは非情なものとはいえ、久々の対面で、その余韻いまだ覚めざる間に、愛息を失なわれた御尊父の心中を察すれば、余りにも痛ましくて胸が詰まった」

私が訪れた谷口家の墓地は、宮崎市郊外の水田に囲まれた小高い丘の上にあった。かつて谷口兄弟が子供の頃、泥だらけになって遊び、田植えや稲刈りを手伝った田圃は、秋の取り入れも終わっていた。貞義氏は、弟との数々の思い出をたどるかのように、墓石を撫でながら手を合わせて、私へお礼を述べた。墓碑には、次のように書かれていた。

「昭和十五年三月宮崎県立農学校卒業　同四月一日附宮崎税務署ニ奉職ス　同年十月鹿児島県知覧税務署直税課ニ転勤ス同日附税務職十九俸ヲ受ク　十六年七月退職同年十月鳥取県米子地方航空機乗員養成所ニ入所シ一年ニテ操縦士トシテ卒業ス　十七年十一月滋賀県陸軍飛行部隊ニ入隊一ヶ年間下士官教育ヲ受ケ陸軍機ノ操縦士タル技能ヲ受ケ軍曹ニ進級ス同十九年一月埼玉県陸軍航空士官学校教授部ニ採用サレ士官生徒ニ操縦ノ教育ヲ施スコト一ヶ年余ナリ二十年三月鹿児島知覧飛行部隊ニ転属サレ沖縄島方面特攻隊トシテ参加シ四月十二日遂ニ戦死ス」

もっとも頼みとしていた中隊長は、戦隊が知覧に展開して、わずか二十日で全員戦死した。片腕をもぎ取られたように、吉田は苦悩し奈落の底に、突き落とされた気持ちになった。それは、指揮官を失った徳や松原らの若い隊員達にとっても大きな不安をもたらした。

吉田は、当時の心境を、前掲の『大空に生きる』の中で、こう書いている。

「真夜中に、ドアをコツコツと未帰還者がノックするのでハッととび起きて、『よしっ、帰って来たか』と言いながら目をあけても誰もいない。ドアの外に出ても音にならない冷たい風が頬に当たるだけで、夢だったのかとガッカリする。その時の寂しさは言いようもなかった。

また、ある夜には、ドアが開いて園田中隊長がパッと敬礼して『戦隊長殿、ただいま帰りました』と報告するので、うれしさのあまり、裸足のまま土間にとびおりてみたが、彼の姿はない。ドアの外を捜しても静寂そのものであり、ああ、また夢かと肩を落とす。このような夢を何回見たことであろう。その都度、未帰還者がどうか無事に帰って来てくれという願望と、被害を局限して戦果をあげるには、いかにすべきかという方策などが頭の中で交錯して、まんじりともしないままに夜が明ける」

四月二十日で、中隊長は全員戦死、六月中旬まで後任の補充がない程までに、当時の日本軍は、戦闘要因が不足していたのである。飛行第六十五戦隊は、あくまで襲撃隊である。敵の艦船を攻撃し、戦力を低下させるのが目的であり、攻撃は反復して行なわないのが本来であるが、米軍の立錐の余地もないような対空砲火の中をくぐり抜けて、無事に基地まで帰還することは、技量の問題よりも、まさに運そのものであった。

しかし、それでも、まだ隊員には敵艦船攻撃後、基地に戻ることも出来る可能性は残されていたし、吉田にしてみれば、部下の帰還を待つこともできた。だが、特攻という前代未聞の戦法を取らざるを得ない状況に追い込まれ、戦争もいよいよ末期的状態となり、全国各地から続々と知覧に集結して来る、まだあどけなさも残す若い飛行時間もわずかな特攻隊員と同じ三角兵舎の中で過ごし、彼らを見送るのが、いかに辛いことであったかは、同じ操縦士の彼らしか知らない。

徳も松原も、そのような状況の中で、来るべき出撃の日を待っていた。

特攻隊員の本心

四月十五日付けで、六名の空中勤務者の欠員補充があった。その中に宮脇定男曹長(現姓松原)もいた。宮脇は、昭和十七年(一九四二)一月に熊谷陸軍飛行学校入校後、十八年から二カ年航空士官学校の助教として士官候補生の指導に当たり、下志津飛行学校から飛行第六十五戦隊に転属してきたベテランである。しかし、一式戦「隼」搭乗は未経験であったため戦技訓練を受けた。

そのような中で、吉田は本来の戦隊長としての業務のほかに知覧飛行場司令としての業務があり、加えて四月二十五日から攻撃集団長からの命令で、基地に待機する特攻隊員に対する教育指導を担当することになった。特攻隊員が、それまでに受けた攻撃方法等の教育は、その部隊や編成地によって、まちまちであり統一されていないことが理由であった。

内容は、隊員が知覧で待機中の起居容儀、敵戦闘機の攻撃回避要領、艦船突入要領などであり、知覧に到着する特攻隊員に教育指導することになったが、吉田にとっては辛い仕事でもあった。このことについて、吉田は、戦隊史に、特に紙面を割いて述べており、隊員達の偽らざる気持ちと吉田の苦悩を物語るものであり、原文をそのまま転記する。

「筆者は、牧攻隊員ではない者が、既に死期の決まった特攻隊員に教育することが、如何に難かしい事であるかを痛感し、また、特攻隊長には、隊員より少なくとも四～五歳位は年長者で、人格、技量共に優れたものを任命し、かつ訓練も隊長が確信をもって実施するのでなければ、戦力には、ならないのではないかと疑念を持った。

また、私が攻撃要領等の教育のため振武隊員の兵舎に行くと、正座して瞑想に耽っている者、青白い顔をして毛布の上で長くなり窓側に向かって深刻に考えこんでいる者、目頭を熱くしながら何かを書いている者、なかには声高らかに談笑している者など、様々であるが、毎度、息の詰まるような舎内の空気に私は圧迫された。そして、教育や雑談を終わって舎外に出ると急に開放された気持ちになるのが常であった。

『撃ちてし止まん』という当時の雰囲気においては、本心を打ち明けるに人もなく、相談するに相手なく、彼らの苦悩が如何に深刻なものであったかは、特攻隊員でないわれわれには、到底推測しうる体のものではなかった。

次に、私が鉄槌で打ちのめされるほどの衝撃を受けたことがある。それは某振武隊長が、出撃直前に、私に告白した次の言葉である。

『大臣閣下はじめ偉い方々は、われわれ隊員に「後に続く者を信じて心置きなく突入せよ、必ずわれわれも後に続く」と言われるが、私どもは、後に続く者を信ずる気持ちにはなれません。また、堅確なる軍人精神とか厳正なる軍紀などを心掛けて行動しているものでもありません。ただ国民の皆さんが私どもに示される好意と熱狂的に送って下さるその雰囲気によって動いているだけです。』

これこそ特攻隊員の偽らざる本音であり、また再び大地を踏みしめる事のない今際に、私を通じて残した忿懣の遺言とも受け取れた。とにかく、それは、特攻隊員の悲痛な心の叫びでもあったことには間違いないであろう。また、これに類するような事を私にささやいてくれた隊員は、一人や二人ではなかった。そして、告白した彼らは皆一様に勇敢に敵艦船に突入したのであった。

そもそも、特攻という攻撃方法は、正に統率上は、邪道であろう。従って部下に特攻を命じた指揮官は、特攻によって失敗した時にはもちろんのこと、たとえ成功して戦勝を獲得できた暁においても、邪道を選んで部下に死を強要した責任は、取らなければならないであろうと私は確信するに至った。

また、指揮官は、部下のかけがえのない最も大切な生命を託されているのであるから、一層の努力を積んで、戦闘惨烈の極みにおいても積極果敢に任務を遂行するとともに、その反面で合理的な戦闘を行わない部下に納得のいく命令を発し、戦隊全員から例外なく尊信を受けるようにならなければ、真の統率はできないと再確認した次第であった。同時に、軍人が、生命を投げうって戦うには銃後の国民の心からの、熱狂的なバックアップがなければ駄目なのだという事も認識しないわけにはいかなかった。ともあれ、この時のショックは、事柄が事柄だけに、独り私の心の奥にだけしまい込んで長い間、秘していたが、このたび初めて公にするわけである」

四月三十日未明五機で出撃、全機無事帰還、五月四日払暁第六次総攻撃、戦隊から九名が出撃、徳と同期入隊の西庄三郎と松本温夫伍長も早朝出撃、二人とも遂に、知覧基地に戻ることはなかった。阪口、西庄、松本と同期の桜が次々に戦死した。生き残ったのは、徳と松原に川瀬と前田だけになった。

それぞれの隊員の思い出は、知覧高女なでしこ会編「知覧特攻基地」に書かれている。これは、昭和二十年三月二十七日から勤労動員学生として、知覧基地に、次々に来る特攻隊員や戦隊員の身の回りの世話をした、当時知覧高等女学校の十四、五歳の女生徒の思い出を綴ったものである。その中で、飛行第六十五戦隊員については、次のように書かれている。

阪口伍長――ぼっちゃん。飛行機の絵をよく書いて下さった。おとなしい方で、女学生はお兄様と呼んでいた。渡辺さんと共に行き帰って来なかった。桜花を手に持って行った。

松本伍長――とてもとてもこっけい千万。「さうですか」「さうですとばい」「なんですか」の言葉が多く、一人違った調子。

西庄伍長――川辺の大坪よしかさんに似ていらした。それで「よっちゃん」と呼んでいた。何時も「俺は行ったら帰って来ない」が、口ぐせだった。思い出に金のマスコットをあげた。「これと共に体当たりだ。やっぱり一人では淋しいからな」と言われた。

松原伍長――あだ名マツカサ。頭が大きく、帽子はちょこんと頭にのっている。

徳伍長――無口でもはん生。空襲の時は手をつないで松林に逃げる。

当時十四、五歳の乙女達は、明日の命も知れぬ若い隊員達との束の間の思い出をそれぞれの性格と特徴を捕えて、素直に書いている。

【徳からのはがき】

其の后、御変わりありませんか御伺い致します。小生、相変らず元気で軍務に精進致して居ります故御安心下さい。さて、新聞によると二十四日の空襲で御地も被害を受けた由如何でしたか。勝兄より御便りを受け取りました。よろしくお伝え下さい。

では又皆様の御健康を御祈り致します。

鹿児島県川辺郡知覧局気付
西部九一〇四部隊北村隊　徳　義仁

（筆者注：二十四日の空襲とは、五月二十三日～二十四日の「B-29」五百五十八機による東京大空襲のこと）

この頃になると知覧基地も頻繁に、米軍の空襲を受けるようになった。五月中旬には、闇夜の空襲が次第に増えてきた。こんなこともあった。吉田は、あまりにも正確に真っ暗闇の飛行場を攻撃してくる敵機を不審に思ったが、敵機の接近に応じて飛行場を三角点の中心にした位置の山中で、敵機の来襲が近付くと相手に飛行場の位置を知らせる不思議な灯火が点くことがわかった。憲兵隊、地元警防団を総動員して山狩りをしたが、遂に犯人を発見することは出来なかった。吉田は、獅子身中の虫以外の何者であったか、今でも不思議に思っている。

また、ある時から一週間も続いたであろうか、沖縄を死守していた第三十二軍の長勇参謀のもとに連れて行ってくれと日参する軍属らしい男がいた。そして、沖縄に出撃する「隼」から落下傘で降ろしてくれと言う。その男は、「長親分」と呼んでいた。その後、どうなったのかわからない。長参謀は、親分肌の豪傑で、福岡県粕屋郡にある長の墓には、大川周明が碑文を寄せている。「……もし半途、陸軍を追はれて身を市井無頼の徒の間に投じたとしても屹度当代無双の大親分となり俠客の名を天下に謳われるなど新門辰五郎乃至清水次郎長に劣らぬものがあったろう」と。

別れ

知覧から最後の特攻機が飛び立ったのは、六月十一日のことであった。第五十六振武隊の川路晃少尉、第百五十九振武隊の磯部十四男少尉、第二百十五振武隊の麻生隆少尉が壮烈な戦死を遂げた。四月一日に第一陣の特攻機が飛び立って以来、このわずか二カ月間に千二十八人の若者が沖縄の海に消えた。

三角兵舎の周りでも蟬が、何も知らないように鳴き始め、知覧にも夏がきた。基地を飛び立つ特攻機もなくなった。徳と松原は、まだ生き残っていた。

【徳からのはがき】

御便り有難く拝見致しました。
皆々様には防空の護りに張切って居る由、小生も益々元気で一意専心皇土の護に邁進致して居ります故御安心下さい。こちらはせみの声も賑やかになって参りました。御地もそろそろ夏の様になる事でせう。
皆様もどうか御身を大切に。では又

鹿児島懸川辺郡知覧局気付
西部九一〇四部隊北村隊　徳　義仁

圧倒的に優勢な米軍の海空戦力の前に、特攻という世界戦史上前代未聞の戦術でしか対抗することの出来なかった日本軍は、まさに「窮鼠猫を嚙む」どころか猫の足元にさえ近づくことも出来ないようなありさまであった。日本の敗色は、明白になった。

このような状況にあっても、軍部は、「一億総玉砕」を合言葉に、米軍を本土に迎え撃ち、全国民を軍の指揮下に入れて、本土決戦方針を決めたのである。「国体の護持」、「皇土の保衛」を目的に、女子供から老人まで義勇兵役に編入し、国民を根こそぎ動員することまで考えられた。

しかし、食料や燃料の不足は、極限に達し、経済面からも、これ以上の戦争の継続は、困難であった。国際的にも孤立無援になった日本が、このまま世界を相手に戦い続けることは、どう考えてみても限界であった。南太平洋や中部太平洋の小島に取り残された兵士達は、本土からの武器はもちろんのこと、食糧の補給もまったく途絶え、戦闘による死者よりも餓死や栄養失調や病気による死者の方が、はるかに多いという悲惨な状態であった。捕虜になることが認められない日本軍の兵士達は、自ら命を絶つ者も多く、密林や珊瑚礁の島に屍を曝し、多数の尊い命が、無為に失われていった。

天号作戦で、多くの犠牲を払った飛行第六十五戦隊は、作戦中止に伴い、七月十日、全員佐賀県の目達原基地に引き上げ、いよいよ本土決戦に備えることになった。残った隊員も、来るべき本土決戦の決号作戦に向けて、最後まで戦い抜く覚悟は十分にあったが、空襲により、徹底的に打ちのめされた一般の国民以上に、アメリカの底力はこれまで死闘を続けて来た沖縄戦で、身をもって体験していた。

目達原に着くと、戦隊本部は丘の上にある三角兵舎に置き、各中隊は、近くの寺院に世話になることになった。七月十三日近くの寺院で、全隊員による戦隊の天号作戦戦没者二十八柱の慰霊式を行ない、亡き戦友の偉勲を讃えるとともに冥福を祈り、本土決戦における必死敢闘を誓った。

本土決戦

大本営陸軍部は、この年の九月以降に、敵が本土に進攻するものと想定し、これに対抗するため「決号作戦」と呼ばれる本土決戦作戦を立てた。事実、米軍は、昭和二十年（一九四五）十一月一日に「オリンピック作戦」と名付けた南九州への上陸作戦と、翌年の三月一日に「コロネット作戦」と名付けた関東平野への進攻作戦を立てていた。決号作戦の基本的な考え方は、本土の縦に長く四方を海に囲まれた特性を利用して、一億国民総参加の下に、まず残った全陸海軍の総力を挙げて特攻攻撃により敵上陸軍を洋上で撃滅することに努め、次いで本土の全地上戦力を投じて、それぞれの決戦要域において集中攻撃を行ない、一気に勝敗を決めるというものであった。しかし、もはや日本には、掛け声に見合うだけの余裕は、どこにも残っていなかった。

決号作戦の基本方針は「敵の本土直接来攻にあたり全軍特攻これを撃滅する」ことであった。敵の進攻地域は、南部九州沿岸と予想された。具体的な攻撃計画は「敵泊地進入前日から総攻撃を開始し、全軍特攻をもって昼夜にわたり執拗果敢な強襲を行ない、その上陸船艇を求めて撃滅する。敵泊地進入後は、練習機も特攻に全力を投入するとともに、戦闘隊全力をもって戦場上空を制圧し、また、一部兵力をもって敵掩護部隊を同時に攻撃する」ことであった。

そして、戦隊は山口県の小月に司令部を置く第十二飛行師団（師団長土壬秀治少将）の隷下に編入された。しかし、机上の計画とは裏腹に、この頃の米軍が、本土攻撃に向けて準備していた総兵力は、基地航空機一万三〇〇機、母艦機二九〇〇機、合計一万三二〇〇機であり、これに対し日本側は、陸軍機三四〇〇機、海軍機二九五五機、合計六三五五機であった。加えて、航空機の損耗も著しく、整備を重ねつつ旧式の練習機までも動員せざるを得ない状況であった。操縦者もまた、これまでの戦闘でほとんどが戦死し、飛行時間の少ない俄仕立ての未熟な若鷲が多かった。そして、この決号作戦は、操縦者と名のつく者は、すべて敵艦船に突入して、一人の生存者も航空機も残さないという決死の作戦であった。

七月十四日から三日間、目達原飛行場において第六航空軍主催の「特攻隊運用演習」が行なわれ吉田も参加した。この演習の最大の狙いは「敵機の空襲の下で、後方から到着する特攻機を、いかに安全に着陸させ、繋留地区まで誘導し、また出撃させるかということ」であった。つまり、決号作戦において、後方基地から全軍特攻のために、次々に基地に着陸して来る飛行機を迎える時機と攻撃のために次々と出撃する時機は、敵に隙を与え絶好の攻撃時機となり、甚大な被害を被る危険な時機になる。この時機をうまく掩護するのが、この演習の目的であった。

【徳からのはがき】

御便り有難く拝見致しました。
皆様には益々御元気の由　小生も相変わらず元気で軍務に精進致して居ります故御安心下さい。
では又　御健康を御祈り致します。

佐賀県神崎郡目達原局気付
靖九一〇四部隊　徳　義仁

徳と松原、川瀬、前田の同期入隊組四人も本土決戦に備えて、いよいよ、これまでの命かと覚悟を決めていた。この世での最期の思い出にと四人揃って目達原の写真館で、記念写真を撮った。

未帰還機

七月五日に知覧で受けた「B-24」約三十機による攻撃で、戦隊の「隼」も、大きな被害を受け、整備員による懸命の修理と整備が続けられていた。七月十七日になり、ようやく修理が終わり、各中隊一機ずつ受領することになり、松原らは鹿児島本線に乗り、知覧へと向かった。翌日、松原は、修理を終えた「隼」に乗り、試験飛行を行なったが、エンジンの調子が悪く、目達原まで飛べる状態ではなく、再度調整を行ない、翌十九日の夕刻、不安を抱えながら再び知覧を飛び立った。エンジンの調子は、不調のままであったが、一時間もかからない目達原までなら何とかなると思い、そのまま離陸した。一定の高度を保ちながら、機種を目達原の方向へと向け、数分間飛行を続けたところまでしか記憶に残っていない。松原機は、何の連絡もないまま、目達原には戻って来なかった。

七月二十日、決号作戦のための特攻十箇隊が、吉田の指揮下に入れられ、振武隊の二百機近くの面倒までみることになった。作戦飛行場は、目達原と築後が指定された。戦隊の主力と特攻隊の大半は、目達原に常駐し、築後には、第二中隊の全力と四箇特攻隊が展開し、第二中隊長が指揮した。そして、次期作戦に必要な戦闘規定を作成し、それに沿って各中隊は、猛訓練を開始した。第三中隊は、八代武大尉指揮下で、夜間航法訓練を主体に行なった。

吉田は、飛行場近くの家に下宿していた。ある夜、いやな夢を見た。訓練中に、部下の誰かが事故死した夢であった。翌朝、昨夜の夢の話をしながら食事をしている最中であった。当番の小野一等兵が、下宿に走って来た。そして、昨夜、夜間航法訓練で、壱岐へ向かった第三中隊の徳軍曹機が行方不明となり、未帰還であると報告した。吉田は、不幸にして夢の通りになったことに愕然とした。

徳機は、目達原と壱岐間の朝鮮海峡に、墜落したものと判断した。徳機が、訓練で、目達原を飛び立っ

鹿児島山に墜落した徳機（五ヶ所小児童の紙芝居より）

たのは、八月七日の夕方近くのことであった。徳機は、一番機で飛び立った。約五分間隔で二番機、三番機と次々に発進したが、徳機だけは、遂に帰還しなかった。隊員達は、夜遅くなっても、必ず帰って来るものと信じ、待ち続けたが、二度と、その機影を見ることはなかった。発進直後に上空で、徳機は、両翼をわずかに上下に振っていたのを見たという隊員もいた。入隊以来の無二の戦友松原の消息も不明のまま、多くの戦友は、沖縄の海へと消えていった。この戦争の結末は、誰の目にも見え始めていた。もちろん徳も、その日が近いであろうことは感じていた。操縦桿を握りしめ多くの亡き戦友達のことを思いつつ、徳機が向かったのは、目的地壱岐の方向ではなかった。戦隊には、行方不明機を捜索する余裕も能力も、まったく残されていなかった。

（筆者注：京都航友会「青春の証　京都航空機乗員養成所誌（一九八九年）には、「昭和二十年八月七日、対馬南方海上に敵艦船の報に接した徳義仁伍長は、一式戦闘機隼Ⅲ型に爆装し、午後八時、勇躍発進し攻撃に向かったが、この日遂に帰ってこなかった」と記されている）

終戦

八月六日広島に、九日長崎に原子爆弾が投下され、同じ九日には、ソ連軍が満州、北朝鮮、樺太に進攻してきた。しかし、戦隊員達には覚悟ができていた。「全機敵艦船に突入して潔い最期を遂げるのみ。これが伝統ある飛行第六十五戦隊の最期だ」との自覚があり、大きな動揺はなかった。

八月十三日、軍司令官から「飛行第六十五戦隊の一箇中隊を、知覧の第七飛行団長（立花四郎中佐）の指揮下に入らしむべし」との命令が届いた。吉田は、第一中隊を指揮下に入れることにし、十四日の夜に、長田中隊長以下八機の出発を見送ると自分も後に続いた。それは、戦隊の状況を説明することと、おそらく何人かは戦死するであろう彼らの第一撃を見送ることであった。

夜間に知覧に着いた九機が、着陸を試みようとしたが、知覧基地の夜間照明が、いずれの方向からも着陸不可の異常な状態を示していた。照明が正常化するまで空中で待機している間に、千葉哲造少尉機が墜落戦死、また、着陸を開始し接地した直後の滑走中に、稲垣実軍曹は、着陸地帯の中央付近に設けられた機関銃用掩体に激突して戦死した。もはや、正常な機能を失った飛行場には、未経験の飛行場大隊が駐留しており、常識では、とても考えられないような指揮系統や管理状態になっていた。終戦間近になった日本の部隊は、極度の混乱状況を来していたのである。

その日十四日の午前十時五十分から正午までに行なわれた御前会議で、今まで黙殺されていたポツダム宣言を受諾することが決定された。

翌十五日午前七時十分、陸相官邸で阿南惟幾陸軍大臣は、遺書と辞世の和歌を残し割腹し絶命した。

一死以て大罪を謝し奉る

大君の深き恵に浴し身は言ひ遺す片言もなし

昭和二十年八月十四日夜　陸軍大将　阿南　惟幾

同日十一時頃「飛行第六十五戦隊ハ全力ヲ以テ沖縄付近ヲ北上スル敵艦船ヲモトメテ、コレヲ必沈スベシ」という六航空軍の電報命令が、目達原の戦隊本部に届いた。しかし、吉田は知覧にいて目達原からの連絡もうまく取れないうちに正午の終戦を迎え、すべての書類は、司令部からの命令により焼却された。

もし、吉田が目達原にいたら、第二、第三中隊の全機を率いて沖縄の敵艦船に突入し、飛行第六十五戦隊は、壮絶な最期を遂げていたであろう。

吉田は、十五日の玉音放送は、雑音のために内容はほとんど聞き取れなかったが、来るべき時が来たことだけは理解できた。十四時頃、飛行師団長立花中佐から終戦の正式な通知を受けた。予期はしていたというものの団司令部を去る吉田は、大敗北を喫したという屈辱感と悔しさに加え、当然の帰結としての敗北の原因を冷静に考えたり、とにかく、自分が全身全霊を捧げた十年近い軍人生活のすべてが終わったという虚脱感や各種の感情が、頭の中を未整理のまま交錯して駆け回り、目の前が真っ暗になり、半ば放心状態で、宙を見つめたまま中隊の方へ夢遊病者のような足取りで帰って行った。悔し涙が、止《とど》まるところを知らず流れ続けた。アメリカの経済力、技術力、戦力が圧倒的優位にあったこの戦争においては、終戦は、むしろ遅きに失したとも思ったが、悔し涙はどうしても止めることはできなかった。

十六日に、吉田と第一中隊全員は、目達原に帰還した。そこで初めて昨日の特攻命令を聞いたが、時すでに終戦を迎えており、その暗号文も、すでに灰になっていた。吉田が知覧に出向いたことが、結果的には、残された隊員の命を救うことになった。

その日の夕方、今津飛行団長から太刀洗の飛行団司令部に、至急来るようにと呼び出された。飛行団長は、明早朝、目達原飛行場上空に飛行団全部が空中集合して沖縄へ進攻し、敵艦船へ全機突入自爆しようと述べた。吉田は、フィリピンでマッカーサー司令部との停戦協定が締結されようとしている時に突入するのは、日本軍としての信義の問題で、米軍が日本に進出した際に、逆に国民に大変な迷惑をかけることになるとして猛反対したが、飛行団長は、停戦協定は、まだ成立したわけではないので、われわれが突入しても米側は、日本軍の一部の者の軽挙妄動に過ぎないと見なして不問に付すだろうし、多くの部下を死なせたわれわれも「あの時、死んでおけばよかった」と、きっと後になって後悔するだろうから、ぜひ明朝突入しようとの強い決意であり、吉田の意見は、なかなか聞き入れそうになかった。吉田は「それでは、お供しましょう」と潔く突入に賛意を表し、飛行団長を囲み最期の晩餐会を開き、別離の杯を交わした。

その後、目達原に帰ると早速、「明日の午後、目達原飛行場の上空に、戦隊全機集合し、沖縄に進攻し敵艦船に突入する」という命令を下した。出撃までの時間に吉田は、両親や妻に遺言の手紙を書き投函した。不思議に目頭が熱くなってきた。大空に生きた二十八歳の自分の命も、これで間違いなく終わりだと思った。

少し睡眠を取ると、早朝三時頃に起こされた。飛行団長から出撃中止の命令が届いたのである。その直前に、司令部の指示で、すべての飛行機は、出撃不可能にするために、燃料が抜いてあった。

戦隊解散

八月十六日以降の通信連絡は、すべて軍司令部の飛行機が、各部隊へ通信筒を投下して連絡することになった。吉田は、部隊に待機して命令にすぐ対応できる体制だけを整えていた。十八日、軍司令部の川元浩参謀が、目達原に来て、「停戦協定が成立したら、戦隊は即時解散して将兵全員を一刻もはやく帰郷させること」等を伝えた。翌十九日、連絡機が飛来して通信筒を落下した。開いてみると「停戦協定なる」と大書されていた。

さっそく、翌日二十日の十時に、解散式を行うことにした。当日、生き残った隊員を前にして吉田は、最後の訓示を行った。声を詰まらせ、涙声になったり、言葉にならなかったりして何を言ったかわからな

った夏も終わろうとしていた。

支那事変の最中に誕生した飛行第六十五戦隊は、中国戦線から比島作戦を戦い、沖縄戦において米軍との死闘を繰り広げながらも、日本の勝利を信じ、最後の最後まで死力を尽くして戦った。日本で一番長かった夏も終わろうとしていた。

吉田は『飛行第六十五戦隊史』の中で「戦隊解散」の項に次のように述懐している。

「ここにおいて、支那事変のさ中に呱々の声をあげたわが飛行第六十五戦隊は、周囲の木々から漏れ出る物悲しい蟬の声を葬送曲に万斛《ばんこく》の涙と共に尽きせぬ思いや悔いを残しつつ、わずか七年という短いが波乱に富み、かつ苦難に満ちた生涯を終わったのであった。その間、国の必勝を信じつつ私情を捨てて敢然と難におもむいて散華し、あるいは悲運戦場に臨むこともなく中道にして倒れられた多くの戦友の遺された功績は炳乎《へいこ》として輝いているが、その蔭の辛苦に何一つ報いることもならずに戦隊は消え去った。われわれ生き残れる者として悔いが残らずして何が残るであろう。ただただ今は亡き戦友の生前の友誼と払われた尊い犠牲に対し深く感謝の誠を献げる次第である。また、後に生き残ったわれわれも互いに切磋琢磨、協同団結、よく任務の完遂に務め、軍人の本分を全うできた事は、破れたりとは言え悔いはない。戦隊という組織は存在しなくとも、亡き戦友の偉業を伝えることは言うに及ばず、戦隊の中を流れ戦隊で培われた精神と、そこに生まれた友情を末長く持ち続ける事はできるはずである」

捧勇士霊

北翔して凍雪に堪え　南転して大いに勇飛す

百戦大空の士　郷を望んでついに帰らず

（三ヶ木智得作『戦隊史』より）

戦隊本部のある丘の上から、幾筋もの煙が、紺碧の空に向かって昇っていた。戦隊に残されていたすべての軍関係の書類を焼却する煙であった。煙は、青空に吸い込まれるようにしながら昇った。総動員で、すべての作戦や戦隊の行動に関する書類は、焼き捨てられた。日本国中すべての部隊において、そうであった。その炎は、戦隊の終焉はもちろんのこと、この世の終わりを告げる劫火のようで、実に物悲しかった。

その日のうちに、隊員は次々に目達原を去った。「世話になったなぁ」「また、必ず会おう」などと声を掛けながら去って行った。川瀬も前田も、入隊以来の戦友の徳と松原の消息を気遣いながら、後ろ髪を引かれる思いで、それぞれに別れを告げ、目達原を後にした。吉田は、一人だけになり焼け跡に、ちろちろと燃える残り火を、ただじっと見つめていた。その火が、段々消えるのを見ていると、自分が命を捧げた日本陸軍が、はるか遠くに消えていくような気がしてならなかった。

戦隊に、未帰還機を捜索する余力など、どこにも残されていなかった。第三中隊の徳機と松原機に関する情報は、戦隊解散までに、何も得ることはなかった。大海原に消えたまま、遺体も見つかるはずがないのが、当時の飛行機乗りの宿命のようなもので、操縦者になった時点で、そのような覚悟は誰にも出来ていた。また、終戦間近な時期には、まともに飛べる飛行機は少なかった。

だが、松原は生きていた。七月十九日、知覧基地を飛び立って数分後に、約八〇キロ北方の鹿児島県大口市の水田に不時着した。松原は、全身を強打し意識を失った。村人に担架に乗せられて、街の小さな病院に運び込まれた時は、ほとんど昏睡状態であった。額と左手の指に、怪我を負っていた。時折、苦しそうにうめき声を上げることもあったが、意識は、なかなか回復しなかった。松原の意識が、奇跡的に戻ったのは、翌日八月六日のことであった。割れるような頭痛と左手中指の骨折に、全身を襲う傷みを伴いながら意識は、次第に戻った。

地元の国防婦人部の皆さんの献身的な介抱により、ようやく歩けるようになった。連絡網は途絶え、本隊への連絡の取りようもなかった。憲兵隊の大島軍曹が訪ねて来たので連絡を頼んだものの本隊へは届かなかった。松原は、一人で目達原へ向かうことにした。頭痛と物が二重に見える不自由な片目に左手を三角布で吊った痛々しい姿で吉都線に乗り込んだ。途中で艦載機の攻撃を避けながら、夜になってようやく都城駅に着いた。都城乗員養成所時代に見覚えのあった駅前は、焼け野原になっていた。その中にポツンと交番の裸電球の明かりが見えたので、訪ねて行き、その晩は、交番に泊めてもらった。

日豊本線に乗り換え宇佐の自宅に立ち寄って、目達原を目指すことにした。線路も各所の鉄橋が、空襲で壊され、迂回路を通りながら北上した。終戦を知ったのは、宮崎を通過する時であった。やはり、来るべき時が来たなという意外にも覚めた感じでしかなかった。富高町（現日向市）に一泊した時、そこにあった海軍富高飛行場の方から、飛行機をどれでも提供するとの親切な申し出があったが、もう二度と飛行機には乗る気はしなかった。何とかして宇佐駅前のとなり赤間駅に降り立つと、父がリヤカーで迎えに来てくれた。久し振りに生家で両親に会い一晩を過ごすと、再び目達原の原隊をめざした。入隊以来の親友徳や川瀬、前田に会えるのを楽しみにしていた。

ようやく、目達原にたどり着いた時には、もう飛行場には誰もいなく、何も残っていなかった。松原は、左手を三角布に吊り、人気の無い飛行場に一人、ぽつんと立ち、「ああ、これで戦争も終わったんじゃ」とつぶやくと、沖縄戦で散った西庄、松本そして阪口のことを思いつつ、自分が生き残った申し訳なさに見舞われた。親友の徳と同期入隊の川瀬、前田は無事、それぞれの郷里に帰ったものと思いつつ目達原を後にした。徳機が壱岐方面へ飛び立ったまま行方不明になっていることは、まったく知らなかった。

吉田は、しばらく目達原に残り、山口県小月の十二飛行団司令部や軍司令部にあいさつをして回り、その後は、太刀洗飛行場近くに下宿して、今津飛行団長とともに残務整理に当たり、昼間は、二人で近くの川に糸を垂れフナ釣りに興じ、水面に浮かぶ浮子の動きに全神経を集中させ、寂しさを紛らわせた。十月一日付けで復員した時には、「これでやっと畳の上で死ねるのだな」と思った。

その頃、徳は、静かに九州のほぼ中央部にある祖母山に峰を連ねる山の懐に抱かれるように、ほぼ原型を留めたままの愛機「隼」の操縦席の中で、父からの手紙を、飛行服の胸に大事そうに入れ、静かに眠り続けていた。辺りの山々は、里より少し早い秋の気配が漂い始めていた。麓の村では、一家の主を戦争で失った農家で、悲しみに耐えながら未亡人と子供達が稲刈りに精を出していた。

※この章は、当時の混乱していた状況をなるべく詳しく伝えるため、戦隊の行動については『飛行第六十五戦隊史』および吉田穆著『大空に生きる』から、その多くを引用するとともに、筆者の吉田元戦隊長からの聞き取りや徳光枝様から提供された当時の手紙やはがきを参考にしながら、筆者の現地調査、取材と併せて構成した。

第四章　河《か》内《わち》

軍人墓地

村の中心部を見下ろす小高い丘に軍人墓地はある。村と言っても、九州山地のほぼ中心部に位置するこの地区は河内と呼ばれ、周りを山々に囲まれ、そのわずかな平地にようやく開かれたごく小さな村である。

軍人墓地から見える風景に、こんもりと老杉が繁り、いかにも古い歴史を有する鎮守の森がある。熊野鳴滝神社である。祭神は、伊弉冊命《いざなみのみこと》、鸕鷀草葺不合命《うがやふきあえずのみこと》、事解男命《ことわけおのみこと》、玉依姫命《たまよりひめのみこと》、速玉男命《はやたまおのみこと》、神日本盤余彦命《かむやまといわれびこのみこと》、彦火々出見命《ひこほほでみのみこと》、吾平津姫命《あひらつひめのみこと》、豊玉比売命《とよたまひめのみこと》、菅原道真公で、由緒は、人皇八十八代、後嵯峨天皇の寛元三年（一二四五）、三田井城主高千穂政信の建立と言われ、その後、明暦二年（一六五六）再建、宝暦八年（一七五八）社殿炎上し、同十年再建、文化三年（一八〇六）再建された。さらに、明治四年（一八七一）と明治四十年（一九〇七）に村内に散在する小社を合祀し、熊野鳴滝神社と改称した。

この熊野鳴滝神社の長く急な石段を登り、家族とともに、武運長久を願った多くの若者達が戦地へと向かって行ったのは、それほど昔のことではない。そして、武運つたなく二度と故郷の地を踏むことのなかった兵士達が眠っているのが、この軍人墓地である。

墓地に眠る兵士のうちで一番古い戦死者は、明治十年（一八七七）に起きた西南の役に従軍した今狩出身の都茂三郎（二十四歳）である。二月四日から始まった歴史に残る田原坂の戦いは両軍の戦死者が七千人を超すという激戦であった。この戦闘で薩軍の敗色は濃くなり、熊本城を囲む薩軍を八代に上陸した黒田清隆陸軍中将率いる別働旅団が背後から攻め始めた。これに呼応していた歩兵第十三連隊第一大隊第一中隊所属の都は、この市街戦で戦死したのである。

　この軍人墓地に眠る全英霊は、一九三人である。祖母山麓に広がる小さな村五ヶ所から出征し戦死した若者だけでも十九人もいる。戸数わずか百戸にも満たない小さな村でも多くの若者の命が奪われた事実からも、いかにこの戦争が、全国津々浦々の村から前途ある尊い若い命を奪い去ったかを窺い知ることができるのである。以下、五ヶ所地区出身の戦死者を、階級、氏名、戦没年月日、戦死場所、出身集落の順に掲載する。

○上等兵	高木直	二十三歳	大正八年二月二十六日	黒竜州	牟田
○曹長	甲斐敏夫	二十六歳	昭和五年十一月五日	台湾	原山
○上等兵	甲斐勝	三十二歳	昭和十三年八月七日	江西省	下畑
○上等兵	野尻義元	三十六歳	昭和十三年九月二十八日		菅野尾
○兵長	富高富治	二十八歳	昭和十五年二月二十六日	自宅病死	菅野尾
○兵長	田上秋男	二十歳	昭和十八年二月五日	トラック	嶽
○伍長	田上利満	三十二歳	昭和十八年十一月九日	南方諸島	津留
○上等兵	田上千年	三十二歳	昭和十九年十月十五日	湖西省	下畑
○伍長	田井恵	三十五歳	昭和二十年一月二十八日	ルソン島	牟田
○伍長	田上惟武	三十九歳	昭和二十年三月十七日	硫黄島	嶽

○准尉　合沢喜久人　二十七歳　昭和二十年四月二日　中部太平洋
○一等兵　佐渡諭　二十一歳　昭和二十年六月二十一日　中支武昌　津留
○兵長　渡辺繁綱　三十二歳　昭和二十年六月二十七日　ルソン島　菅野尾
○兵長　矢津田元太郎　三十八歳　昭和二十年八月十日　ルソン島　神原
○兵長　矢津田義隆　二十四歳　昭和二十年八月十九日　南方病院　神原
○二兵曹　佐藤助　二十八歳　昭和十七年六月五日　東太平洋　笈の町
○上機兵　甲斐鶴義　二十三歳　昭和十九年八月十日　下畑
○上兵曹　矢津田提　二十五歳　昭和十九年十月二十五日　菲島東方　神原
○上水兵　佐藤惟美　二十歳　昭和二十年八月九日　中国森県　笈ノ町

この山合いの小さな村を見下ろす小高い丘の上にある軍人墓地が、最初に作られたのがいつかはわからないが、日清戦争の戦死者も祀られていることから明治時代のことかと思われる。墓地の中央にある奉霊殿の壁に埋め込んである小さな銅板には次のように刻まれている。

奉霊殿建設誌

明治以降軍人墓地ハ官維持管理ノ下地区民鑽仰シ祭祀モ招魂祭ト称シ盛ナリキ　我国未曽有ノ敗戦後ハ遺族墓石ヲ建テ祭祀モ遺族会中心トナリ一般ノ間ニモ其ノ援助ノ気運次第ニ高マレリ　遺族会ハ昭和三十三年四月公民館長会ト合同協議シ豫テ決定ノ上　奉霊殿建設ヲ議決シ全公民館長等二十二名ヲ以テ建設委員会ヲ結成事業ニ著キ　天々尽力ノ結果総事業費八十七万円　内町補助四十万円遺族一般寄附四十七万円ヲ以テ完成セリ

工事ハ昭和三十四年九月大寺建設落札着工シ　翌年二月委員長副委員長二名靖国神社ニ参殿御分霊ヲ奉戴シ来リテ　昭和四十五年三月十七日鎮座竣工ノ祭典ヲ挙ケタリ　後日ノ為当事ノ役員ト共ニ之ヲ誌スモノナリ

当時建設委員　遺族会長　委員会顧問　黒木宇三郎
副会長　副委員長　甲斐八十一
会計　建設委員長　佐藤　金吾
副委員長　内倉　斉
会計　霜見　多策
田原地区　公民館長会

建立者
田原地区遺族会一同　遺族会長　佐藤　実
副会長　内倉　敏夫
会　計　有藤俊太郎

昭和四十七年中秋建立

軍人墓地にある
徳軍曹の墓

戦後は、ずっと春四月と秋九月に遺族や関係者が墓地の前に集まり、欠かすことなく慰霊祭を行ってきた。

しかし、墓地の一番奥まった所に、戦後、一度も遺族が訪れたことのない一つの墓があった。この村に多い甲斐、佐藤、興梠、安在、田上、内倉などの姓に混じって一つだけ聞き慣れない姓の墓がそれである。村人が、「とくよしさんの墓」と呼んで、ずっと他の地元出身の英霊と同じように香華を絶やすことなく手向け祀ってきた墓である。

墓碑には、「陸軍軍曹　徳　義仁之墓　昭和二十年七月二十七日　小河内山中ニテ航空機事故ニヨリ殉職」とだけ書かれていた。

源じい

祖母山麓の村五ヶ所は、比較的なだらかな起伏のある広大な草原からなる阿蘇的風景であるが、太古の昔に起きた大噴火によって作られた阿蘇外輪山の延長線上にある崩野峠（八五四メートル）を越え、一気に山肌を縫うように下ると風景は一変し、周りを山々に囲まれ、わずかな平地を中心にした山峡の村となり、五ヶ所とは趣を異にした高千穂的風景を醸し出している。

この村の中心部は河内と呼ばれ、古くは、肥後細川五十四万石領と延岡内藤七万石領との国境の町として栄え、江戸時代には御番所も置かれていた所でもある。明治二十八年（一八九五）に、この地域の中心地三田井《みたい》と熊本県高森の間と河内から五ヶ所への県道が開かれた。その頃から河内は、熊本、大分、宮崎三県境の町として、それぞれの地域から多くの行商人が集まり、活発な商取引が行なわれ、明治三十五年（一九〇二）に、三田井、河内間に客馬車が走り、同四十一年（一九〇八）には、客馬車は高森まで延び、河内の町は、一段と活気づいたのである。同四十二年の九月十五日に、町の中心部の五十九戸が焼けるという大火に見舞われたが、県境の町として復興して栄えた。

志らぬいの肥後の産物《つと》をば
とく積て河内へかへる馬くるまかな　　有雄

町の中心部からやや北西にわずかに入った所に小河内《おごうち》の集落があり、この集落から奥へは、小河内川に沿ってカシやシイの広葉樹林帯が続き、当時、日本のすべての家庭の熱源であった木炭の生産地となり、いつの頃からか大分や四国、遠くは和歌山からも炭焼きの家族が集まり、多い時には十戸近い世帯になった。森源市老人も、その中の一人で、小河内谷の最奥部に炭窯を築き炭を焼いていた。小河内谷のさらに上流には、地元では、彦火々出見命《ひこほほでみのみこと》の御陵と呼ばれている丸い自然の石をたくさん積んだ円墳状の石積みがあり、その付近が、小河内川の源流部になっていた。

小河内谷にも秋が訪れ、山が燃えるように紅葉していた。建国以来の未曽有の敗戦で世の中が大混乱している中で、四季の自然の移ろいだけは太古の昔から毎年繰り返されるように、何事も無かったかの如く、今年も秋がやってきた。源じいは、鉈を腰に下げ、良材のある山を探して山に分け入った。まだ、十分に自分の買い求めた山の材で炭は焼けるのだが、今後、世の中が徐々に復興するにつれ、ますます木炭の需要が高まることを見込んでの下見である。

御陵と呼ばれる所の少し下手に、小さな二本の支流が合流し四、五メートル程の滝を作っている。材を出すには不便であるが、この滝の上に登ってみることにした。鉈で足場を切り開きながら、やっとの思いで滝の上部に出た。彼の長年の経験から、山を一目見ただけで、材の質、焼き上げられる木炭のおおまかな量は想像できるが、源じいは山を見回すと、すぐに不思議な物を発見した。谷の稜線付近の松の木の根元に、今まで見たこともない大きな鼠色の金属性の物体が、羽根を広げて突き刺さるように横たわってい

た。その鼠色の細長い物体は、飛行機であることは、すぐにわかった。そして胴体と翼に付いていた鮮やかな「日の丸」で、日本の飛行機であることもわかった。

源じいは、鉈を持つ手が小刻みに震えるだけでなく、膝まで震え始めた。岩のゴロゴロした沢を地下足袋で踏み締めながら、その飛行機に近付いた。ほとんど傷は無かったが、三枚羽根のプロペラが少し曲がっていた。飛行機全体が、ほとんど壊れていないため、源じいは、誰かが飛行機の操縦席にまだ乗っていそうな気がして、腰の鉈に手をかけながら恐る恐る近付いた。各地の山々を転々とした源じいも飛行機を間近に見るのは初めてであった。しかも、ついこの前の終戦まで戦争で戦っていた戦闘機である。

操縦席は、風防もそのままで、胴体に手をかけ、よじ登り、中を覗くと、一人の若者と思われる搭乗員が、首をうなだれるように、まだ操縦桿を握ったままの状態で息絶えていた。腰を抜かさんばかりに驚いた源じいは、気を取り戻し、飛行帽と飛行眼鏡を付けた搭乗員をもう一度覗くと、大きく凹んだ白骨化した眼窩と、同じように白骨化した頬骨だけが目立つ、もはや再び飛び立つことのできない姿しかなかった。飛行服の肩には、小さな日の丸も付いていた。源じいは、直感で、特攻隊の飛行機と思った。震える足を抑えながら、搭乗員に、静かに手を合わせ、深く頭を垂れた。

山の下見どころではなくなった源じいは、鉈を腰に差し直すと、駆け下るように山を下り、自分の炭焼き小屋に閉じこもり、棚から焼酎を取り出し湯呑みになみなみと注ぎ、気を落ち着けるように一気に呑み干した。それからしばらくは、先程目にした飛行機のことを誰にも話す気になれなかったが、誰にも話さないことが余計に不安になり、すぐに、知り合いの警防団員に、このことをありのまま話した。山里の秋の取り入れもほぼ終わり、山々の紅葉も次第に里山に降りようとしている頃のことであった。

「小河内で墜落していた日本の戦闘機を発見」の通報を受けた河内駐在所の警察官と警防団幹部に役場の職員は、さっそく源じいから詳しい話を聞くと、源じいの案内で墜落現場に向かった。この年の夏には、祖母山に、米軍のB-29が墜落したばかりで、終戦の年に、同じ村内で、アメリカと日本の軍用機が二機も墜落するという不思議な因縁に、一行は驚いた。

源じいが作った踏み分け道をたどり、ようやく現場に着いた。彼らは、夏に祖母山中でB-29墜落事故の凄惨な現場とあまりにも巨大な機体を目にしていただけに、この日本の戦闘機が、異常に小さく、そして現場が小ぎれいであると感じた。同時に、木や布の多い日の丸の付いた翼や薄っぺらの風防を見て、B-29の巨大で頑丈に作られた機体や精密な部品がふんだんに使われているのを見た後だけに、日米の国力の差に改めて敗戦を当然の結果として受け入れた。

この小さな戦闘機は、山の斜面に、ゆっくりと突っ込んだような形で墜落していた。決して猛スピードで激突したようなものではなかった。その証拠に、機体は、原型を止め、ほぼ無傷の状態で横たわっていた。操縦席には、源じいが報告したとおり、まだ操縦を続けているような姿で一人の搭乗員が、首をうなだれるように座っていた。彼らは、機体から、その搭乗員を機外に降ろそうとしたが、飛行服に身を包んだまま、ほぼ白骨化しており、遺体に手をかけると、まるで壊れた案山子のように、軽々と操縦席から外に出せた。飛行帽と飛行眼鏡を外し航空長靴も念入りに脱がせると、遺骨は、木組細工が壊れるようにバラバラになって、原型はほぼなくなった。

　これらの飛行服などの遺品をすべて、持参したこの地方で唐米《とうまい》袋と呼ばれる大きな麻袋に入れ、取りあえず村役場に持ち帰り保管することにした。遺骨は、一部だけ持ち帰り、大腿骨や背骨などの大きな骨は、発見現場から少し離れた隣の熊本県野尻村下切《しもぎり》（現熊本県高森町）へ通じる小さな峠道の脇に埋め、付近の石を集め土饅頭のように積み上げた。皆で、異郷の山奥で人知れず息絶えた若い搭乗員の御霊に深々と頭を下げ手を合わせた。

　現場の状況だけでは、どこの部隊の所属で、いつ、何の目的で、どこから飛び立ったのかなどは、まったく手掛りはつかめなかったし、この搭乗員が、一体誰なのかさえわかる物は残っていなかった。墜落日時については、墜落地点の反対側で山仕事をしていた者からこの年の七月二十七日の夕方に、この山を超低空で越えた日本軍の小型戦闘機があったとの情報が届けられたため、不確実ながらも、取りあえず七月二十七日夕方を墜落日時として記録に残した。

　役場では、兵事係の内倉要三が、遺品を保管し、担当として管理することにした。要三は、復員者の世話や戦死者の家族への諸々の連絡から食糧の調達に加えて、沖縄から疎開してきていた児童の引き上げまで担当し、その処理に忙殺されていた。小河内谷で亡くなった搭乗員の身元捜しにまでなかなか手が回らずに、麻袋は、しばらく役場の倉庫に入れられたままになっていた。

　仕事が一段落ついた頃、要三は、袋の中身を細かく調べてみた。身元の判明するものは何一つないと諦察や警防団の幹部から聞いていたが、念のために、すべてを取り出して細かく調べることにした。干からびてボロボロになっていた飛行服の内ポケットの中を調べている時に、小さな紙屑のようになった手紙の一部が出てきた。内容は、ほとんど判読できなかったが、差し出し人の所に、わずかに読み取れる文字があった。そこには、その字体から「徳　義□」と消えそうな字が読み取れた。要三は、これを頼りに、河内の高千穂警察署部長派出所や三田井にあった県の事務所にも問い合わせてみたが、何の手掛りも得られなかった。要三は、漢字の読みから「トクヨシ」という姓であろうと思った。

　小河内谷の墜落現場付近一帯の山は、地元では、通称「鹿児島山」と呼んでいた。その由来は、以前から山の持ち主が鹿児島県の者であるというだけの単純な理由によるものであった。鹿児島山に日本の戦闘機墜落の情報は、口伝手ですぐに広がり、村人や子供達も遠い山道を歩いて墜落現場まで見に行く者も出始めた。鹿屋から飛んで来た特攻機らしいなどと、まことしやかな話も出たが、詳しいことは誰にもわからなかった。夏に祖母山に墜ちたB-29に積んであった大量の物資に比べると、この戦闘機には、めぼしい物は何もなかったが、あらゆる物資が不足している状況の中で、機体の一部を持ち帰る者も出始めたため、役場では、墜落現場の入口に立て札を立てることにした。当時、役場職員であった河内重利は、その日の出来事を、簡潔に日誌に書き残している。その河内日誌には、「昭和二十一年四月二十五日、政美、飛行機墜落現場に立て札に向う」とだけ記されている。

　鹿児島山一帯の山桜も散り新緑に山が覆われた五月になり、県地方部から、遺族の住所が判明した旨の連絡が役場に届いた。河内日誌には、「五月三十一日、木、曇、東京都荏原区小山八丁目一〇八〇、義忠長男、徳義仁」とだけ記されている。遺族が判明した時には、墜落から、すでに半年近くが経っていた。それ程、終戦直後の日本は、大混乱していた。

当時、この戦闘機の墜落について県境を越えた隣村の草部《くさかべ》に住んでいた甲斐サエ子は、その著書『知保郷草部　見たり聞いたり思ったり』（昭和五十二年八月発行）に次のように記している。

「終戦も間近の八月のある夜、病床の母の看護に疲れた身体に、深呼吸をしようと外に出た私の目の前を、一機の飛行機が灯を点滅しながら、異様な音をたてて通りすぎた。通りすぎたと思った瞬間、ゴーという音と共に灯が突然消えた。二、三十分もしてからか、あちこちから人の声がざわめき出した。飛行機が下切山に衝突し墜落したらしいというのである。その夜、村の男たちは、一夜をかけて、露にぬれながら救助に当ったが、その時点では発見できなかった。

翌年四月、二十人ほどで下切山へ登った。一谷ごしではあるが朝夕眺めた下切山、そしてその麓にある下切部落を始めて訪づれる感想は、ただ感激であった山頂から眺める草部の春、山上に咲くみやまつつじ、山の東側壁に君臨するシャクナゲ。感歎の中にひとつのいたみが目についた。すぐ目の下、シャクナゲの咲くあたりに、あの飛行機の残骸が首をつっこんだままにあった。正確度に自信はないが東京中村とネームがあったという。下切山中に若い命を散らした人のことは、大東亜戦の一こまとして記憶しておく必要があろう」

成喜屋《なるき》

異郷の地で、しかも山深い谷間で、人知れず果てていた徳義仁には、幼馴染みの無二の親友がいた。近所に住み、小学校から攻玉社まで机を並べ、戦地から復員したばかりの今野宣雄である。

義仁の父義忠は、当時、警察庁の巡査であった。敗戦という未曽有の体験をした日本の首都東京。人々の心も荒み、虚脱感と絶望感から社会秩序も乱れていた。行く先も見えず、もはや首都としての機能も失った東京で警察官としての任務に奔走していた義忠は、最愛の長男義仁の遺骨を九州の山合いの村まで受け取りに行く余裕はなかった。義忠は、義仁の親友である今野に、遺骨と遺品の受領を託した。宮崎県庁の戦後処理担当部署地方部から届いた鉄道運賃割引証を今野に手渡し、宮崎行きを依頼した。

> 鉄道運賃割引證交付相成度件
>
> 昭和二十一年七月十八日
>
> 第一復員局復員相談所東京地方世話部御中
>
> 現住所
>
> 本籍
>
> 氏名
>
> 右の者先の遺骨受領の為宮崎地方世話部に出頭するものであるから鐵道運賃割引證明下付相成度
>
> 左記
>
> 所属部隊　飛行第六十五戦隊
>
> 階級氏名　陸軍軍曹　徳義仁（※原本では義定と記載）
>
> 戦死年月日　昭和二十年八月七日

今野は、鉄道切符を手にすると、終戦から一年が経ち、B-29の空襲で焼野原と化した東京にも徐々に立ち始めたバラック建ての家々の間を縫い、闇市の雑踏に揉まれながら、東京駅から初めて行く九州のほぼ中央部にあるという宮崎県の山奥の村へと親友の遺骨を受け取る旅に出発した。汽車は、復員兵や買い出しに行くため東京から近隣の農村地帯へと向かう人々の群れでごった返していた。長い長い鉄道の旅を続け、ようやく日豊本線延岡駅に降り立ったのは、出発してから二日目のことであった。今野は、田原村役場から届いた役場までの道順が書かれた手紙にも一度目を通した。

> 宮崎県西臼杵郡田原村河内
>
> 　田原村役場助役　天野要（※原本では大野と記載）
>
> 順路説明
>
> 日豊線延岡駅下車　高千穂行乗合自動車ニテ三田井下車。此処ニテ高森行乗合自動車ニ乗換ヘ田原村河内ニテ下車　為念
>
> 日豊線延岡駅下車ノ際高千穂行乗合自動車普通《（ママ）》ノ場合ハ延岡駅ヨリ日ノ影線ニテ日ノ影駅下車。此処ヨリ徒歩ニテ行クカ馬車ガアレバ馬車ニ便乗。幸ニハイヤーガアレバ之ニ便乗スルヨリ方法ナシ。尚日之影河内間ハ里程約四里アリ。

東京から長い旅を続けて今野が、ようやくのことで河内に着いたのは、終戦から一年が過ぎようとしていた七月末のことである。河内日誌には「昭和二十一年七月三十日、火、曇后晴、西川君来村（徳軍曹の遺骨受領等に付」と記されている。

今野は、永い旅の果てに、ようやく河内にたどり着くと、すぐに役場を訪ねて来た。応対した要三に、東京から遺骨を受け取りに来た徳軍曹の友人と告げた。要三は、倉庫から遺骨や遺品の入った麻袋を取り出して今野に渡した。

その夜、今野は、役場のすぐ下にある旅館「成喜屋」に宿を取った。久し振りに会った幼馴染みの無二の親友の、変わり果てた姿と無言の対面をしながら、初めて訪れた山里のひなびた宿で、親友の遺骨とともに、一夜を過ごした。

翌朝、要三は、今野の出発を見送った。二人で遺骨と遺品の入った唐米袋を提げ、バス停に向かった。西川は、要三に丁重に礼を述べ、深々と頭を下げると乗り合いバスに乗り込み河内を後にした。河内日誌には、「昭和二十一年七月三十一日、水、曇、西川君徳軍曹の遺骨を受領して宮崎に向う。」と記されている。

灰燼に帰した首都東京から遠く離れているとはいえ、終戦直後の日本は、津々浦々まで交通事情は悪化していた。九州の山奥の村から遺骨と遺品を無事東京に持ち帰った今野は、早速家族の許に届けた。昭和十九年の三月十六日に、家族に見送られて以来、二年振りに無言の家族との対面となった。朝鮮海峡で戦死との公報と同時に、白木の箱に入ったわずかばかりの遺骨が届いていたが、両親は、今野が、実際に墜落現場から持ち帰った遺骨と遺品を目の前にして、ようやく最愛の長男義仁の死を認めた。

遺骨とともに、ぼろぼろになった義仁の飛行服や遺品を机の上に並べ、その一つ一つに、やさしく手を差しやりながら、涙をこらえて、長い間、無言の対面を続けた。小学校四年生の仁子と一年生の文子も年の離れた兄との再会を果たした。遺骨や遺品に会えることは、当時の飛行機乗りの宿命として考えられなかっただけに、一層悲しさは深まった。両親と兄弟達は、二度と出会うこともないとあきらめていた義仁の変わり果てた姿に涙した。また、墜落したのが、終戦まで、わずか八日であったことや、墜落した場所が、人目に付く場所であればとも悔やんでも悔やみきれなかった。

長女の光枝が遺品の中で、皮もごわごわに硬くなり変形した航空長靴を手にした時、中からぽろりと小さな骨片が出てきた。義仁の足の指の骨であった。光枝と義仁が、最後に別れたのは、近くの目黒不動に二人で御参りした時であった。

今野は、義仁が最後の時を過ごした佐賀県目達原にも、他の遺品を受け取りに出かけた。義仁の両親は、遺骨や遺品の受け取りを、すべて今野に託していた。

【宮崎県地方世話部担当者から、佐賀に来ていた今野宛ての手紙】

謹　啓

昨日は、遠路御来宮下されましたが不在にて大変御無礼致しました。又、御戦死の現地まで山間地帯を御踏破遊ばしたとか。其の御苦労の程御察し申し上げます。御承知の世相に原住民其他の不親切定めし御心労の事と唯心から御同情申し上げます。

扨て左記者御遺骨は当部係過般田原村長より通知に接するとすぐに同村に出張致し其の詳細を各地方世話部に照会中の所八月初旬貴都現住地なる事判明致しましたので八月十二日東京地方世話部へ当部係員護送致し交付（八月十二日細かく状況を附し）した様な次第です。聞きますれば御遺族は既に受領済と聞きますれば当所より護送致した御遺骨ではないでせうか。右よろしく御遺族様へも御傳へ下さいませ。

重ねて御足労を謝します。乱筆にて右御通知まで

二十一、十一、二十五　佐賀宛電報しましたが御受取でしたでせうか。
左記
故陸軍軍曹　徳義仁殿の件
今野様
二十一、十一、二十五
宮崎地方世話部　池田弘

終戦直後の、大混乱期で、山村の小さな役場と県の地方部や東京都の担当部署との連絡体制も不充分でありながら、徳義仁の遺骨は、とにかく親友の胸に抱かれて両親の元に戻った。徳家では、遺骨をしばらくして多磨霊園に埋葬した。死亡日は、昭和二十年七月二十七日とした。

徳家では、義仁の戦死を信じることができなかった。戦死公報とともに遺骨も届いたが遺品は何もなかった。父の義忠は、各方面に問い合わせた。部隊本部にも問い合わせてみた。

【吉田部隊長からの返信】

徳　義忠　殿
靖第九一〇四部隊軍曹徳義仁殿ノ生死ノ件当部デハ左ノ通リヨリ判リマセンカラ細部ハ部隊長ニ御尋ネニナッテ下サイ
左　記
八月七日壹岐～目達原間航法演習中殉職セラル

部隊長住所
山口縣熊毛郡周防村植松　西岡薫祐方　吉田　穆
福岡縣立高女内　第六航空軍残務整理部

【吉田部隊長からの返信】

拝　復
御芳書拝受　種々御手数御心配をお懸け申し誠に恐縮至極に存じ居り候。

陳者御令息御殉職の件、既に公報せらるべく處理いたし居り候へども聯帯区司令部の業務の関係上遅延し居るものと存じ居り候。

御令息は八月七日夕刻壹岐〜目達原間往復航法演習中午後五時半頃佐賀県目達原飛行場出発壹岐に向はれたる儘、行方不明、未帰還となられ各所に連絡捜索方依頼せしも依然消息不明にて遂に上司に連絡、殉職に決定致し申し候。

猶、当日、小生は大分海軍部隊へ出張中にて直接指導する者は中隊長八代大尉御座候。

思へば徳君は終始至誠一貫、常に下に対しては率先垂範事に当るや烈々たる闘魂を以て果敢断行克くその任を全ふし居られ模範的空中戦士として上下の信頼篤く此処に殉職の報傳はるや一同の悲嘆著大なるもの有之候。

思ひを御遺族の方々に廻らせば何とも御慰めんに術なく胸せまる思ひにその言葉を知らざる有様に御座候。

今や、状況急変し部隊一同徳君の遺志を継がんに術なく無為にその日を送り居り候へども心中には常に徳君存在致しあることを確信致し居り候。

先は右御通知迄。向寒の折、一層の御自愛の程お祈り申し上げ候。

猶、遺品等に関しては小生より中隊長に連絡直接送付せしむる所存に御座候。

十二月十二日

敬具

義仁の父義忠は、鹿児島県奄美大島の出身で、その名が示すとおり厳格で正義感も強く、明治生まれの気骨を持っていた。最愛の長男義仁を失った悲しみを、ずっと一人だけの胸の奥にしまい込み、その後も、家族に義仁からの手紙や墜落した場所も伝えることもなく、ひたすら警察官としての職務に精励し続けた。そして、昭和四十三年五月二十九日、七十四歳でこの世を去った。家族も、義仁の最期について詳しいことは知らされないまま、毎年多磨霊園の墓参で義仁を偲ぶしかなかった。

B-29の大空襲により焦土と化した首都東京も、戦後めざましい復興を遂げ、高度経済成長とともに、もはや戦後は終わったとの池田勇人首相の発言は、昭和三十九年の東京オリンピック開催に象徴された。しかし、肉親を戦争で亡くした遺族に取っては、いつまで経っても戦争は終わらなかった。それは、日本でもアメリカでも同じであった。

（筆者注：河内日誌では、遺品受け取りに来たのは西川と記されているが、第20回平和祈年祭に出席した吉松仁子に確認したところ今野宣雄とのことであった）

第五章　白馬金山

千穂は夢で目が覚めた。不思議な夢であった。今までに見たことのなかった心踊るような夢であった。それは、明治三十年代の子供の頃、母カツに連れられて行った熊野鳴滝神社大祭の夢であった。本殿へと続く長い石段を、上へ下へと、ぞろぞろと大勢の人が歩き、河内の町は、子供の歓声や大人達の浮かれた声があふれ、まさに祭り一色といった感じであった。人ごみの中には、一の鳥居で一緒に製材所を経営していた佐藤庭蔵もいた。一際抜きん出た背の高さで軍服姿のマッカーサーや熊本に駐留していた軍政官ハートマンもいた。ダバオで会った色の浅黒い目の大きな子供達もいた。

千穂は母カツにもらった五銭硬貨を、右手に手が汗ばむ程に握りしめ、あちこちの露店の前を目移りする色とりどりの飴や玩具に見入りながら、左手は母の手をしっかり握って歩いている自分の姿であった。人々は、何かに浮かれたように見えた。

しかし、ふと気がつくと祭りとは、ちょっと違う雰囲気なのである。御神幸行列の神輿や、その前後を歩く余興隊の姿がなかったのである。それでも、各家々の軒先には、どこにも、たくさんの白い幟が下げられていた。その幟には、「祝白馬金山開山」と太い墨で書かれていた。また、「大金脈発見万歳」とも書かれた幟も立てられていた。それにしても、不思議な夢であった。

夢うつつの中で、小さな作業小屋のすぐ裏から聞こえたうぐいすの鳴き声で目を覚まし、夢であったのを知った。小屋の周りは、白々と夜明けを迎え始めようとしていた。千穂は、ようやく我に返ったが、夢が夢でないような気がしてならなかった。今日は、何か良いことが起こりそうな予感に包まれながら、七輪に火を起こし真っ黒に煤けたやかんをその上に乗せた。湯が沸くと洒落たコーヒーカップを、たった一つの水屋から取り出し、戦前、フィリピンのダバオにいた頃味を覚えたネスカフェのコーヒーをスプーンで一杯入れ、やかんから湯を注ぎ、食パン一切れ、黒砂糖、ソーセージに生卵一個による洋風の朝食を一人で済ませた。

少女の頃から農作業と山仕事で長年鍛えた節くれだった手で愛用の乗馬ズボンを穿き、八十二歳らしく十分に折れ曲がった腰に、手ぬぐいを下げ小屋の外に出た。二十四年間掘り続けた白馬金山の入り口付近は、すっかりズリに覆われ、今は、一人で掘り続けているとはいえ、それなりに鉱山の様相を呈していた。千穂はズリ山の上にある一本道を、ゆっくり一歩一歩確かめるように一人で登って行った。あたりの木々は、小さな薄緑色の芽を吹き、たくさんの山桜も緑の中に色を添えていた。

坑口の上に設けられた小さな山の神の祠に、今日一日の作業の無事をお願いすると、狭くて暗い坑道を、ローソクの明かりひとつで進んで行った。所々、天井の岩壁から、水滴が落ち、千穂の曲がった背中を濡らした。この鉱山も掘り始めた頃は、鉱夫も十人程いた。そもそも、千穂が金鉱掘りに着手したのは、ある夜、夢枕に白馬に乗った老人が現われ、この山の中に金の鉱脈があるとのお告げから、全財産を投げ打って掘り始めたことからである。しかし、夢は夢であり、一向に金脈に掘り当たらない現実を目のあたりにした鉱夫達は、いつの間にか一人去り二人去り、今では千穂一人になったのである。

昨日の切り端に近づくと、周りに置いてあるローソク立てに、大きなローソクを立て火を灯けた。気のせいか、ローソクに照らし出された切り端は、あちこちきらきらと輝きそれは、まさに、ダバオで見た南

白馬金山を掘り続ける興梠千穂（写真提供：興梠晃）

洋の満天の空に輝く星のようであり、一の鳥居の作業所で毎晩のように眺めていた手の届くような星空のようでもあった。

千穂は、いつものように慣れた手つきで、岩盤に穴を開け、発破をしかけた。ダイナマイト取扱者の免許も独学で勉強して当時の監督官庁から「女はダメ」と断られたのを、若い時から交流のあった熊本選出の代議士・松野鶴平に頼み込んで取得していた。今日は、この二十四年間掘り続けた中で、今までに見たことのないたくさんのきらめく鉱脈に会えそうな気がしてならなかった。

千穂は節くれだった手で、まるで財宝の入った宝箱を開けるかのように、一人で満面の笑みを含んだ顔でスイッチを押した。

どの位の時間が経ったであろうか。きらきらと輝く黄金の山に囲まれ、まさに極楽浄土とは、このことかと思ったのも束の間、突然、奈落の底に突き落とされた。暗黒の世界の中で、全身を走る強烈な痛みが襲ってきた。激痛に気を失いそうになりながら、千穂は必死で身体を動かそうとしたが、膝から下をどうしても動かすことが出来なかった。膝の上に覆いかぶさった岩を、やっとの思いで取り除き、自分の足に手を、そっと当ててみると、暗闇の中でべっとりと血糊が手に付くのがわかった。

激痛に耐えながら、坑口まで、千穂は、両手だけで這い続けた。八十二歳とはいえ、若い頃、山仕事で鍛えた両腕には、まだ、自分の身体を支えるくらいの筋は残されていた。坑口に出るまで何時間もかかったような気がした。暗黒の世界の中から千穂は両手だけで這い出した。両肘は、擦り傷で血が滲んでいた。

坑口の入り口で、気を失っていたが、しばらくして気を取り戻すと這ったまま命だけでも助けてもらった幸運を感謝し、横になったまま山の神に手を合わせた。再び、両手で這いながら作業小屋までズリ山の中を必死で前進した。ようやく小屋にたどり着いた時は、周りは、もう日暮れを迎えようとしていた。

山から引いた湧水を貯めた甕から柄杓で冷たい水を何杯も飲むと、ようやく落ち着きを取り戻した。水屋まで這い寄り、中から取り出した生卵の頭を囲炉裏の縁で割り、毎朝しているように、しょう油をその穴に少し垂らし、一息に中身を飲み込むと、また少し元気を取り戻したような気がした。若い頃から愛用していた乗馬ズボンを、ようやく座ったまま腰から下ろした。

千穂は、鉱夫達と酒を酌み交わし、興が乗るとある自慢話をいつもして鉱夫達を驚かせていた。それは、五ヶ所の隣村津留の出身で懇意にしていた軍人であった瀬井武一が、終戦後、戦犯に問われ死刑が言い渡され、他に二人の死刑囚の家族からも頼まれ、津留で旅館を経営していた頃、B-29墜落事故の調査や遺骨収集で世話をした熊本在の軍政官ハートマンの添書を携えて、三人の助命嘆願のため、東京のマッカーサーのいる連合国軍総司令部に出向き、元帥に直訴し三人の戦犯は無罪になったという。

マッカーサーと千穂は、通訳を通じて世間話もし、別れ際に、マッカーサーは、「アメリカ兵が大変世話になってありがとう。三人の戦犯は、中国関係の戦犯で何とも言えないが、努力する」と約束し、部屋の出口まで見送り「サヨーナラ」と日本語で別れをのべ握手まで交わしてくれたという。

千穂のこの話の落ちは、さすがの糞度胸の自分も、背の高さが二倍もありそうな、青い目の大君と相対した時だけは、膝小僧が合わない程に、震え続けたと豪快に笑い飛ばし、また盃を重ねるのが常であった。

村人達も、この話は、何度となく聞かされていたが、若い時からの千穂の女傑振りを知っていただけに、誰一人疑う者はいなかった。当時、千穂の年齢は五十一歳であった。

連合国軍最高司令長官マッカーサーに、恩人の戦犯助命嘆願に行った時だけ、ガタガタ震えた右腿は、青黒く腫れ上がっていた。若い頃からの長い山暮らしと動物的本能で、とにかく安静にしてしばらく横になることにした。水屋から取り出したウイスキーの小びんに直接口を付け、一の鳥居の作業所でしていたようにラッパ飲みすると、急に酔いが回り、麻酔効果で痛みもかなりやわらいだ。

そのまま、万年床に潜り込むと、いつの間にか眠りに就いた。また、この前の夢の続きを見た。朝方に仕掛けた発破で露出した岩盤から、眩いばかりに輝く金鉱脈に欣喜雀躍している自分の姿であった。一夜明けて痛みは、かなり引いたが右腿の腫れは、まだ残っていた。

白馬金山は、千穂の生家を取り巻くように囲んでいる山の一隅にあり、生家から二キロ程もないが、電気も電話も引かれておらず、千穂は、一人気ままに、男勝りに生きて来た自分の半生を振り返りつつ最後の夢を再び追い続けていたのである。

村人達も血縁の者達も、千穂が若い時からの生き様と筋金入りの男勝りの性格を良く知っていたので、好奇の目で見ることも、奇行を変人扱いすることもなかった。もちろん金脈を掘り当てることは、さすがの千穂でもあり得ないことは、口にこそ出さないまでも誰もがそう思っていた。

十人近い鉱夫達を雇っていたが、ある年の正月に、千穂は生家を継いでいる従兄の興梠守に、広間を借り鉱夫達と新年の祝いを開いた。当時、小学生だった守の長男晃は、その時の光景を今でも良く覚えている。広間に座った腕に入墨がある者や小指の無い者から、ヒゲ顔で目付きの鋭い男達を前に、千穂は、大盤振舞で酒や肴を十分に用意して、今年こそ金脈を掘り当てると気勢を上げていた。見ただけで腰の引けそうな男達も、千穂には、一目も二目も置きながら、互いに盃を交わしていた。千穂の酒量も減ったとはいえ、かつての武勇談や、これからの夢を語りながら対等に盃を交わしていた。

鉱夫達が、千穂に一目も二目も置いていたのは、当時、現金収入のある仕事も少なかった寒村で、流れ者の鉱夫達を、他の仕事以上の人夫賃で雇い入れ、賃金の払い遅れや未払いは一度も無かったからである。白馬金山は模範事業所でもあった。そんな鉱夫達も、高度経済成長の時代に入ると、全国の建設現場やトンネル掘りの仕事が増え、千穂に恩義を感じながら一人、二人と山を去り始めたが、千穂は、誰一人引き止めることもせず、多めの餞別を与えて送り出した。

鉱山経営者兼採鉱夫として、遂に一人だけになった千穂は、月に数回、この地方特有の竹で編んだ背負いカゴのカルイを、曲がった背に負って麓の町まで買い物に下りて来た。大好物のパンやコーヒーとソーセージを買いカルイに入れて背負い、途中で守の家に立ち寄り、お茶を飲んで、また、白馬金山へと一人で登るのが常であった。生卵は、守が村の農家から仕入れて、様子見を兼ねて時々、届けていた。

ここ数日、千穂のカルイ姿を見かけない守は、少し気になり、生卵を持って作業小屋を訪ねることにした。坑内にいるとばかり思っていた守は、いつものように勝手に入り口の扉を開け、何気なく万年床のふとんに目をやると何かが動いた。千穂が、小さな身を丸めるようにうずくまっていた。慌てて、ふとんをめくると、ようやく頭を上げた。辛そうにはしていたが、顔色にもまだ生気があり、受け答えもしっかりしていたので守も安心した。少し落ち着いて話を聞くと、落盤事故に遭ってから三日間も、このままの状態で床に伏していたことがわかり、改めて千穂の気丈さを知った。

守は、子供の頃、千穂に背負われた記憶はあるが、千穂を背負ったのは、初めてである。一回り小さくなったような千穂を、足の傷に響かないように、まさに腫れ物に触れるように背負うと一歩一歩と山を降りた。その背中の上で、千穂は何度も白馬金山を振り返りながら守に言った。「守よぉー、厄介かけてすまんのぉー。俺もこれで終《しま》えたわい」。「終えた」とは、この地方特有の言い回しで、「すべてが終わった」ことを意味する。たとえば、「あそこの家も終えた」とは、家が遂に途絶えたことを表現している。

守は、生家に着くと縁側にゆっくり座らせ熱いお茶を飲ませた。千穂は、お茶を飲みながら、両親や先祖の仏壇に手を合わせ生家の周りを名残り惜しそうに見回していた。守は、千穂を軽自動車の座席にゆっくりと寝かせ、村の小さな診療所へと向かった。レントゲンも無く、年老いた内科の医師ではお手上げで、すぐに町の中心部にある大きな町立病院に回され、そのまま車で運び込んだ。すぐに外科医の診療を受けたが、幸い骨折は複雑ではなく、全身状態も思った程悪化しておらず、大腿部を大きなギプスで固定したまま入院加療することになった。

千穂は、観念したかのように入院生活を送ることになった。時々、病院に診察に来た村人達が、千穂の入院を知り、顔を出して声を掛けるくらいで、病室の窓から毎日、若かった頃、祖母山麓からフィリピンを舞台に駆け回った日々を思い出すかのようにじっと眺めながら静かに快復を待っていた。

しかし、さすがの千穂も寄る年波には抗えず、大好物も病院食には出ず、徐々に食も細り、自分で自由に動けないことも衰弱を早めた。入院から五カ月が過ぎ、ほぼ寝た切りになり、食事も、いよいよ細くなり、毎日、何かを思い出しているような目で、病室の天井ばかり眺めるようになった。

盆も過ぎ、五ヶ所高原に女郎花が咲き、麓より一足早い秋風が吹き始めた頃、千穂は、病院の一室で唯一の血族である守に見守られて静かに息を引き取った。夢を追い夢に生きた稀代の女傑興梠千穂の波瀾万丈の八十二年の生涯であった。その死顔は、子供の頃母カツに連れられて五銭硬貨を握りしめ、熊野鳴滝神社の大祭に出掛けた時と同じ童女のようでもあった。病院の窓の外にはアキアカネが飛び始めていた。

千穂が唯一残したものは、貯金通帳に残っていた葬式代程の預金だけであった。法要は、守の家で参列する人も少なく静かに営まれた。

白馬金山跡を案内する興梠晃

誰にも真似出来ない見事な千穂の一生であった。千穂の大きな夢をずっと見守ってきた祖母山は、山頂付近から少しずつ秋の気配が漂い始めていた。千穂が終戦直後のB-29墜落の報に、最初に駆け付け、その後も処理を手伝った墜落現場は、わずかな残骸だけを残し、秋を迎えようとしていた。

千穂は、大分県竹田市の正覚寺の小高い丘にある墓地に眠っている。

※この項は昭和五十三年九月四日夕刊デイリー新聞「女傑一代千穂ばあさん」の記事や、千穂の晩年の面倒を見ていた興梠守氏の長男晃氏からの聞き取りと、白馬金山跡の現地調査、関連資料、地元の方々への取材をもとに、筆者が当時の様子を想像しながら書いたものである。

第二部

一九八七年～一九九三年
忘れざる日々

第一章　出会い

親父山

親父山（一六四四メートル）の中腹に広がる標高一二〇〇メートルの四季見原高原は、九月も後半になると、すっかり秋の気配が漂い、高原に吹く風は肌寒くすら感ずるほどである。

その夜は、満月で高原一帯の空気は、そのまま天空まで続いているように澄んでいた。一方、下界に目をやれば、眼下に連なる山々は月明かりで、水墨画のように稜線が浮かびあがっている。山々の間に、点々と民家の明かりが見え、峡谷の多いこの地方の随所にかかる橋の照明灯とその長さから、ほぼ昼間と同様に、おおよその地区は特定できる。その中にある一軒の明かりは、先祖代々この地に住み着いている私の生家の明かりである。

高原の一角で、発情期を迎えた鹿達のピィーッという甲高く物悲しさを感じさせる鳴き声も聞こえてくる。週末のある土曜日、当時勤務していた高千穂町の中心部三田井にある事務所の同僚と、満月を眺めながら酒を飲み、秋の一夜を過ごそうとここまで車で登って来たのである。夜も更け、麓へ降りた同僚以外に残ったのは、私と山歩きの好きなI君だけである。テントに入り、寝袋に包まれて、すぐ近くまで来た鹿のラブコールを聞きながら、いつの間にか夢の世界に入り、夜明け近くに、再び鹿の鳴き声で目が覚めた。高原に吹く朝の風は、一夜でさらに冷たくなった気がした。

今日の予定は、親父山から障子岳（一七〇三メートル）を経て、古祖母山（一六三三メートル）まで足を延ばす中級者向きコースである。私の登山歴は、小学校四年生の時に、両親に連れられて祖母山に登って以来であるが、障子岳の山頂に、かつて、この山で射殺されたツキノワグマの霊を祀る熊塚があることを知ったのは、しばらく経ってからのことである。その頃、通説では九州のツキノワグマは、絶滅したとされていたが、それらしい獣を見かけたとか足跡らしきものを発見したという情報は、生存を信じている山男達のロマンをかき立てた。私もその中の一人で、それらしい情報を耳にすると、現地調査をしたり当人に話を聞きに行ったりして夢を膨らませていた。このことは、地元のマスコミで何度も取り上げられ、テレビ局のスタッフや新聞記者を何度も山へ案内した。しかし、第三者に生存を裏付ける証拠を示すには、その姿を写真に撮ることは当然のことながら、確実な生活痕を発見することにあった。ロマンを追い求める「熊男」達は、必死になって山に入り探し求めたが、決定的な証拠は誰も示せなかった。

私も、「熊男」の一人として、これらの山に分け入っていた。今回の山行も、何らかの痕跡を見つける可能性はないと思いつつ入山することにした。

ツキノワグマのことを、一般的に親しみを込めて「オヤジ」と呼ぶのは、東北地方を中心とした生息数の多い地域でのことである。九州のツキノワグマが「オヤジ」と呼ばれていた事実は確認できていない。それは、以前の捕獲された記録の中でもかなりの間隔があり、生息個体数も極めて少なかったことから、山深い奥地で、ひっそりと生き続けており「オヤジ」と親しみを込めて呼ばれるほど身近な存在ではなく、むしろ先人達には、種の保存の意味から熊は祟りの強い動物として恐れられ、捕獲後は、「熊塚」を建てて、懇ろに祀ってきた。

四季見原高原に続く尾根を登り詰めると親父山にたどり着く。この山名が、熊に因んだものとは思えないが、熊探し仲間にとっては、何とも親しみのある山名である。親父山から障子岳までは、大きな起伏もなく、ブナ林の中をバイケイソウの群落を見ながら、のんびり歩くと三十分も過ぎる頃に障子岳が眼前に近付く。親父山山頂から障子岳に向けて南へ登山道をたどると、このコース唯一の、短いが急な下りがあり小さな鞍部となっている。

鞍部へ下りようとした時、使い古した登山靴の爪先が地面から生えたような硬い一本の棒に当たった。小さな木の株のような弾力と柔らかさはなく、金属性の硬さと響きを感じ、足許に目をやると、泥にまみれた一片の金属片が、片方を地中深く刺したままの状態で埋まっていた。泥を除くと、間違いなく光沢のある金属片で、力づくで引き抜くと、五〇センチ程の自転車のリムを伸ばしたような変型したステンレス製の金属片で、精緻に鋲が打たれ、アルファベットと数字の記号が刻まれていた。

登山道は林道からも遠く、この付近は原生林で、過去に伐採された跡も無く、近くに人工構造物も無いことから、この奥深い山中に眠っていた一片の金属片を手にし、その感触から何となく、無言の訴えのようなものを直感した。

取りあえずザックに押し込み登山を続け、障子岳山頂の熊塚の前で昼食を取りながら、上空高く、九州の中央部に横たわる祖母・傾の稜線をクロスするように飛行するジェット機が作り出した飛行機雲を飽きず眺めていた。低空では、イワツバメも飛び交っていた。

高千穂には、天孫降臨に因む多くの神話や史跡が数多くあり、古代から人々が住み着いていたことを物語っている。古くから民家は茅葺屋根で、その上には、この地方独特の天地根元造りと言われる、〝千木《ちぎ》〟

と呼ばれる人の字型をした木組みが載せられている。

終戦から既に七年が過ぎ、村々もようやく活気を取り戻し、戦後のベビーブームで生まれた子供達の歓声が響き始めていた。周囲の山々の岩肌には、岩つつじが咲き、棚田にもレンゲの花が咲いていた四月も末の三十日の昼前、村人達は一軒の農家の屋根に登り、古くなった茅葺屋根の葺き替え作業を共同で行なっていた。作業を始めて二時間程経った頃、突然、高千穂から延岡へと流れる五ヶ瀬川の支流岩戸川に沿って一番狭くなっている鹿狩戸《かがりど》と呼ばれる渓谷とその上にそびえる大平山（七一〇メートル）の方向から、異様な爆音が聞こえてきた。作業の手を休め、屋根の上から、その方向に目をやると、一機の双胴の小型飛行機が、黒煙を吐きながら喘ぎ喘ぎ上流部に向けて飛行を続けていた。切れ込みの深い渓流沿いの飛行に加え、屋根の上から見た飛行機は、まるで眼の前を横切るようにエンジン音を響かせ、さらに黒煙を吐き続けながら岩戸川の源流部、古祖母山の方向に向かった。それは、終戦前に、古祖母山のはるか上空を銀翼を光らせながら大編隊を組み悠々と飛び、九州本土の主要都市を焼き尽くし、日本の敗戦を決定付けたあの「B-29」とは、明らかに異なる小型の双胴機であった。終戦と同時に、敗戦国日本は、占領軍から、すべての武器を奪われ、誰の目にも、日の丸を付けた日本の軍用機ではないことは明らかだった。

その飛行機は、天の岩戸神社の境内に聳える老杉を大きく揺らせながら、どこかに着陸地を求めるように、祖母山と傾山につながる連山の一番低い鞍部であり古くから豊後と日向の国をつなぐ交通路でもあった、尾平峠（一一二四メートル）を最期の力を振り絞り必死に越えようとしているようでもあった。

機影と爆音は、次第に小さく低くなり、はるか上流部にある尾平峠を何とか越えたものと思えたが、峠の方から鈍い衝突音も聞こえたような気もした。当時、岩戸村役場の若い職員であった佐藤光男（当時二十二歳）は、陸上の選手でもあったことから、峠へと続く細い山道を一〇キロ以上も走り、まだ往時の往還

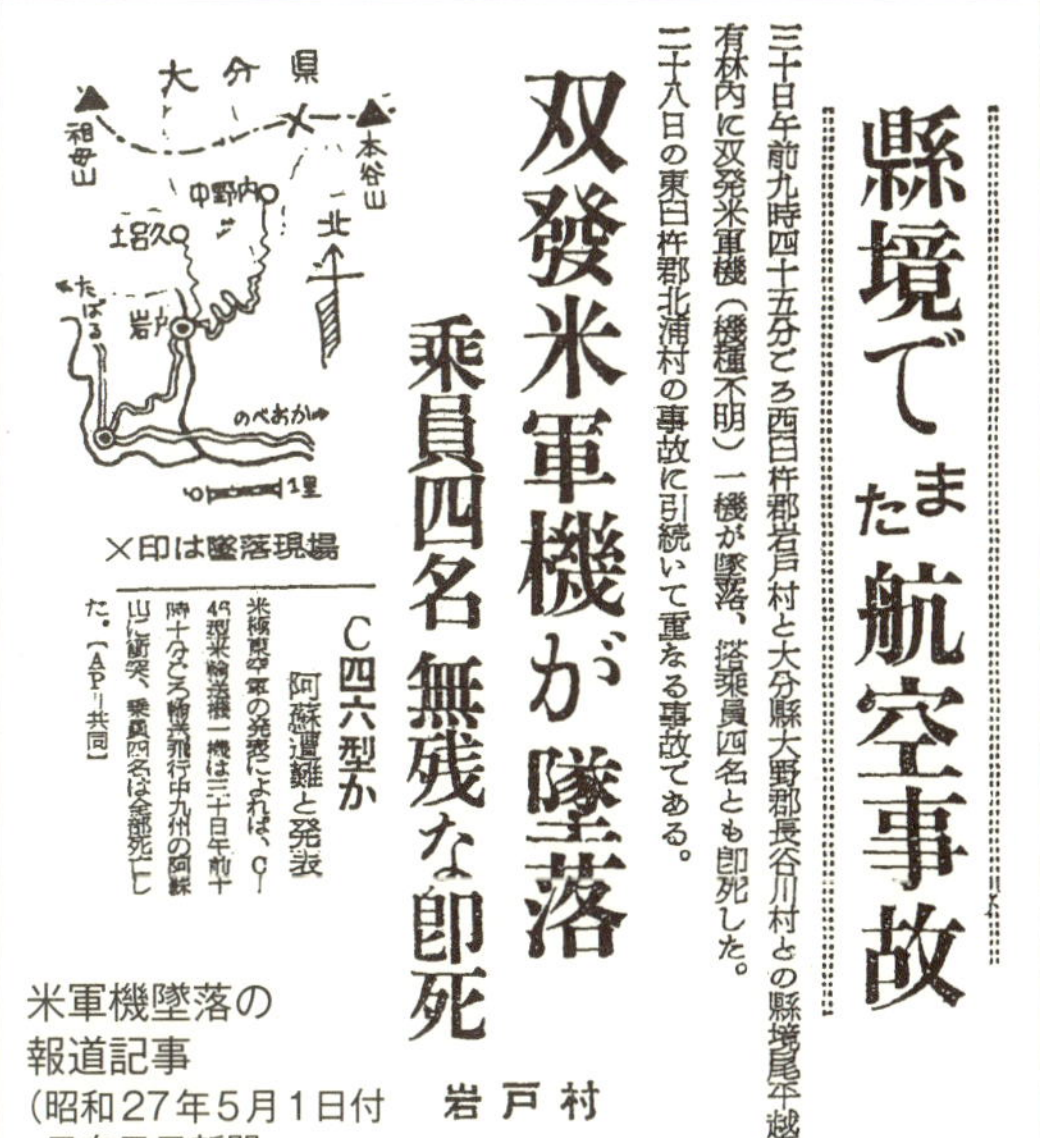
縣境でまた航空事故

三十日午前九時四十五分ごろ西臼杵郡岩戸村と大分縣大野郡長谷川村との縣境尾平越国有林内に双発米軍機（機種不明）一機が墜落、搭乗員四名とも即死した。二十八日の東臼杵郡北浦村の事故に引続いて重なる事故である。

双發米軍機が墜落　乗員四名無残な即死

岩戸村

C四六型か　阿蘇遭難と発表

米極東空軍の発表によれば、C―46型米輸送機一機は三十日午前十時十分ごろ輸送飛行中九州の阿蘇山に衝突、乗員四名は全部死亡した。【AP＝共同】

米軍機墜落の報道記事
（昭和27年5月1日付　日向日日新聞　宮崎日日新聞社提供）

の名残を残す峠へ登った。ようやくたどり着いた峠の大分県側に、無残な機体は、横たわっており、近くに四人の米兵が投げ出され息も絶えていた。遺体の損傷も激しかったが、一人の米兵の剥き出しになった下半身から、黒く焼けただれ大きく膨れ上がったペニスが見えたのが、今でも強く印象に残っている。

その後、何人かの村人も現地に駆け付けたが、程なく、米軍のヘリコプターが到着し、現場の遺体を収容し、残骸は、当時まだ稼業していた尾平鉱山の業者が回収し、この墜落事故のことは、一部の目撃した村人達にはようやく平和を取り戻した頃の事件として残ったが、広く一般に知られることはなかった。

私は、尾平峠の米軍機墜落事故のことは、当時、屋根の葺き替え作業を手伝っていた父から、子供の頃、聞かされていたので、中学生になり、その頃開通した尾平トンネルを訪ねたり、祖母・傾縦走や古祖母山登山で尾平峠を通る度に思い出していた。

親父山で一片の金属片に出会った時、すぐに、この墜落事故のことを思い浮かべたが、位置的にも相当離れており、その関連性を見い出すことが難しかったことが、さらに、私の興味と関心を深めることにつながった。

祖母山系に源を発する多くの支流を集め、豊かな水量を誇る五ヶ瀬川は、その本流に、昭和の初め、日本窒素がいくつもの直営ダムを建設し、その電力を使い、河口部に広がる扇状地に工都延岡を発展させた。耕地面積も少なく農林業以外にほとんど産業のない近郷の村々から、農家の子弟や子女を豊富な労働力として集め、戦前から戦中にかけては軍需産業の一翼を担い、戦後は、旭化成として繊維産業を中心に、我が国の高度経済成長を支え続けてきた。それだけに、戦争末期の昭和二十年(一九四五)六月二十九日と八月五日には、米軍の標的とされ、B-29の大空襲を受け、焼失世帯三、七六五戸、罹災人口一五、二三三人、即死者三一九人に、行方不明者八人という未曽有の大被害を受けた歴史もある。

市の人口の約三分の一以上が、旭化成に関係し、旭化成がくしゃみをすれば、延岡は風邪を引くとまで言われるほどであった。しかし、高度経済成長も終わると、主要都市からの交通アクセスの不便さや主要部門であった繊維産業の国外依存化により、主力工場がアクセスの良い地方へ移転したことなどにより、他の地方都市にある工業地帯の例に漏れず、労働者人口関連産業も激減し、往時の活気は無くなり、かつて大量の物資も人も輸送する拠点であった延岡駅周辺は、店舗の郊外移転や閉店により、すっかり往時の面影は消えている。

延岡駅近くの小高い丘には、日本一の御大師様の銅像が、工都延岡の最盛期であった昭和三十二年に建立され、古くからあった今山神社の門前町的に栄えた山下銀天街は、当時は休日ともなれば、近郷から多くの参拝者や買い物客が集まりアーケードの下には人があふれていた。しかし、今では、その面影は、すっかり消え、ほとんどがシャッターを閉じ、猫も歩いていないほど寂しい通りになっている。

その中にあって、往時のままに営業を続けている一軒の古書店がある。延岡市自体が内藤藩の城下町であったことや、旭化成全盛時代に全国から優秀な社員が集まっていたことにも拠るのであろうか、郷土史や地方では珍しい古書類も並んでおり、静かに往時のままで営業を続けている。転勤族として延岡市に住んでいたある日、自転車で、ふとこの古書店に立入り、誰も他の客もいない店内で、以前から興味のあった郷土史関連の古書が並んだ棚で、ある一冊の本を手にした。

戦後の困難な時代をたくましく生き抜いた県内の開拓者達の血の滲むような苦労話を集めた『大地に爪する想い　戦中戦後の開拓の記録』（創価学会青年部反戦出版委員会　第三文明社　昭和五十七年八月十五日発行）である。目次に目を通しただけでも、当時の開拓者達の想像を絶する日々と悲哀が切実に伝わってくる。その中にあった一つの寄稿者の住所は、高千穂町五ヶ所で、内容は「B-29墜落」であった。

五ヶ所は、祖母山の登山口にある村で、親父山へも尾根はつながっている。すぐに、親父山で拾ったあの金属片のことが脳裏に浮かび、本文に急いで目を通すと、内容はまさにそのことであった。偶然の不思議な出会いであり、親父山で出会った一片の金属片が、私に語りかけるかのように、当時の生々しい出来事が詳しく書かれていた。

これから始まる長い長い物語の事始めとして、少し長くなるが、全文をそのまま引用することにする。

〝B-29墜落〟

甲斐　秀國（農業　五十三歳）

ゴーッ。ズガーン。ズババババン。隣県大分の尾平坑山を見おろす古祖母の九合目あたり、五メートル先も視界のきかない深い霧の中で、ものすごい爆音と銃声が朝の静けさを破った。昭和二十年八月、終戦の日から数日後の午前七時頃の出来事であった。

標高千四百メートルを越える山中は、真夏でも肌寒い。山頂付近の樹齢数百年にのぼる巨木はなぎ倒され、一面の焼け野原。あたりには機体の破片や四畳半の部屋ほどもある巨大な四つのエンジンが散乱。

アメリカ兵十数人の死体。そして何よりも目を奪われたのは、足もとに転がっている缶詰などの食糧であった。低空を飛行中のB-29が山に接触し、そのまま古祖母に激突。近くには着陸できるような場所などなく、後からきた米軍機がパラシュートで付近に救援物資を投下していったのであった。

終戦当時の誰も彼も食糧に不自由していた食糧難の時代のことだったから、空腹をかかえ、蟻の子が蟻塚を目指すように、熊本、大分からも噂を聞きつけて集まってきた。私の村からも一人行き、二人出かけ「缶詰があった」といえば、次の日から仕事もそこそこに、村人総出で、男も女も片道四時間の道のりを苦にもせず、腰まで水につかって川を渡り、山を越え、泥まみれになって食糧捜しに出かけた。着いてみると、毎日一〇〇人もの人びとがやってきては、かつえた犬が餌を奪い合うように、目の色を変えている。側には、初めて見るアメリカ人の死体がころがっていた。死体を恐ろしいとは思うものの、食べ物の魅力には勝てず、恐ろしさも忘れて、いつか缶詰め捜しに夢中になっていた。

缶詰めのほかにガム、タバコ、救命ボート、落下傘、果ては機内の電線にいたるまで、食べられるもの、使えそうなものは全部持って帰った。初めて口にしたガムは、かんだ後ゴクリと飲み込む始末。缶切りなどなかったので、鎌の先をひっかけたり、ナタを使って十の字に切り開く。缶詰めの中は、菓子やコーヒー、角砂糖、ビスケットなどの珍しい物ばかりであった。食糧がなくなると、救命ボートも引き裂き、奪い合って持って帰った。米軍の落下傘の布やひもは非常に丈夫で、服にするとやぶれることはなかった。飛行機のタイヤに目をつけ、これを切り取ってぞうりを作る人もいる。

この食糧捜しは三カ月ほども続いた。二週間ほどで食糧は跡形もなく取りつくされたにもかかわらず、三カ月間も山へ通う人びとは跡を絶たなかったのだ。――「家へ帰っても、どうせ食べる物はありゃせんのだから」――この執念深さは、当時の食糧事情をよく物語っていると思う。

アメリカ兵の死体は墜落の二、三日後に、当時、警察の管轄下にあった警防団の手で葬られた。団員だった私も埋める作業をしたが、中には足がからだから離れているものや、腹部が中断していて内蔵に蛆のわいている死体もあった。数カ月後、アメリカ陸軍のジープが遺体収容にやってきた。戦時中は「鬼畜米英！」と教え込まれ、自分もそう信じ込んでいた。しかし、米兵が墜落現場付近の土をふるって、亡くなった兵士の髪の毛一本をさえ異国の地に残すまいとする姿に触れて、当時十六歳だった私はそれまで抱いていたアメリカ人に対する考えを一遍に打ちこわされてしまう思いがした。恥かしい話であるが、缶詰め捜しにきて、ブルーの瞳で金髪の米兵の死体を見つけては「こりゃ男じゃろかい、女じゃろかい」と、ズボンをはぎ取って見る者もいたのである。本来なら、同じ人間として丁重に葬ってやるべきだったであろうに、戦争は、そんな人間らしさをも私たちから奪いとってしまったのであった。

私の家は西臼杵郡の五ケ所という山村にあり、父母と姉、私、妹二人に弟二人の八人家族だった。家には馬一頭とわずかな畑があり、畑にはとうきびを作っていた。父は馬を使って熊本、田原間で馬車ひきの運送業をしていた。しかし、私が尋常高等小学校六年のときに馬が死んで、三十五年間続けた馬車ひきをやめることになった。畑からの収穫だけでは、とても家族は食べていけず、そこで、地主から二反の土地を借り入れて小作を始めた。

牛馬もなく手鍬で耕した土地からとれた穀物も、半分は地主に取り立てられ、子供心にも「せっかく作ったのに、こんなにたくさん持っていかれて……。全部とりたい」と、なんともくやしく、情ない思いをした。その上、収穫に対して一定の供出の割合が決まっており、不作の年は特に、食べていくのに大変な思いをした。

追加のとうきびなどの供出があり、村ごとに不足分の割り当てがまわってきたが、最後の数俵をどの家が負担するかということになると、皆口を閉ざしてしまい、いっこうに、常会の話し合いは進まない。午前三時～四時から空が白み始めるまで続いたこともあった。農家であれば多少の備蓄もあろうというのに、私の家にはそれさえ残らず、一日一日、家族が食べていくのが精いっぱいであった。「畑がほしい、土地がほしい」そんな思いが私を百姓へ、開拓へと駆り立てたのである。

昭和十七年、私が十三歳のときに、私の家では福岡の地主から三、四町の山林の管理をまかせられた。管理をするかたわらで、私たちは杉の育たない造林に不向きな土地を選び、早速、開墾を始めた。土地といっても、やぶや雑木のおい繁った荒地で、そのままでは何も植えることはできない。父や私のすぐ下の弟の手も借りて鍬一本で木の株を掘り返した。牛や馬もなく、農機具といえば鍬だけなのである。一日の仕事を日暮れに終えて家に帰るとからだはクタクタであった。

耕した土地はひどいやせ地であったが、入れる肥料もなかった。そこで、火をつけ、焼畑にした。とうきび、小豆、サツマイモ、あわ、そば、麦、陸稲などを植えたが、陸稲は途中で枯れてしまったり、育ちが悪かったりで、思うようにいかないので、雑穀を中心に作るようになった。早朝から日没まで開墾や農作業の連続で、手はまめだらけ。昼過ぎに母と二人で麦つきをする間が唯一の休みであった。手を休めることは飢えることだった。からをかぶった麦を八〇〇回もつくと、ようやく荒皮がとれて、何とか食べられるようになった。夕飯には、昼休みについたその麦が雑すいとなって空腹をしのぐのだった。来年用にとっておいたそばの種も、割って食べなければ、明日食べる物にもことかいていた。

家族八人が食べていくために無我夢中で耕し、作った穀物も、やっと芽が出たと喜んだのもつかの間。次の朝には、きれいに猪にやられていることもたびたびであった。そんな生活の中で供出があるのは、大変な負担であった。「戦争さえなければ……」そんな思いが頭をかすめたのも一度や二度ではない。しかし、愚痴をこぼしてもおられなかった。一家の働き手の一人として、私の肩にはズッシリと、家族八人をやしなっていかねばならない責任がのしかかっていたのである。

一日の食事はジャガイモをさいの目に刻んだものや、あらびきしたとうきびや大麦の雑すい。ひいてできたとうきびの粉を集めては水を加えてだんごにし、平たく伸ばしていろりの端で焼いて食べていた。中に入れるあんなどはなく、カライモが少し中に入っていれば当時としては上等であった。とっておいた米は病人用の非常用のもので、ふだんは手をつけることはできなかった。

開拓の仕事は重労働のため空腹がからだにこたえ、カライモのつる、カボチャの茎、観音草という草、すびらという固い根を三時間も煮たものなど、とにかく、食べられると聞けばとってきて全部食べていた。食べ物には敏感な時代であったから、「あの家には、隠し米がある」という噂でもたてば、警察がとんでいき、家の四方に見張りを立て猫の子一匹逃さぬようにして家捜しをするというありさまであった。

偏った食事のため、農作業に出ても力が入らず、手足に傷ができると、これが何週間も治らない。ちょっとした切り傷でもあると、火傷のように赤くはれ上ってしまうのである。軍隊で盲腸の患者が出ると、数人がかりで押えつけ、手足が動かないようにして麻酔もかけないまま手術をしていたというから、私たちがつける薬などあろうはずがない。

傷があるときに青いとうきびなどを食べると傷口が膿を持ってしまい、その膿がからだにつくと、そこにまた傷ができてしまうのである。傷口の汁がついて衣服はガバガバ。固い繊維でできた粗末な下着も着換えが少ないので一週間は辛抱して着たが、汗とアンモニアの悪臭が鼻をつき、我慢できるものではなかった。

また当時は開拓の重労働と空腹に加えて、シラミに悩まされた。からだといわず、衣服といわずシラミがひっついていて、たき火の上でバタバタと衣服をふるうと、バチバチとシラミの焼ける音がする。衣服の内側の縫い目が白くなっているのでよく見ると、汚れではなく、シラミが縫い目に頭をつっ込んでビッシリと並んでいる。爪でこれをつぶしていくと、バチバチと腹のはじける音がして、爪には血がベッタリとついてしまう。

頭に傷ができると傷口の汁を吸いにシラミが集まり、シラミはあちこちをはい廻るので汁がついて、体じゅう傷だらけ。傷口は髪の毛といっしょに固まってガバガバ。夜はシラミに血を吸われ、かゆさのために眠りきれず、寝がえりを打たない夜はなかった。からだ中をボリボリかくので、肌はいつもガサガサであった。学校に行くと、床からシラミが足をはい上ってくる始末だった。

シラミから解放されるのは週に一回風呂に入るときぐらいだった。風呂といっても、汚れやコケが水面を覆っていて、お湯は見えない。お湯をかぶると、反対にからだがよごれてしまうのである。こんな状態はＤＤＴが出まわるまで続いた。

終戦後も食糧事情は悪く、牛泥棒やとうきびあらしが相次いだ。冬場のために食糧を土の中に埋めておけば、夜のうちに盗まれてしまうのである。その頃から畑には夜ごとに鎌を持った見張りが立つようになり、泥棒と間違えられると危険なので、夜はうかつに外も歩けなくなってしまった。

「米の食える農業になってから嫁をもらおう」――これが私の夢だったが、畑の少なかった我が家では開拓が唯一の生き伸びる道で、昭和二十六年に妻を迎えたときにも、翌日だけ仕事を休んだだけで、翌々日は早朝から妻も一緒に仕事に出かけなければならなかった。米飯が食卓を飾るようになったのは、昭和四十年からのことであった。

戦時中、また終戦当時は、何とか生き伸びようという気持ちで精一杯だったが、苦しい生活の中で、

若い頃の甲斐秀國と家族
（昭和33年撮影　写真提供 房夫）

生きることへの執着は不思議に強まるばかりであった。農家でさえこうだったから、町場の方々は大変な生活であったろうと思う。

　戦争中の苦しみを全部は思い出すことはできないし、思い出したくもない。もう戦争はこりごりである。繰り返したくない。

（筆者注：古祖母は親父山の誤認）
◇昭和十七年、福岡の地主から四ヘクタールの山林の管理をまかせられる。そのうち、五ケ所の自宅付近の二ヘクタールの荒地を開拓。現在、畜産のかたわら椎茸、飼料作物（一五〇アール）の栽培。西臼杵郡高千穂町五ケ所在住。

情報収集

親父山の山中で手にした一片の金属片は、ほぼ間違いなく、かつての米空軍戦略爆撃機「B-29」のものであることはわかった。しかし、一体、いつ、何の目的で飛行していた米軍機が、しかも、終戦後に、何が原因で山深い山中に墜落したのだろうか。生存者はいなかったのか。乗組員が墜死したとすれば、遺体はどこに埋葬されたのか。遺族は、この事実を知っているのであろうか、と次々にいろいろのことを想像した。

　私は、この周辺山域はよく歩いており比較的、山に関する諸々の情報は入手していたつもりではあったが、この件に関しては、まったく初耳であった。一体、墜落事故の全容は、何だったのだろうか。そんな疑問と好奇心とが、突然湧き上がってきた。もしかしたら、終戦直後のことで、いわゆる「歴史のブランク」として埋もれてしまっているのではないだろうか。そう考えると余計に、誰かが早く調べて記録に残さなければ、異国の山中に散ったであろう乗組員達は浮かばれないのではないだろうか……。そんな思いが、徐々に、私の中に湧き始めたのである。

元来、好奇心旺盛な私は、何としても、この事実を調べ上げたいと思い、早速、情報収集に取りかかったが、何分にも、終戦直後の大混乱時期の、しかも山深い所で、直接目撃した者も皆無であろう出来事で、調査は予想以上に進まなかった。墜落地点と思われる場所が、行政区分上、私の生家のある地域と異なっていたこともあり、調査範囲を、ずっと拡大することにし、さっそく聞き取り調査から開始したが、唯一の「証拠物件」の一片の金属片と「終戦直後の雨の日」との二つだけの情報を頼りに、一介の刑事になったような心境で「捜査」を開始した。

現在も残る旧田原村役場庁舎（昭和２年建設）

旧田原村職員

偶然にも、予想以上に早く「捜査線上」に、参考となる重要証人が現われた。私の勤務する職場に嘱託職員として籍を置いていた旧田原村役場職員であった。高千穂町と合併後、高千穂町役場の会計課長を最後に退職し、県が行う農道や農業用用水路関係工事の用地買収に係る土地登記関係の調査のために嘱託として勤務していた安在計時である。氏は、昭和二十四年に旧田原村役場に入り、直接墜落現場には行った経験はないものの、当時の役場関係者に、いろいろと当たってくれた。もちろん『大地に爪する想い』の甲斐秀國には直接取材したが、引用文中の内容に付け加える具体的な事実はなかった。

戦後四十五年が過ぎようとしている時期に、当時の関係者は、ほとんどが他界していた。また、生存している者も高齢で、記憶もおぼろげで、具体的な証言を得ることはできなかったが、間違いなく終戦直後、米軍機、しかも「B-29」が墜落したのは事実で、搭乗員全員が死亡していたことに加え、その飛行機には、大量の食糧品が積んであったことも事実であったことが判明した。安在も、その食糧の一部であったバターを、しばらく役場で「焼きうどん」を作るのに重宝した記憶を持っていた。

しかし、やはり、終戦直後に、山深い場所で起きたことや、当時、現地に向かった者がほとんど生存していないことに加え、最大の難問は、この飛行機の持ち主が、戦勝国アメリカであったことから、地元からこれ以上の具体的な詳しい情報を集めるのは、不可能との結論に達した。

当然のことながら、公式に記録された書類等が残っているとも考えられず、具体的な事実確認までには至らなかった。地元の駐在所で若い警察官に記録の保管について尋ねてみたり、航空自衛隊新田原基地に問い合わせてもみたが、まったく相手にもされずに虚しい思いを続けた。しかし、このことが、むしろ、私の好奇心に、ますます火を点ける結果となった。そして、幸運にも、その後、数々の糸口にたどり着き、その先に、また、次々と新たなドラマも眠っていたのである。

キャンプ・モンタナ

調査を始めた当時、私は延岡市から国道二一八号線を通り片道約五十キロの道を自家用車で勤務先まで通勤していた。沿線の四季折々に変化する山里の風景を眺めながらの運転は、車が渋滞することもなく実に快適であった。ある日、途中の日之影町を通過していた時、見晴らしの良いクヌギ林の一角に小さな手作りの家が建ち始めた。それは、間伐材の丸太を地面から立ち上げただけの粗末な家であり、見るからに地元の者ではない一人の髭を生やした中年の男が、せっせとチェンソーを手に大工仕事に精を出していた。

こんな所に、いったい誰が住み着くのだろうと興味津々で、しばらく、興味はあるものの横目に見ながら通っていたが、ほぼ家の原型が完成し、時々、煙突から煙が立ち上るようになった。物珍しさに一度尋ねてみることに決め、思い切って立ち寄ってみた。もさもさの髪に髭を生やした風貌の男は、私の来訪を歓迎してくれ、あれこれ身の上話や、彼が見たこの地域の印象などについて、遠慮のない意見を入れながら何かと話してくれた。一見近付き難いような風貌ではあるが、自分の信念や意見をはっきりと述べる男であった。その後、私も時々、差し入れを持って行ったり、子供を連れて一緒にキャンプや山登りをしながら、縁を深めるようになった。

彼の名は、友金厚といい、彼のその家は「キャンプ・モンタナ」と言った。彼はずっと、アメリカで暮らし、各種の職を転々とし、ボランティアとして米軍にも籍を置いたこともあるという変わり種であった。考え方や行動のパターンは、まったくアメリカ的であった。いろいろと話をしているうちに、親父山の「B-29」墜落事故の話に及んだ。彼は、私のこの話には特に熱心に聞き入り、かつての兵士としての経験から、米国の関係者とのコンタクトを約束してくれたのである。出会って日も浅く、彼からの情報提供を半信半疑で待つことにした。

米国へのコンタクトを取るために、少しでも詳しい情報を得ようと思い、以前にも増して聞き取り調査に精を出した。古いフィルムカメラに手帳と鉛筆を愛車いすず「ビッグホーン」に積み込み、休日に走り回った。そして、現地に入る時は、いつも安在を訪ねた。彼は、誠実で几帳面な性格から、その都度いくつかの情報を入手してくれていたが、「終戦直後に墜落したこと」と「大量の食糧が積んであったこと」という二つの情報から、なかなか前に進むことはできなかった。

しかし、彼から、別の興味ある情報を入手したのは、平成二年（一九九〇）二月十一日建国記念日のことであった。それは、「B-29」が墜落した同じ年の秋に、河内の北東にある小河内山中に、旧日本軍の戦闘機が墜落しているのが発見され、一人の搭乗員の遺体が近くにあり、その遺骨は河内の軍人墓地に埋葬されているとの、まったく初めて耳にする情報であった。

私は、自分勝手にこの日米の二機は、あるいは壮絶な空中戦を演じ、共にこの付近の山中に墜落したのではと、ふと思ったりもしたが、「B-29墜落」は、すべての調査から終戦直後ということで一致している。では、この日本機も一体、何時、何の原因で墜落したのか。そして搭乗員は誰であったのか。まったく「B-29」の事例と同じ条件になってしまった。

その日から期せずして日米二機の軍用機の謎を追うことになったのである。私の心の中には、異国や異郷の地に散った日米両国の搭乗員に対する同情の気持ちが次第に湧いてきた。そして、このことを最後まで調べ上げ供養するのは、偶然にも親父山山中で、一片の金属片に出会った一人の山男に与えられた「使命」でもあるような気がしてならなかった。それは、子供の頃から登り続けていた祖母山の山霊が、私に命じているような気さえしてきた。

安在は、日本機の搭乗員の遺骨が埋葬されているという、村はずれの小高い丘にある軍人墓地を案内し

河内の軍人墓地とそこにある徳義仁の墓（右側面）

てくれた。河内バス停留所近くの雑貨屋「やまと屋」脇の細い道を、西地区に向けて少し登り、急な坂道を鋭角に折り返し、大きなケヤキの木がある狭い切り通しを抜けると、そこが軍人墓地である。奉霊殿が中央にあり、その両側に二百柱ほどの形も大きさも同じ墓が、整然と並んでいる。それぞれには、外地で戦死したり、本土の病院や自宅で戦病死した若い兵士達の名が刻まれている。

安在は、一番奥まった所にあるひとつの墓に、私を案内した。墓碑にははっきりと、「昭和二十年七月二十七日小河内山中ニテ航空事故ニヨリ殉職　陸軍軍曹　徳義仁墓」と刻まれていた（グラビア及び一三六ページ参照）。長い間、地元の役場に勤務した安在も、この墓の主は、東京の出身であることと、今まで一度も遺族が墓参に訪れたことがないこと、地元ではトクヨシさんの墓と呼ばれていること以外に、詳しいことは何も知らなかった。私は、墓前に静かに手を合わせながら不思議な出会いが始まったような気がした。

ターボチャージャー

平成二年（一九九〇）五月二十日、私は「B-29」の墜落現場を詳細に確認するために、山仲間の松田正利と延岡市にある夕刊デイリー新聞社の記者片伯部昌彦の三人で現地に向かった。さっそく前年秋に、金属片を発見した地点から沢を下りることにした。スズ竹を分けながら十五分も降り、登山道を少しはずれると人も足を踏み入れない自然林が残っているガレ場に出た。その付近は、心なしか大きな木がなかった。もちろん大きな機体が横たわっていないことはわかっていたが、何らかの「痕跡」はないものかと、付近をあちこち捜し回った。

「痕跡」は、すぐに発見された。足元に小さな布切れのようなものが、いくつか見つかった。手に取ってみると、それはグラスファイバーであった。さすがに、無敵を誇った「B-29」の防弾性能の高さを窺わせる代物であった。その他にも電線のコードや小さな部品とともにゴムが多く使われた部品が見つかった。ここが、墜落地点にほぼ間違いないと判断した。

さらに、周辺を捜し回っていた時に、ふと、かなり大きな部品が目に付いた。排気口に歯車のついた回転軸が組み込まれた一抱えもある重そうな部品は、かなり精密な構造になっており、それが、何かを判断するには時間がかかったが、飛行機に詳しい片伯部の意見で、「ターボチャージャー」らしいと判断した。高々度を対空砲火をものともせずに悠々と飛行していた「超・空の要塞」の心臓部である。初めて見た「B-29」のいくつかの部品を直接手にしただけで、素人でも、当時のアメリカの航空技術レベルの高さを知ることができた。

この「ターボチャージャー」は、登山道まで何とかして担ぎ上げ、七月に計画している私が主宰する自然観察会の時に、仲間と担ぎ降ろすことにした。わずか二百メートル足らずの距離を、三十キロ以上もある不正形の部品をスズ竹を分けて足場を固めながら担ぎ上げるのは容易ではなかった。汗だらけになり三人で必死に担ぎ上げたのである。これで、墜落地点は、ほぼ特定できた。

調査は一歩進んだが、しばらくの間、これ以上具体的な情報を入手することなく時は過ぎていった。

第一回目の現地調査後、さっそく片伯部の勤務する新聞社の高千穂支局を通じて、甲斐秀國の取材と報道（平成二年五月二十二日付）を行ったが、『大地に爪する想い』に書かれていた記事の内容をさらに超えた具体的な追加情報は得られなかった。

遺体収容には、五ヶ所地区の若者が中心に当たったこともわかった。彼の話から、墜落の日を、昭和二十年八月二十一日と推定した。七月中旬に行った親父山周辺での自然観察会で、墜落現場近くの登山道に、このことを書いた手作りの小さな木製の慰霊柱を建てた。

その時に合わせて、ターボチャージャーは、仲間で交替で担ぎ降ろし、高千穂町の歴史民俗資料館に寄贈した。この三十キロ近い部品を、ほとんど一人で背負って山を下りたのは、九州のツキノワグマ調査のパイオニアでもあり登山家でもある延岡市の猪須克巳であった。七十歳を過ぎた彼とは、幾度となく山行を共にしたが、シベリア抑留の体験を持つだけに、強靱な体力と精神力に加え、子供のような純粋な心とロマンあふれる山男であった。

米空軍歴史研究所

通勤の帰路、よく訪ねていた友金にも、私の現地調査で判明した事実を伝えるとともに、異国の地に散った搭乗員のために慰霊碑を建てたい旨を相談したところ、彼は心から賛同してくれ、全面的な協力を申し出てくれた。すぐに、かつての知人がいるという米軍の横田基地に、直接電話連絡を取り、米国における連絡先を調べてくれた。そして、平成二年六月に、横田基地から紹介されたアラバマ州にある「米空軍

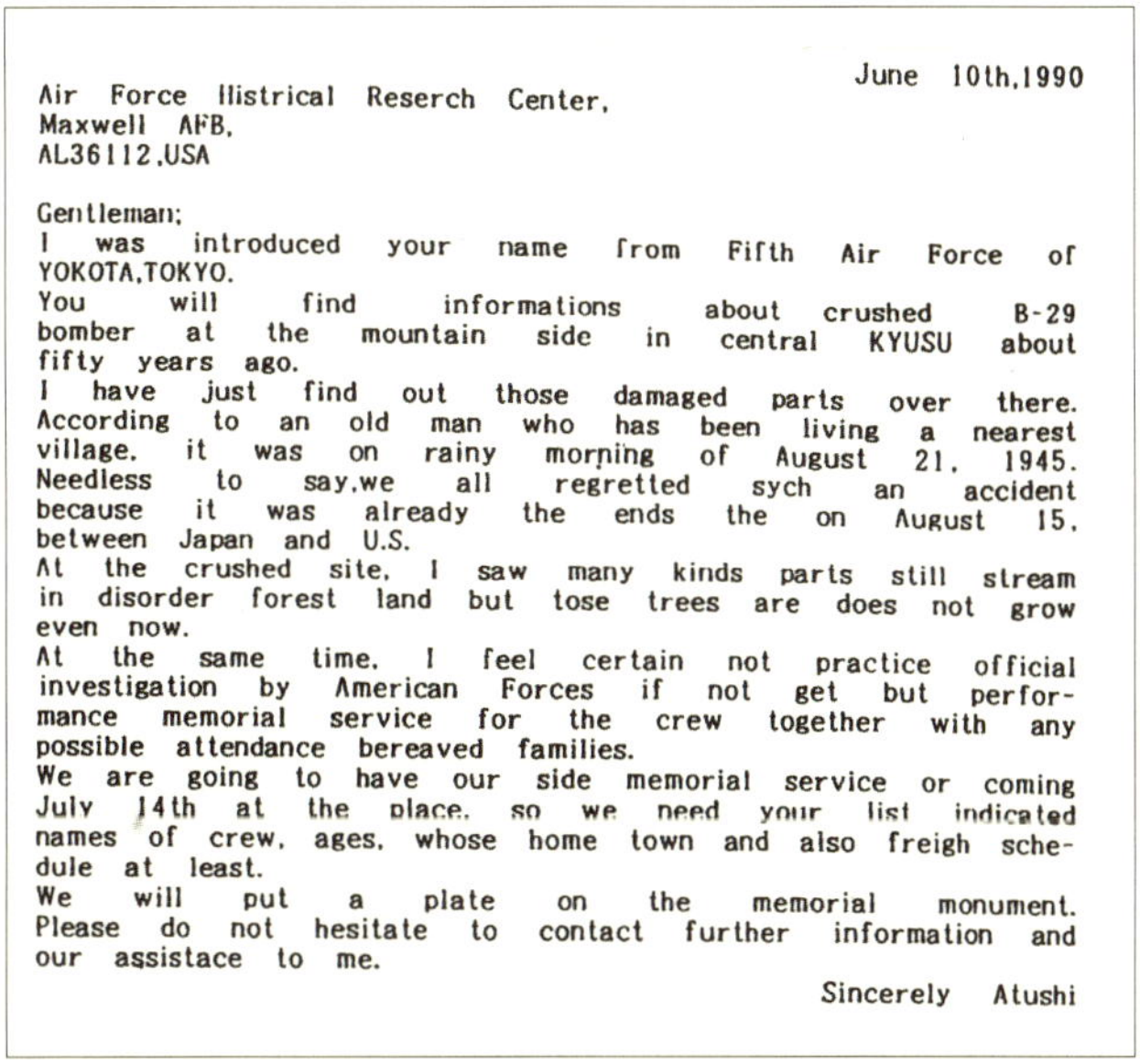
June 10th,1990

Air Force Histrical Reserch Center,
Maxwell AFB,
AL36112,USA

Gentleman;
I was introduced your name from Fifth Air Force of YOKOTA,TOKYO.
You will find informations about crushed B-29 bomber at the mountain side in central KYUSU about fifty years ago.
I have just find out those damaged parts over there.
According to an old man who has been living a nearest village, it was on rainy morning of August 21, 1945.
Needless to say,we all regretted sych an accident because it was already the ends the on August 15, between Japan and U.S.
At the crushed site, I saw many kinds parts still stream in disorder forest land but tose trees are does not grow even now.
At the same time, I feel certain not practice official investigation by American Forces if not get but performance memorial service for the crew together with any possible attendance bereaved families.
We are going to have our side memorial service or coming July 14th at the place, so we need your list indicated names of crew, ages, whose home town and also freigh schedule at least.
We will put a plate on the memorial monument.
Please do not hesitate to contact further information and our assistance to me.

Sincerely Atushi

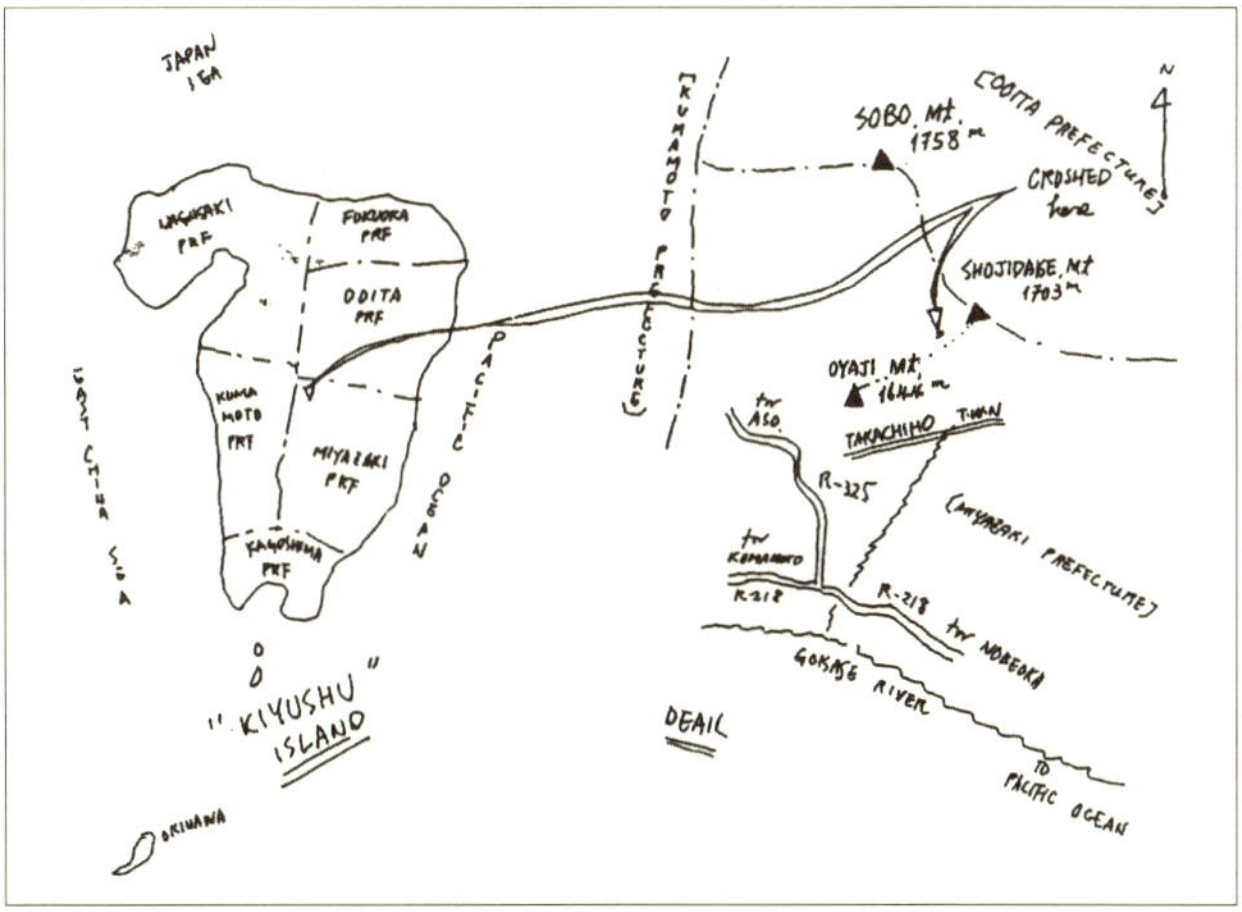

1990年6月10日付 友金からの問い合わせの手紙と添付の地図

歴史研究所」に、彼に代筆してもらい、右のような手紙を地図とともに送った。墜落日時は、取りあえず、八月二十一日とした。

私の気持ちが、アメリカまで届くものかと不安と期待を持ちながら、時々、彼の住んでいる「キャンプ・モンタナ」を通勤の帰りに訪ねていた。梅雨も明けようとしていたある日の夕方、彼は一通の国際郵便を手にして私を待っていた。それは、一八二ページのような内容の手紙であった。第一回目のアメリカ

DEPARTMENT OF THE AIR FORCE
HEADQUARTERS UNITED STATES AIR FORCE HISTORICAL RESEARCH CENTER
MAXWELL AIR FORCE BASE, ALABAMA 36112-6678

Atushi Tomokane
2760 Hinokage, Nishiusuki
Miyazaki 882-04
Japan

29 June 1990

Ref: 90/U-1196.jhk

Dear Mr Tomokane

Thank you for your letter of June 1990 concerning the crash of a B-29 on central Kyushu island on 21 August 1945.

The Historical Research Center has not been able to locate any facts about this crash. We cannot locate a Missing Aircrew Report for a B-29 on 21 August 1945, and the USAF Inspection and Safety Center has not been able to find an accident report for a B-29 which fits the circumstances you describe.

We regret very much our lack of success with your request, and we ask that you reconfirm the date of the crash, if possible, and contact us again. Our research is largely dependent upon a reliable date for accidents or crashes, and having a confirmed date will help us locate the information you desire.

If we can be of further assistance, please do not hesitate to contact us.

Sincerely

James H. Kitchens, III

JAMES H. KITCHENS, III, Ph.D.
Archivist
Inquiries Division

1990年6月29日付 キッチンズ博士からの手紙

とのコンタクトでは、「B-29」墜落の事実を確認することはできなかった。日付については確実なものではないものの終戦直後という事実から、何らかの情報は得られるものと期待していた我々にとっては、残念な報告であった。しかし、文面から、引き続き何らかの情報は期待できると思い、正確な墜落日時の確認に努めたが、その日時を特定する資料や証言を入手することはできなかった。

季節は九月となり秋の気配が一段と漂い始めた頃、友金から勤務先に、帰りに「キャンプ・モンタナ」に立ち寄るように電話があった。さっそく立ち寄ってみると彼は、一通の国際郵便を手にして私を待っていた。それは、八月二十二日付の「米空軍歴史研究所」のジェームス・H・キッチンズ博士からの手紙であった。その手紙には、次ページのように書いてあった。

さらに、八月二十三日付で、バージニア州にある別の陸軍の部署から詳細な情報が届いた。それは十一枚に及ぶものであった（一八四～一九三ページ）。その内容は、墜落事故の全容が具体的に書かれていた。現地調査に当たった日本人の名前や日時が細かく書かれたファイルも同封されていた。その中の「搭乗員の死体検死結果及び所持品一覧」は翻訳して紹介する（一九四ページ）。

ついに墜落の事実と詳細が判明したのである。今まで、あれだけ調査をしたにもかかわらず何ら具体的な情報を得ることも出来なかった私にとっては、海の向こうのアメリカから細部にわたる具体的な情報が届いたことは大きな驚きであり、アメリカの情報収集力の高さと情報公開制度の発達を痛感した。

この後、調査は、一気に進展することになったのである。地元に、墜落事故の内容を書いた記録はまったく残っていなかったため、辞書を片手に、当時の様子を一字一句、日本語に訳す作業により墜落現場の生々しい様子が思い浮かび、改めて異国の地で亡くなった十二名の搭乗員に対する同情を禁じ得なかった。

DEPARTMENT OF THE AIR FORCE
HEADQUARTERS UNITED STATES AIR FORCE HISTORICAL RESEARCH CENTER
MAXWELL AIR FORCE BASE, ALABAMA 36112-6678

Atushi Tomokane
2760 Hinokage, Nishiusuki
Miyazaki 882-04
Japan

22 August 1990

Ref: 90/U-1563

Dear Mr Tomokane

This refers to your letter of June 1990 concerning the crash of a B-29 bomber on central Kyushu Island on 21 August 1945.

The Mortuary Affairs Division of the Total Army Personnel Center notified us this morning that it has located a casualty file on on the crash of B-29 s/n 44-61554 (pilot Jack L. Riggs) on 10 August 1945. The aircraft belonged to the 45th Bomb Squadron, 40th Bomb Group. The facts of this case seem to fit the circumstances of the Kyushu crash that you describe, and we believe that this is the accident that you have been investigating.

The Mortuary Affairs Division of the Total Army Personnel Center is sending you copies of the file on the personnel lost in this crash, and you should receive these documents shortly.

We hope that these documents assist you in identifying and memorializing the B-29 crew lost near your location in August 1945. If we can be of further assistance, please contact us.

Sincerely

James H. Kitchens, III

JAMES H. KITCHENS, III, Ph.D.
Archivist
Inquiries Division

12-5-47
6-25-52

CASE HISTORY NO. 277

293 Riggs, Jack L. 0750848

DATE OF DEATH: ~~10~~ 30 Aug 1945

PLACE OF DEATH: Southern slope of Sobozan Boundry between Miyazaki and Oita Ken (Miyazaki Pref)

CAUSE OF DEATH:: B-29 Plane # 44-61554

PERSONNEL:

1.	RIGGS, Jack L.	1st Lt.	0-750848
2.	CORNWELL, John G.	2nd Lt.	0-778342
3.	WILLIANSON, George H.	1st Lt.	0-865008
4.	EIKEN, Alfred F.	1st Lt.	0-685455
5.	BAKER, Henry B.	Capt.	0-375237
6.	FREES, Henry N.	S/Sgt.	16079237
7.	DANGERFIELD, John D.	Cpl.	39913681
8.	GROWER, Solomon H.	S/Sgt.	32818450
9.	GUSTAVERSON, Walter R.	S/Sgt.	13129760
10.	MILLER, Bob L.	Cpl.	39931488
11.	HODGES, John W., Jr.	Sgt.	33645761
12.	HENNINGER, Norman E.	Sgt.	15323591

1990年８月22日付 キッチンズ博士からの手紙

DEPARTMENT OF THE ARMY
U.S. TOTAL ARMY PERSONNEL COMMAND
ALEXANDRIA, VA
22331-0482

REPLY TO
ATTENTION OF

August 23, 1990

Mortuary Affairs and Casualty
Support Division

Mr. Atushi Tomokane
2760 Hinokage, Nishiusuki
Miyazaki 882-04
Japan

Dear Mr. Tomokane:

This responds to your request pertaining to First Lieutenant Jack L. Riggs, 0-750848, and members of his crew. Your inquiry, received by the U.S. Air Force Historical Research Center, was forwarded to this office for reply.

Enclosed are copies of documents from Lieutenant Riggs' individual deceased personnel file which should aid you in your effort to memorialized him and his crew.

We hope this information will be helpful.

Sincerely,

Lawrence J. Gomez
Lieutenant Colonel, U.S. Army
Chief, Mortuary Affairs and
Casualty Support Division

Enclosures

Copy Furnished:

Dr. Jim Kitchens
U.S. Air Force Historical Research Center
Maxwell Air Force Base, Alabama 36112

1990年8月23日付 ローレンス・J・ゴメス陸軍中佐からの手紙

Date: 28 December 1948

Report of Investigation Division, Legal Section, GHQ. SCAP. 277

Inv. Div. No.	CRD No.	Report by:
1505		ROBERT E. MILLER Captain, Q. M. C.

Title: Roster of Plane Crashes in Kyushu Area

Synopsis of facts:

Case re-opened to set out additional information on crash of B-29 # 44-61554 at Miyazaki-ken, Kyushu, on 30 August 1945. Seven (7) bodies identified and tentative identification made on three others. Crash occurred after war and no evidence of atrocity. The case is re-closed.

- RC -

Reference: Report of Mr. William R. Gill, dated 5 January 1947.

DETAILS:

At Tokyo:

This report pertains to an investigation of a B-29 which crashed on Sobo Mountain, Miyazaki-ken, Kyushu, on 30 August 1945. The plane, B-29 # 44-61554, carried twelve (12) passengers. Further details of the crash are contained in the Report of 5 January 1947. There was no atrocity committed on any of the crew members and all crew members were killed in the crash. Since there was nothing to indicate any atrocity, the case was reported in File 1505 and no separate case was opened.

The following information is the latest report on this case as received from Graves Registration Service. The information copy of the report is being forwarded to Criminal Registry Division with a copy of this report:

DEPARTMENT OF THE ARMY
Office of the Quartermaster General
Washington 25, D. C.

QMGMS 293
GRS (Jap-Kor) 6 July 1948

SUBJECT: Additional Information

Distribution:	Do not write in this space.
1 Prosecution 1 CRD 1 AG Cas Br 1 OC QM (Mem Div) 1 Inv Div (File 1505)	

B-29墜落事故の概要

: The Commanding General
Eighth Army
APO 343, c/o Postmaster
San Francisco, California
ATTENTION: AGRS, Jap-Kor Zone

1. Reference is made to your radio number D-82154 dated 22 June 1948.

2. Forwarded herewith are 12 OQMG Forms 371, in duplicate, covering all available information in this office pertaining to the following:

NAME	RANK	SERIAL NO
Baker, Henry B.	Capt	0 375 237
Cornwell, John G.	2d Lt	0 778 342
Dangerfield, John D.	Cpl	39 913 681
Eiken, Alfred F.	1st Lt	0 685 455
Frees, Henry N. Jr.	S/Sgt	16 079 249
Groner, Solomon H.	S/Sgt	32 818 450
Gustaveson, Walter R.	S/Sgt	13 129 760
Henninger, Norman E.	Sgt	15 323 591
Hodges, John W. Jr.	Sgt	33 645 761
Miller, Bob L.	Cpl	39 931 468
Riggs, Jack L.	1st Lt	0 750 848
Williamson, George E.	1st Lt	0 865 006

3. All action on cases of designated individuals has been suspended until information is received in this office from your headquarters to the effect that identity has been reestablished. Provisions of letter from this office, subject: Disinterment Discrepancies dated 2 April 1948 will apply.

FOR THE QUARTERMASTER GENERAL:

12 Incls (in dup)
1 - 12 OCQMG Forms 371

s/t/ T. H. METZ
Lt Col QMC
Memorial Division

QMPAM 293 1st Ind

Headquarters Eighth Army, Office of the Quartermaster, APO 343, 11 August 48

TO: The Quartermaster General, Department of the Army, Washington 25, D. C.

1. Forwarded herewith are reports of interment and allied papers pertaining to the following:

BAKER, Henry B.	USAF Plot	Row 25	Grave	1567
EIKEN, Alfred F.	"	"	"	1560
GRONER, Solomon H.	"	"	"	1557
HENNINGER, Norman E.	"	"	"	1549
HODGES, John W. Jr.	"	"	"	1556
MILLER, Bob L.	"	"	"	1548
RIGGS, Jack L.	"	"	"	1550
UNKNOWN X-595	"	"	"	1568
UNKNOWN X-596	"	"	"	1569
UNKNOWN X-597	"	"	"	1570
UNKNOWN X-598	"	"	"	1571
UNKNOWN X-932	"	"	"	1561

墜落事故により殉職した乗組員の一覧

2. Complete reprocessing has been accomplished on the remains originally recovered and those picked up at a recent reinvestigation. The OQMG Forms 371, being on file for the crew members of B-29 #44-61554, aided greatly in the accomplishment of this operation. It had been decided that an error had been made in the identity of Walter R. GUSTAVESON, therefore, these remains have been redesignated as Unknown X-932. This is the only discrepancy discovered in the reprocessing operation.

3. Recommendation is being made to the Board of Review for Identification of Unknown Dead Overseas that the following identities be confirmed:

UNKNOWN X-595 as GUSTAVESON, Walter R.
UNKNOWN X-597 as COREWELL, John G.
UNKNOWN X-932 (formerly GUSTAVESON) as DANGERFIELD, John D.

4. There is a possibility that a Disinterment Directive may be received for Walter R. GUSTAVESON to return the remains to the United States for permanent interment. If such a directive is received, the remains recommended by the Board of Review as GUSTAVESON (UNKNOWN X-595) will be shipped and your headquarters will be notified by radio that this is being done.

13 Incls
1 - 12 - ROI's & allied papers as indicated in par 1
13 - Report of Reinvestigation

B. R. KENDALL
Lt Col QMC
Quartermaster

- - - - - - - - - - -

FUKUOKA DET. 108th GRAVES REGISTRATION PLATOON
APO 929

29 April 1948

SUBJECT: Reinvestigation of CH #277.

TO : Chief, Memorial Division, Office of the Quartermaster, Eighth Army, APO 343.

1. Graves Redug 23rd and 24th April 1948. Team consisted of:

1st Lt. Thomas S. Owen
T/5 Arthur A. Anderson
Pvt. Anthony D. Garfold

(Interpreter) Harry Haraguchi

Japanese Laborers

2. Original numbering of graves was unknown so graves were renumbered A, B, C, D, E and F.

3. All graves contained additional remains except grave "F". Grave "A" contained Captain's insignia indicating it to be the grave of Henry B. Baker. Grave "D" contained identification tags of John D. Dangerfield.

遺体の確認作業に関する報告書

previously unknown. Interrogation of Japanese who were present at original disinterment indicate grave "F" to be the grave of John M. Hodges Jr. No further identification could be reliable established from interrogation of Japanese present at either burial or original disinterment.

4. It will be necessary to compare these Additional Remains with the remains recovered in the first disinterment to assure proper separation of the remains and to convert the grave markings from A, B, C, D, E and F to the corresponding number (1, 2, 3, 4, 5 and 6).

THOMAS S. OWEN
1st Lt. Inf. 0-28544

- - - - - - - - - - -

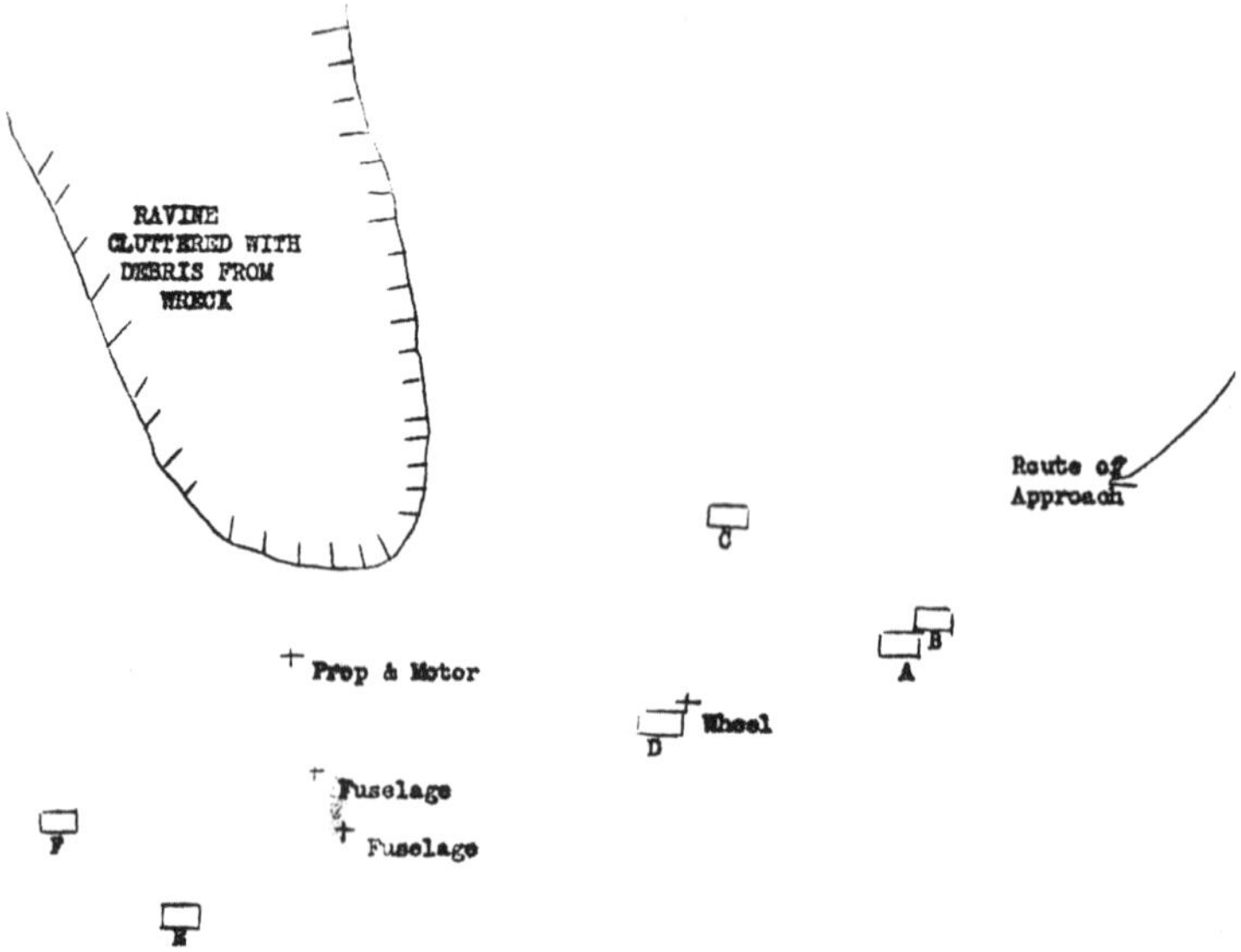

GRAVES AND CRASH AREA - CH 277
626-1075 NOBEOKA-CENTRAL JAPAN 1:250,000

SCALE 1:50
25 APRIL 1948
/s/ Thomas S. Owen
1st Lt. Inf.

- -

The case is re-closed.

R E C L O S E D

AからFの遺体埋葬位置を示す資料

SEPARATE TABLE NO. I

All over the spot and its environs there stands a large number of trees, which cover thick bambusae veitchii of six (6) shaku (Tr. Note: 1 shaku equals 0.994 foot)in height. Bambusae veitchii are burnt down within an ellipse of one hundred (100) to thirty (30) meters in diameter.

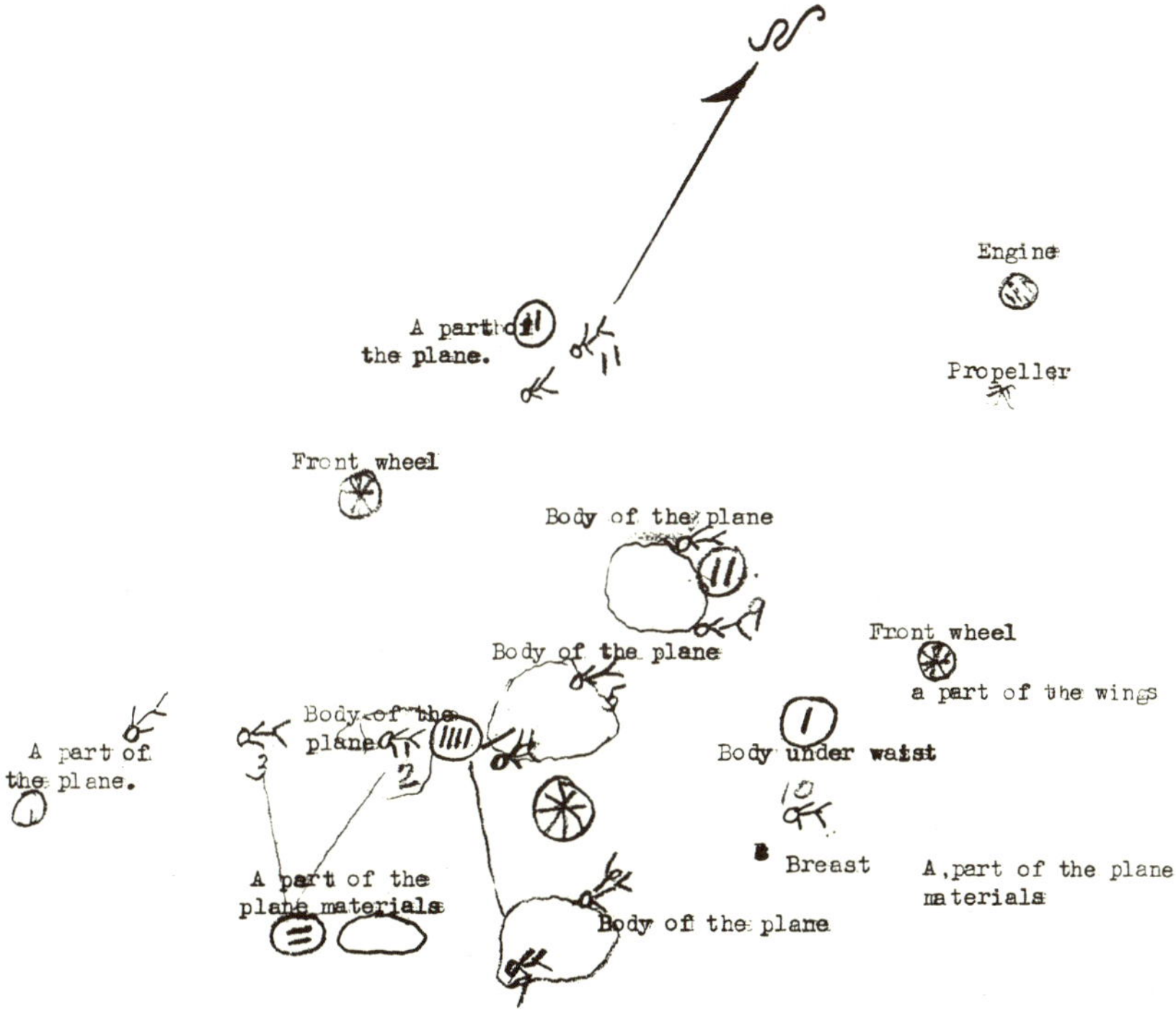

墜落現場の発見時の様子を示す資料

SEPARATE TABLE NO. II
TABLE OF THE INQUESTED CORPSES OF THE CREW
OF THE CRASHED PLANE.

Number of Corpse	Orientation of Corpse	Name and Age	Accouterment	Special Personal Belongings	Results of Inquest over Body
1	Facing downward, with the dead west.	Rather youngish. About 20 years old. Male Hodges	No parachute.	One black comb. One pair of celluloid-rimmed spectacles. One fountain-pen. (One white gem)	Facial fracture. Complete costal fracture. Fracture in the right leg.
2	Facing downward, with the head west.	About 20 years old. (Named MILLER) Miller.	With a parachute.	Identification-disk : SEPIRIBER HEHR 2.4.6. 8.10.12.14. 16.18.20.22. 24	Fractures in the left and right legs. Fracture in the lower jaw.
3	Turning sideways, with the head south-west	About 20 years old. Male. CH-Henninger	With a parachute.	None	Fracture in the left thigh. Fracture in the left leg. Fractures in the left and right lower arms. Abrasions in the face and head.
4	Facing upward, with the head south-west.	About 20 years old. Male. X-2 (X-595)	With a Parachute.	Identification disk: Jobin D. DANGFIELD 39913681T 43-44A	Complete costal fracture. Right upper arm cut off. Fracture and grazes in the neck.
5	Facing downward, with the head west.	About 20 years old. Male. Gustovson	With a parachute.	Identification disk: W.R.GUSTAV VESON 13129760T 43-44 O.	Fracture in the cranium. Brain exposed. Fracture in the left leg. Fracture in the left upper arm.

遺体の検死結果と所持品（1～5）

6	Facing south-west, with the head west.	About 20 years old. Male	No parachute. [illegible]	Medal.(But it was left on the dead body)	Abrasions in the cranium and face. Injury in the face.
7	Lying on its side. Facing south-west, with the head west.	About 20 years old. Male.	With a parachute. [illegible]	None	Abrasions in the face and cra nium. Thigh cut off. Fracture in the right lower arm.
8 8	Lying on its chest. Facing south-west with the head west.	About 20 years old. Male. Baker Formerly X-1 (X-594)	No Parachute	A phto of a man(in a pocket). BAKR,HENRY,B (in a celluloid sack-case) Money (in a leather fold-purse): (1) Two General Bank ten(10)-yen notes.	Fracture in the left leg. Abrasions in the face and cranium, Intestines exposed. Fracture in the left leg and thigh.
8				(2)A two(2) dollar note. (3) Two(2) one(1)-dollar notes. (4)A five(5)-dollar note. (5)Two twenty (20)-dollar notes.	Fracture in the right lower arm. Hairy.
9	Facing downward, with the head east.	Rather youngish. About 20 years old. Male. Riggs	With a para-chute.	One fountain-pen. One sharp-pen-cil. One brown photo of a woman. Two sheets of paper written In English.	Fractures in the right part of the face and in the cranium.

遺体の検死結果と所持品（6～9）

10	Facing downward.	About 20 years old. X-3 (X-596)	No parachute.	None.	No head Cut off at the middle of the body. The breast was hanged about one(1) ken tr.Note:1 ken equals 1.99 yards) high on a tree and the abdomen was fallen a little away.
11	Facing south-west, with the head west.	About 27-28 years old. Male. X-4 (X-597)	No parachute. or	None. X-5 (X-598)	Leakage of all privy parts. Fractures of right upper ribs. Fracture in the left upper arm. Fractures in the left and right thigh.
12	Facing upward, with the head	About 20 years old. Male.	No parachute. X5 or (X-598)	None X-4 (X-597)	Burnt body. Parts of the back bone and ribs as well as the pelvis remained. Left side of the body remained like a dead tree. But the right leg kept nearly its original form.
(Twelve(12) dead bodies were inquested as above.)					

遺体の検死結果と所持品（10～12）

45th Bomb Squadron
40th Bomb Group

MISSING AIR CREW REPORT

1. ORGANIZATION: Location, by Name Tinian ; Command or Air Force 20th
Group 40th Squadron 45th ; Detachment
2. SPECIFY: Place of Departure ; Course
Target or Intended Destination ; Type of Mission
3. WEATHER CONDITIONS AND VISIBILITY AT TIME OF CRASH OR WHEN LAST REPORTED:

4. GIVE: (a) Day 30 Month Aug Year 45 ; Time 0151 ; Location Tinian
of last known whereabouts of missing aircraft.
(b) Specify whether aircraft was last sighted( ); Last contacted by radio( ); Forced down ( ); Seen to crash ( ); or Information not Available ( )

5. AIRCRAFT WAS LOST, OR IS BELIEVED TO HAVE BEEN LOST, AS A RESULT OF: Enemy Aircraft ( ); Enemy Anti-Aircraft ( ); Other Circumstances as follows:

6. AIRCRAFT: Type, Model and Series B-29A ; AAF Serial Number 44-61554
7. NICKNAME OF AIRCRAFT, If any
8. ENGINES: Type, Model and Series AAF Serial Number
Number (a) (b) ; (c) ; (d)
9. INSTALLED WEAPONS (Furnish below Make, Type and Serial Number)

10. THE PERSONS LISTED BELOW WERE REPORTED AS: (a) Battle Casualty

11. NUMBER OF PERSONS ABOARD AIRCRAFT: Crew ; Passengers ; Total

	Crew Position	Name	Rank	Ser No.	Current Status
1.	Pilot	Riggs, Jack L.	1st Lt	O-750848	KNB
2.	Co-Pilot	Cornwell, John C.	2nd Lt.	O-778342	KNB
3.	Engineer	Williamson, George H.	1st Lt.	O-865008	KNB
4.	Bomb	Aiken, Alfred F.	1st Lt.	O-685455	KNB
5.	Nav.	Baker, Henry B.	Capt.	O-275237	KNB
6.	Rad Oper.	Freer, Henry R.	S/Sgt.	16079249	KNB
7.	Left Gnr	Dangerfield, John D.	Cpl	39913681	KNB
8.	Right G.	Groner, Solomon E.	S/Sgt	32818450	KNB
9.	Senior G	Gustaveson, Walter R.	S/Sgt	13129760	KNB
10.	Tail Gnr	Miller, Bob L.	Cpl	39931488	KNB
11.	Radar Op	Hodges, John W. Jr.	Sgt	33648761	KNB

12. IDENTIFY BELOW THOSE PERSONS WHO ARE BELIEVED TO HAVE LAST KNOWLEDGE OF AIRCRAFT, and CHECK APPROPRIATE COLUMN TO INDICATE BASIS FOR SAME:
Name Rank Ser.No.

13. IF PERSONNEL ARE BELIEVED TO HAVE SURVIVED, ANSWER YES TO ONE OF THE FOLLOWING STATEMENTS: a. Parachutes were used ; b. Persons were seen walking away from scene of crash ; or c. Any other reason

14. ATTACH AERIAL PHOTOGRAPH, MAP CHART, OR SKETCH, SHOWING APPROXIMATE LOCATION WHERE AIRCRAFT WAS LAST SEEN OR HEARD FROM.
15. ATTACH EYEWITNESS DESCRIPTION OF CRASH, FORCED LANDING, OR OTHER CIRCUMSTANCES PERTAINING TO MISSING AIRCRAFT.

16. GIVE NAME, RANK AND SERIAL NUMBER OF OFFICER IN CHARGE OF SEARCH, IF ANY, INCLUDING DESCRIPTION AND EXTENT.

* * *

AG Casualty Branch records indicate none of the crew was recovered alive.

In view of the fact that the crew has been identified by Graves Registration and that no atrocity was committed, no investigation is required.

PENDING

墜落事故を要約した報告書

搭乗員の遺体検死結果及び所持品一覧（190～192ページの翻訳）

番号	死体の位置	氏名及び年齢	落下傘	特殊個人所有物	検死結果
1	顔面下方 死体西向	推定20歳以下 男性	非装着	黒い櫛・セルロイド縁眼鏡・万年筆・白い宝石	顔面頭蓋骨骨折・完全肋骨骨折・右下腿骨骨折
2	顔面下方 頭部西向	推定20歳 （MILLER）	装　着	認識票（SEPIEIBER REER）2～24	両足下腿骨骨折・下顎骨骨折
3	横向き 頭部南西向	推定20歳 男性	装　着	無　し	左大腿・下腿骨骨折・左右前腕骨骨折・顔面及び頭部擦傷
4	顔面下方 頭部南西向	推定20歳 男性	装　着	認識票 John.D.DANGERFIELD 39913681T　43-44A	完全肋骨骨折・右上腕切断・頸部損傷草付着
5	顔面下方 頭部西向	推定20歳 男性	装　着	認識票 W.R.GUSTAVESON　1312960T 43-44C	頭蓋骨骨折・脳露出・左下腿及び上腕骨骨折
6	顔面南西向 頭部西向	推定20歳 男性	非装着	メダル （死体より分離）	頭蓋及び顔面皮膚擦傷・顔面創傷
7	横向・顔面南西向・頭部西向	推定20歳 男性	装　着	無　し	頭蓋及び顔面皮膚擦傷・大腿部切断・右前腕骨骨折
8	うつ伏せ 顔面南西向 頭部西向	推定20歳 男性	非装着	ポケットの中に男性の写真 BAKER. HENRY.B（セルロイドのサックの中）、金銭（革の財布の中） 1）2枚の一般銀行10円紙幣 2）2ドル紙幣1枚　3）1ドル紙幣2枚　4）5ドル紙幣1枚　5）20ドル紙幣2枚	左下腿骨骨折・頭蓋及び顔面皮膚擦傷・腸露出・大腿部骨折・右前腕骨骨折・多毛
9	顔面下方 頭部東向	推定20歳以下 男性	装　着	万年筆・シャープペンシル各1本・女性の写真・2枚の紙（英文）	右側顔面及び頭蓋骨骨折
10	顔面下方向	推定20歳	非装着	無　し	頭部無し・躰幹中央部切断・胸部は約1.8m離れた木にかかり腹部はやや離れた所に落下
11	顔面南西向 頭部西向	推定27歳～28歳・男性	非装着	無　し	全内臓露出・右上部肋骨骨折・右上腕骨骨折・左右大腿部骨折
12	顔面上方向	推定20歳 男性	非装着	無　し	全身火傷・脊椎の一部、肋骨及び骨盤が枯木状に残存・右下肢はほぼ原型をとどめる

1945年9月5日に白川武夫らが行った検死結果が、米空軍歴史研究所に保管されていたものを入手し、元県立宮崎病院臨床検査科病理部 林 透先生の協力により和訳

戦史資料室と援護局

一方、小河内谷に墜落していた日本機については、その後も、具体的な情報はなく、専ら、当時の陸海軍航空隊に関する戦記物による昭和二十年（一九四五）七月二十七日の九州地方における空中戦に的を絞って調査を続けたものの、七月二十六日から二十七日にかけて百三十機の「B-29」が、大牟田方面を空襲したという記録のみで、また、当時の日本軍には、これを迎撃できるような航空戦力は残されてなかったこともわかった。

各戦記物の巻末にある参考文献から、公式の記録を保有しているのは「防衛庁戦史資料室」であることを知り、さっそく問い合わせをした。それは、「B-29」墜落事故の全容が判明した後の、平成二年十一月末のことであった。十二月に入ると、すぐに返事が届いた。その内容は、次の通りであった。

「前略

徳義仁軍曹は、飛行第六十五戦隊所属にて、昭和二十年八月七日朝鮮海峡にて殉職、父は（遺族）東京都荏原区小山町8—1080。但し、今日は町名変更の筈ですが、本籍と現住所が一致しておりますので、今でも居られる可能性があります。ですから、一度連絡を取られては如何ですか。上記の内容について再確認を要するとお考えの場合は厚生省援護一課にお問合わせになると良いと思います。

草々

平成二年十二月五日

防衛研究所史料専門官

追伸
一、父の氏名は徳義忠
二、なお、上記の記録は、飛行第二十六戦隊史※によるものです。（筆者注：六十五戦隊の誤りか）

私は予想外の報告に驚いた。小河内山中に日本機が墜落したのは、確かに事実である。しかも、軍人墓地に、その搭乗員の遺骨が埋葬されているのも事実である。しかし、なぜ公式の記録が「朝鮮海峡」なのか、まったく正反対の地点でもある。加えて墜落の日時も異なっている。一体、どうしてこんなことになっているのだろうか。遺族が、一度も墓参に来なかった理由は、この事実を知らないからではないだろうか。いや、きっと知らないのだろう。もうすぐ戦後五十年、何としても、遺族と連絡を取り、徳軍曹との五十年振りの再会を、私の手で実現させようと心に誓った。

さっそく、戦史資料室から指示された厚生省援護局一課に問い合わせの手紙を書いた。アメリカからは、地元の誰もが知らなかった事故の詳細な情報が届いた。敗戦国として大混乱期にあったとはいえ、国内からは、ある程度の具体的な情報が届くことを期待していた私にとっては、その返答は、落胆以外の何ものでもなかった。

それは、話には聞いていたアメリカという国の情報公開制度の発達と、国家のために戦死した者に対する一人の人間としての尊厳や対応の差であるような気もしたし、やはり、敗戦国の惨めさと、当然の結果として敗戦に追い込まれた日本という国の本質的な背景を知ったような気もし、寂しいような悔しいような気がした。日米両国の関係機関に対し、まったく同じような問い合わせをしていただけに、役所的で、あまりにも事務的で誠意が感じられない返答には、余計に残念で仕方がなかった。

平成三年一月二十九日
厚生省援護局業務第一課調査資料室

工藤　寛　様

元陸軍軍人の記録及び遺族の消息についてさきに依頼のありました標記についてとりあえずお答えします。

当局が保管する個人記録の内容は、プライバシー保護の問題があるため、ご本人または遺族の了承を得ないでお知らせすることはできません。

また、当局が御照会に応じ本人または遺族の了承を得ないでお知らせすることはできません。また、当局が御照会に応じご本人または遺族の意向等を調査する場合もあります。これは特別な事情・理由のあるケースに限られます。（ただし、この場合におきましても、出来るだけの努力はいたしますが、他の業務との関係もあり、相当の日時を要するものと考えられます。なお、戦友会、慰霊祭を目的とする場合は、特別な事情・理由があるケースとはいえません。）

つきましては、貴殿が当局の調査を必要とされる場合は、次の○印の事項について明記・添付したうえで、あらためてご照会ください。

おって、あらためて御照会された場合にも、さきに述べた理由により、貴殿の御依頼をお断わりすることがありますので、予め御了承下さい。

㈠消息等の調査の方法が当局に依頼する以外にないことの理由。
㈡消息等を調査する具体的な目的。

㈢貴殿の身元を証明する資料（保険証、運転免許等）。（この項目に○印あり）
㈣貴殿と戦没者との親族関係を証する資料（戸籍謄本または戸籍抄本など）。
㈤委任者の署名・捺印がある「委任状」。
㈥委任者の身元を証する資料（保険証、運転免許証等）のコピー。
㈦委任者と戦没者との身分関係を証する資料（戸籍謄本または戸籍抄本など）。

戦後四十六年を経ているとはいえ、これが国のために命を捧げた者に対する日本という国の対応であるのかと考えると寂しさを覚えた。このような対応では、異郷に眠る彼らの霊は浮かばれることはない。異国のアメリカの方が、比較にならないほどの対応をしてくれたのにと思うと、余計に残念で仕方がなく再度問い合わせをする気には、とてもなれなかった。

防衛庁戦史史料室から入手した資料による戦死日と、軍人墓地にある墓に書いてある日付が異なっていること、厚生省援護局からの、あてにならない情報から、やはり、遺族は、事実を知らないのではと、さらに強く思うようになった。私が、この事実を調べて伝えなければ、徳軍曹は浮かばれない。私は、誰に頼まれて行動しているものでもない。ただ、偶然の「不思議な出会い」の結末をつけるのは自分しかないと言い聞かせながら自らの意志で行動しているだけである。厚生省からの誠意を感じない手紙は、私の行動を「プラス志向」に導いてくれたと感謝せざるを得ない。

防衛庁戦史史料室の永江太郎史料専門官から送られた資料をもとに、最後の砦でもある「戦友会」に連絡を取ることにした。戦友会事務局は、三重県鈴鹿市にあった。事務局長の渡辺義明に電話を入れた。彼は、徳軍曹とは中隊を別にしていたが、「朝鮮海峡で戦死」以外には考えられないとの返事であった。その後、吉田元戦隊長や他の関係者にも問い合わせをしていただいたが、やはり答は同じであった。それでは、現実に河内の軍人墓地にある「徳義仁之墓」に眠っているのは、一体誰なのだろうか。私は、ふと、戦隊史にも書かれている「同じ頃に行方不明になった松原伍長」と混同しているのではないかと思い、その消息を尋ねたところ、松原定男氏が香川県にお住まいであることがわかり、さっそく問い合わせをしてみた。氏は、旧姓が宮脇で、吉田戦隊長に全員特攻を直訴した松原曹長であった。氏からも、その後、各方面の関係者に問い合わせをしていただいたが、やはり、「朝鮮海峡」以外の情報を得ることはできなかった。

頼みとしていた戦友会でも、徳軍曹の消息が「朝鮮海峡で戦死」以外にないことに焦りを感じた私は、直接、遺族へ連絡を取るしかないと判断した。しかし、遺族の住所は、昭和二十年当時のもので、「B-29」の空襲により焦土と化した東京は、その後の復興とともに大きく変貌を遂げているのに、果たしてわかるであろうかと疑問であった。東京都心の地図により当時の住所から、現在の区を割り出して、品川区に属すると判断し、品川区役所に問い合わせをしたところ戸籍の附票を請求することが可能であることがわかった。早速、手数料を支払って請求し、附票が届いたのは、平成三年（一九九一）十二月中旬のことである。昭和四十四年（一九六九）当時の原簿には、たしかに遺族でもある父、義忠の名前があった。

一年の計は元旦にあり

平成四年（一九九二）の元旦、私は一人で、河内の軍人墓地を訪ねた。誰もいない寒々しい墓地で、一年の訃は元旦にありとばかりに、「今年は、この件に、何とか決着をつけよう」と誓った。その日のうちに、宮崎の自宅まで三時間かけて引き返すと、夜に長い手紙を書いた。宛名は、戸籍の附票にあった「徳　義忠」様とした。これまでの経緯をなるべく詳しく書いて二日の朝に、他の年賀状とともに投函した。

正月気分も抜けようとしていた一月六日の夜に電話が鳴った。先方は「東京の徳でございます。この度は、弟義仁のことで、いろいろと御苦労いただきありがとうございます。当初は、朝鮮海峡で戦死したものとばかり思っていましたが……まさか、宮崎の高千穂に……」という長い電話であった。電話をかけてきたのは、義仁の姉にあたる光枝からであった。そして、戦後、しばらくして「実際は、朝鮮海峡ではなく、熊本県と某県の県境近くであることは、今は亡き父から聞いていました」とのことであった。熊本県と県境を接する県は、福岡県、大分県、長崎県、鹿児島県、宮崎県と五県もある。それが、宮崎県であることも、ましてや、墓があることも光枝は、まったく知らなかった。一刻も早く、墓参をしたいとの意向であったが、まだ、その時点では、より詳しい調査もしていなかったし、冬期のことで交通事情も悪く、墜落現場の正確な確認を終えて、必ず案内することを約束した。

靖国神社

ちょうど私が、河内の軍人墓地を元旦に訪ねていた頃、東京では、靖国神社の境内を、ゆっくりと歩く母と娘の姿があった。九十を過ぎた母をいたわるように娘は母の手を引き、元旦の混雑する神社の境内を、人混みにもみつぶされそうになりながら、二人は一歩一歩拝殿に向けて歩いていた。一年前に転んで骨折した足をかばうように、ゆっくりと歩いていた。これまでも、時々、靖国神社には参拝していたが、あえて今年は、元旦に参拝したのである。来年、再び参拝することができるかはわからない。そう考えた「靖国の母」は、四十七年前に「朝鮮海峡で戦死した最愛の長男、義仁」に会うために、靖国神社に参拝したのである。

再　会

河内にも春が訪れた。軍人墓地の桜も蕾を膨らませ始めた。光枝が弟と再会する日が近付いた。安在と私は、光枝を迎える準備を進めた。四十七年ぶりの再会は、なるべくそっと静かにさせてあげようと思った。しかし、遠路はるばる東京から訪ねて来る遺族のために、我々で出来る限りのこともしてあげようと、細かく受け入れ準備を進めた。

この作業を進める時に、三人が、全面的な協力を申し出てくれた。うち二人は、小河内谷の近くに住む有藤俊太郎と甲斐照男である。二人とも地元で農業を営んでおり、俊太郎の父正雄は、昭和十八年（一九四三）一月十日にニューギニアで三十四歳で戦死している。俊太郎は、当時十歳で、父のいない寂しさは十分に味わっている。俊太郎の妻シゲ子の父照利も、昭和二十年六月十四日に沖縄で戦死している。照男も二人の兄が、それぞれソロモン海峡と硫黄島で戦死している。もう一人の応援者は、私の岳父早川千尋である。岳父は、陸軍飛行兵として昭和十七年十一月に召集されて以来、マライ半島からタイ中北部、ビルマ東南部、シンガポールの空を司令部参謀部飛行班として、宮崎神宮のお守り札を身に付け、飛行していた軍曹である。徳軍曹とは、まったく同世代であり、しかも同じ陸軍軍曹として戦争を体験しており、私の調査や遺族の案内にも、親身になって心底から協力してくれたのである。

平成四年（一九九二）三月二十七日、安在と私は、熊本空港へと車を走らせた。宮崎県の最北部にある高千穂は、地理的に、最寄りの空港は熊本空港で、当時、宮崎空港まで三時間近くを要するのに、熊本空港までは一時間三十分で着いた。到着ロビーで待っていると、事前の電話連絡で聞いていた三人の姉妹が、到着口から出てきた。姉の光枝と妹の洋子と文子《あやこ》の三人である。ようやく会えた徳軍曹の姉妹である。初対面のあいさつと、これまでの経緯をお互いに述べた後、さっそく二台の車に便乗して、一路、高千穂へと向かった。途中、白川水源に立ち寄り、阿蘇の山から地下を通って渾々と湧き出る湧水を使った抹茶で旅の疲れを癒した。

国のため　民のためにと大神の
　めぐみも深き　志ら川の水　　有雄

とりあえず、戦後、ずっと軍人墓地を管理し、慰霊祭を続けてきた高千穂町役場に、稲葉茂生町長を訪ねた。軍人墓地のある田原村は、昭和三十一年（一九五六）に高千穂町と合併している。町長室に招き入れた三人に対して、稲葉町長は、再会が実現できたことを、我が事のように喜んだ。同席した興梠保明助役は、偶然にも、場所は京都と米子と違うものの同じ航空機乗員養成所の出身で、同世代でしかも同じ道を選んだ者として心から同情した。

当日は、一旦事前に予約してあった阿蘇のホテルまで戻り、翌朝、再び安在とともにホテルへ迎えに行った。その日は、咲き始めたばかりの桜を朝から小雨が濡らし、阿蘇山は深い霧に包まれていた。高森峠から、新しく開通した国道三二七号線を通り、河内へと走った。町の通りには熊野鳴滝神社御大祭の幟が、いくつも立てられていた。町の中心部から、「やまと屋」の脇を通る長い坂道を登り軍人墓地へと向かった。朝からの小雨は、傘を閉じても良いくらいまでの小降りになっていたが、まだ降り続いていた。姉妹は、一緒に祀られている皆さんにもと、線香を一抱え持参していた。小雨に濡れて、なかなか火の着かない線香に、ようやく火が着くと私は、一番奥まった場所にある徳軍曹の墓に姉妹を案内した。「ここです」

47年ぶりの再会を果たした徳義仁の姉妹
（後列左から安西計時、矢野洋子、徳文子、甲斐照雄、徳光枝、有藤シゲ子。前列左から早川千尋、有藤俊太郎）

とだけ告げるのがやっとの雰囲気であった。

姉妹はしばらく墓を見つめながら、墓前に持ってきた花と線香を、無言で手向け静かに長い間、手を合わせていた。光枝は、小雨に濡れた墓石をやさしく撫でながら、語りかけるように、「ここにいたのね。やっと会えたわね。寂しかったでしょう。母も、会いたいと言っていたわよ……」。墓にすがりつきながら肩を震わせ続けた。二人の姉妹もともに涙を流した。私もカメラのファインダーをのぞきながらも頬を

47年ぶり 悲しみの対面

遺族3人が高千穂町訪問

軍人墓地に眠る戦闘機搭乗員

徳軍曹の墓参りをする徳光枝さん（手前左）ら姉妹。後方の男性は工藤寛さん

終戦間際の昭和二十年夏、旧日本陸軍の戦闘機が高千穂町河内の山中に墜落、軍曹が死亡し、同所の軍人墓地に葬られているが、その遺族が県職員の努力で捜し出され、遺族らが二十八日、墓地を訪れて四十七年ぶりに悲しみの対面をした。

同軍曹の遺族を捜し当てたのは、県農政水産部の工藤寛さん（[illegible]）。かつて県西臼杵支庁勤務時代、「河内山中に戦闘機が墜落。搭乗員の墓石がある」と聞き、平成二年一月、この墓地を訪ね確認。この後、当時を知る地元の古老から聞き取り調査を行い、防衛庁、厚生省などに問い合わせて遺族捜しを始めた。

この軍曹は東京都出身の徳義仁さん。終戦直前の八月、佐賀県の目達原基地を夜間航法訓練のため飛び立ち、そのまま不明に。昨年末、東京都大田区に住む遺族あてに、状況を説明する手紙を送ったところ、徳軍曹の姉光枝さんから電話があった。光枝さんと手紙を交換。遺族には戦後、「朝鮮海峡で殉職」の公報が届いたという。徳軍曹の親友が戦後数年たって「熊本と宮崎県境の山中で亡くなった」と飛行服、靴を届け、飛行服のポケットに父親から徳軍曹にあてたはがきがあったことなどが分かり、徳軍曹に間違いないことが分かった。

二十八日は光枝さんと妹二人が工藤さんの案内で、軍人墓地へ。光枝さんらは花、線香を供えると、「やっと会えたわ、寂しかったでしょう」など涙を流しながら手を合わせた。光枝さんは「工藤さんのおかげで、弟を見つけることができました。弟もこれで浮かばれるでしょう」と話し、「何の縁もない弟の墓の世話をしてくださった地元や遺族会の皆さまに感謝します」とお礼を述べていた。

工藤さんは「運よく遺族の方が見つかり、少しは役に立ててよかった。戦争の傷跡を引きずっている遺族はまだ多いと思う。今回の事が平和の尊さを考え直す機会になればいいのでは」と話している。

平成4年3月29日付宮崎日日新聞（宮崎日日新聞社提供）

伝う涙を抑えることは出来なかった。光枝は、しばらく無言のまま墓を見つめ、両隣にある墓に、「これからもよろしくお願いしますね」と異郷に眠る弟のことを頼んだ。

後ろに立って、この光景を無言のまま見守っていた俊太郎も照男も異国のジャングルと南洋の海深く人知れず眠ったままの父と兄弟のことに思いを馳せ胸を熱くしたにちがいない。一緒に、調査を続けてきた元陸軍飛行兵早川千尋軍曹は、姿勢を正して、徳軍曹の墓前に立ち「徳軍曹殿、お迎えが、こんなに遅くなって申し訳ありません。われわれも敗戦以来、祖国日本のために、戦死された皆さんの分まで死に物狂いで精一杯頑張ってきました。ようやく、何とか立派な国を作り上げることが出来ました。どうかご安心下さい」と声を詰まらせながら、同世代の軍人らしくあいさつをした。

四十七年目の涙の再会であった。小雨も上がり、軍人墓地から見える小河内山の霧も次第に晴れ、新緑に覆われ始めた山のところどころに山桜の花が、雨上がりの澄んだ空気の中で、この再会のドラマを遠くから見ているように咲いていた。

鯉のぼり

墓参の前に、墜落現場は四人で調査しておいた。現場付近は、昭和六十三年（一九八八）の五月三日から四日にかけて、時間最大雨量が一五〇ミリを超すという記録的な局地的ゲリラ豪雨に見舞われた。狩猟をする照男も、おそらくあの豪雨で、現場付近は、流れ出した土砂に埋まっているものと思い確認できないであろうと諦めていた。四人は、鉈や鎌に線香と菊の花を持ち、現場へと向かった。沢の形が、すっかり変わった豪雨災害の跡を岩を乗り越えながら何とか墜落現場にたどり着いた。

当時の墜落の痕跡を示すものは、何も残っていないものの墜落したと見られる現場で、いくつかの小さな部品を見つけた。その場に、線香と花を供えて、近いうちに姉妹を現場に案内しようと申し合わせた。しかし、この山深い足場の悪い現場に、女性の足で来ることは無理と判断した。俊太郎は、背中のリュックから、小さな包みを取り出すと、背中に結びつけたまま、その付近の一番高い樫の木に、身も軽くよじ登った。そして、包みの中から取り出したのは「鯉のぼり」であった。一番高い所に、それを結び付けた。麓の町から現場を説明しようという彼のアイデアである。

照男の記憶をたどりながら、ようやく徳軍曹の遺骨が埋葬されている塚らしいものを発見した。偶然にも、付近一帯は、集中豪雨で土砂が完全に流出しているものの、塚らしきものがある部分は、そのまま残っていた。わずかに人為的に積まれたとわかる塚にも線香と菊の花を供え姉妹との再会を約束した。戦後しばらくは、「隼」のカウルフラップが塚の上に乗せられ「徳義仁之墓」と墨で書かれた木の墓標があったという。

隼墜落地点に鯉のぼりをあげる有藤俊太郎

あいにく、再び雨が降り始め姉妹の現地行きは断念した。一番近い場所まで林道を車で案内し、そこから線香と花を供えた。墜落地点は田原中学校の校庭から説明した。深い霧が、鹿児島山の尾根付近からかかり始め、ちょうど墜落地点を、わずかに隠すようにしていた。しばらく霧が晴れるのを待ったが、ついに鯉のぼりを発見することは出来なかった。「弟は、きっと別れるのを寂しがっているのでしょう。五月十日が弟の誕生日で、素晴らしいプレゼントをありがとうございます」と光枝は、霧のかかった山を見ながら御礼を述べた。その山の名が、徳の両親の出身地鹿児島につながることも不思議な因縁であった。

三人の姉妹は、それぞれ義仁との四十七年目の再会を喜び河内を後にした。東京に戻り、母オナイに再会を報告すると、大変喜び、しきりに河内での墓参を希望したという。しかし、その「靖国の母」も、最愛の長男義仁の最期の地を確認すると安心したかのように、それから三カ月後の六月二十五日に九十二歳の生涯を静かに閉じたという知らせを後で受けた。

翌年四月の慰霊祭にも姉妹は再び河内を訪れ、好天に恵まれて念願の墜落現場まで案内することが出来た。そして、照男が知っていた小さな塚からほんのわずかに残っていた遺骨を掘り出すと東京に持ち帰り、徳家の墓に納骨した。軍人墓地の徳の墓にも、多摩の墓地から持参した土を持参して、そっと埋めた。河内の桜は満開で、棚田のあちこちに菜の花が咲いていた。東京に春を告げる靖国神社の染井吉野も、姉妹が河内での再会から帰って数日後には、満開となった。

徳軍曹の遺族の案内から平和祈念碑建設に献身的に協力してくれた有藤俊太郎は、平成九年十一月十六日、山林作業中の不慮の事故により六十四年の生涯を閉じた。同じ戦争で父親を亡くした俊太郎の実直で優しさに満ちあふれた笑顔が忘れられない。

第二章　知覧から原町まで

知　覧

《知覧……。薩南の涯の山のなかの静かな町。と号（特攻）要員とよばれた若者や少年たちが、青春の最後の幾日かを過ごした町。祖国の難に一命を捧げた隊員たちの特攻機が二百五十キロの爆弾を抱えてよろけるように飛び立っていった町。そんな隊員やそれを取りまいた人びとのさまざまな思いがこめられている町、知覧。》

（神坂次郎『今日われ生きてあり』）

知覧を初めて訪ねたのは、河内の軍人墓地で徳の墓と出会った年の春だった。宮崎から知覧までは、宮崎自動車道で鹿児島へ走り、指宿スカイラインを抜けると三時間弱で行ける。薩摩半島の、あちこちに菜の花が咲いている頃、義母と小学生の娘を連れて訪ねた。役場前の広い駐車場から平和会館へと向かう歩道の脇に、この碑があり、知覧が、戦争末期にどんな役割を担っていたのかがわかる。

帰るなき　機をあやつりて　征きしはや　開聞よ母よ　さらばさらばと　鶴田　正義

歩道をさらに奥へ進むと、この歌碑もあった。初めての知覧であるが、徳機の手掛りを得ようと戦争末期に、知覧基地を中心に展開された特攻作戦に関する出版物の多くに目を通していただけに、平和会館に入る前に、もう胸が詰まりそうな雰囲気を覚えた。

河内地区での日本機墜落の取材調査で、最初に耳にしたのが、鹿屋から飛んできた特攻機とのことであったので、何か関連した情報は得られないものかと、会館内に展示されている資料にゆっくりと目を通してみたが、何も思い当たるものはなかった。薄暗い会館の中で、南の海に散った若者の顔や多くの遺書や遺品を見ていると何とも言いようのないやるせない気持ちに襲われ、彼らの慟哭の声が、地底から聞こえて来そうな雰囲気に圧倒された。少女時代に、都城の川崎飛行機工場で勤労動員作業隊として過ごした義母も、一人一人の遺書に目頭を押さえながら目を通していた。

最初の知覧への旅は、河内の軍人墓地にあった、地元の者が「とくよしさんの墓」と呼んでいた墓の主についての手掛り探しが目的であったが、徳が飛行第六十五戦隊所属であったということも知らないままの調査で、何も得ることは出来なかった。徳が、大戦末期に知覧に展開した部隊に所属していたことを知ったのは、その年の暮れのことであった。

その後、再び知覧を訪ねたのは、徳の遺族を案内して墓参も終え、墜落現場にあった遺骨も収集した後のことである。特攻隊員が最後の数日を過ごしたという再現された三角兵舎や、飛行第六十五戦隊が知覧に展開してすぐの四月一日の攻撃で、第一号の戦死者として特攻隊員として処遇を受けた久保貞次軍曹（戦死後二階級特進）や、勇敢な攻撃で壮絶な戦死を遂げた園田大尉の遺品に目を通しながら、あらためて南海の果てに消えた数多くの勇士のことに思いを馳せた。国を思い、父母兄弟を思い、故郷を思いながら永遠の平和を願いつつ、若者たちが、最後の時を過ごし、そのほとんどが、再び舞い戻ることのなかった知覧。

私が、二回目に訪ねたのは、蟬の鳴き声もかしましい暑い夏の日のことであった。知覧訪問の思い出に、平和会館の売店で一冊の本を求めた。その本に、飛行第六十五戦隊関係についても触れられていた。徳や松原と同期に入隊した西庄三郎は、たいへん両親思いであった。彼は、出撃間際まで、当時知覧高等女学校三年で十五歳の鳥浜(現赤羽)礼子に頼んで、両親に贈り物をしていた。そのことが、知覧高女なでしこ会編『知覧特攻基地』に書かれている。

(前略)

礼子さん度々の無理なるお願ひお許し下さい。さぞ御迷惑の事と存じます。御礼をと思ひますが今の自分にはそれも出来ず残念です。失礼ですが書面にて厚く御礼申し上げます。知覧での出来事は自分の短い一生ですが楽しい思ひ出となります。礼子さんの賜物は自分の最后を見とどけて呉(れ)ると思ひます。飛行機に乗って征くのは一人ですが、自分の心には礼子さんの真心を乗せて征きます。薩摩の乙女達の毎日の奉仕を受けながら散る自分達は幸福者かも知れません。今の自分には家の事も親兄弟の事もなく、唯敵撃滅の燃えるような心のみです。

礼子さんのお手紙に依り銃後の事は安心です。戦をするものにとって銃後の事程気に掛る事はないと思ひます。自分も安心して死ねます。

いざ征かん愛機と共に散華まで

これは自分達の心をよく表してゐると思ひます。先輩の同期生が次々に散華し、自分達ばかりが残ると言ふ事は心苦しい事です。此の心は分って戴けると思ひます。だが決して死を早まらんつもりです。任務を完遂する迄は断じてやります故御安心下さい。

最後に礼子さんの将来の幸福と御健康をお祈りすると共に無理なお願何卒お許し下さい。

不一

三郎拝

礼子様

激励御言葉自分の心に深く秘め必ず頑張ります。敵を攻撃するまでは途中にて絶対に事故等を起さぬ覚悟です。

屹度々々頑張ります。

戦争は自分達で勝って見せます。戦の事は心配せず銃後の務を完うして下さい。

みなさんの贈物「マスコット」として自分の征く所必ずつれて行きます。「マスコット」は必ず自分を守ってくれると思ひます。部隊に来なくなってもどうかお便りを下さい。自分を忘れずに居て下さい。

終りにみなさんの健康と幸福をお祈り致します。

三郎拝

歴戦を戦い抜いた飛行第六十五戦隊が、最後の作戦を展開した知覧。帰ることのない征途に臨んで南海に散った若者達が、最後の夜を過ごした三角兵舎。一〇二八人の若者達が、何度も何度も開聞岳を振り返りつつ万感の思いで、片道だけの燃料を積み、知覧基地を飛び立ち南の雲間に、どんな想いで消えていったのだろうか。徳もまた、どんな思いで彼らを見送ったのであろうか。平和会館を出ると、蟬の鳴き声は、前にも増してにぎやかになっていた。

大分県宇佐市

寒風の吹く宇佐神宮の赤い大きな鳥居の前にある広い駐車場の目立つ場所で、まだかまだかと首を長くして我々の到着を待っている一人の男がいた。帽子を、少し横かぶりにしてちょこんと頭に載せていた。車を降りると、私は、彼のもとに近付いた。彼は、初対面のあいさつもそこそこに駆け寄ると、「ありがとう。本当にありがとう。わしゃ嬉しいで。本当に嬉しいで」と私の手を強く握った。彼のその手の指は少し曲がっていた。眉間には、わずかに古い傷跡が二つ残っていた。二つとも、今から四十七年前の夏に、愛機の隼とともに大口市の田んぼの中に墜落した時の傷跡である。

松原弘直と筆者

松原弘直の家は、宇佐神宮から、車で十分くらいの所にあった。松原の運転する軽トラックの後を追って車を走らせた。広い水田地帯の中に彼の家はあった。大きな門構えの農家である。テレビ番組取材のために同行していたMRT宮崎放送の紫安《むらやす》ディレクターとカメラマンとともに家の中に招かれた。かわいいお孫さんに囲まれた松原は、頭もすっかり薄くなり、ちょび髭の似合う好好爺の風情で、我々の来訪を心から喜んでくれた。

松原は、徳とは、本当に仲が良かったよう

である。同期入隊で、同じ軍曹という階級でもあり、正反対の性格が、逆にウマが合いお互いを引き合わせたらしい。寡黙で誠実、不言実行型の徳と、陽気で茶目っ気のある松原のコンビは、戦隊内でも目立っていたという。

松原は、徳との思い出や当時の戦隊の混乱していた様子を一気に語り始めた。私は、今までの調査資料とともに、徳の写真を見せた。じっと写真に見入っていた松原は、テレビカメラが回っているのも気にせず、「徳さん……。良かったのぉ。良かったのぉ……」と何度も何度も写真に語りかけながら、目尻に涙を溜めずっと写真に見入っていた。

松原も、戦後、徳は朝鮮海峡で戦死したものと思っていた。このような形で、徳との再会を果たし、深々と私に頭を下げ礼を述べた。松原も、戦後、しばらくは戦死したことになっており、父あてに、お悔みの手紙も届いていたという。最近になって、市から委嘱された農業委員会の旅行で、鹿児島県の指宿温泉に行き、同宿の大口市からの団体と話をする機会があり、その時に、終戦一カ月前に、大口市内の水田に愛機「隼」とともに墜落し、そのまま気を失ったことを述べると、その方が、子供の時に雲の中から、突然急降下して墜落した松原機を目撃した方であり、不思議な縁に驚いたこともあったという。

鼻の下にチョビ髭を生やした「松原伍長」には、まだ往年の茶目っ気と戦隊で人気者であった片鱗が残っていた。居間の鴨居の上には、松原の父が教えたこともある昭和の名横綱双葉山の手形とともに、都城航空機乗員養成所第十三期生同期会の歌があった。

大空《そら》わたり　ひびかうこだま
たぎる熱《ねっ》情　澄みし瞳の剛者今も

戦友であった徳の最期を初めて知った松原は、彼の戦後も、これで一応終わったかのように、戦後最高の一日であったと感謝の言葉を述べ、車に乗り込んだ我々をいつまでも見送ってくれた。宇佐平野の寒風は、一段と強くなっていた。

香川県高松市

夜の高松空港に着いたMRT宮崎放送の紫安ディレクターと取材スタッフと私を待っていたのは、知覧で、全員特攻を吉田戦隊長に直訴した「宮脇曹長」であった。背の高いがっしりした体格の宮脇曹長は、戦後松原姓となり、縁あって高松市郊外の綾歌郡綾上町に住み、助役や町議会議長などの要職にも就いていた町の顔役でもあった。

徳には、松原姓の仲の良い戦友がいたということは、事前の調査でも聞いており、徳家にあった当時内務班員であった熊本県の栃原辰秋からの手紙にも松原姓の親友がいたことが触れられており、戦友会事務局から入手した会員名簿から、香川県に松原姓の会員がいることを知り、早速連絡を取り合った。松原は、徳軍曹とは、中隊を別にしていたものの、各方面の関係者から情報を集めてくれ、当時の様子を知ることができた。

松原に、吉田戦隊長への「特攻直訴」のことを尋ねると、「そんなこともありましたかねぇ。みんな当時は、必死でしたからねぇ」と、その時のことを振り返るように宙を見上げながら、知覧での三角兵舎内の息の詰まるような雰囲気や沖縄で戦死した戦友のことを、昨日の出来事のように思い出しながら話して

松原定男と筆者

くれた。今でも、知覧に行くと、戦死した彼らの姿が一人一人浮かび、涙を抑えることができないという。

松原は、北海道十勝の小作農家に生まれ、実弟は、北支で戦死したという。航空隊に入る所は、別の陸上部隊に所属しており、大陸の戦線で、何度も生死の境を体験したという。また、南方海上で戦死した谷口軍曹とも同じ教育隊にいたこともあり、よくご存知であった。

高松空港近くのホテルで、セピア色になった当時の写真が収められたアルバムや資料を前に、深夜まで、いろいろな思い出や当時の戦隊の置かれていた様子を聞くことができた。

もし、宮脇曹長の直訴を吉田戦隊長が、そのまま受けて、全機特攻で出撃していたら、松原とも会うこともなかったと思いつつホテルのロビーで松原と別れた。

東京六本木

夜の東京、しかも六本木界隈を、ある晩一人で歩いていた。田舎者の山男には似つかわしくないが、とある店を探しながら歩いた。宇佐の松原から聞いた東京タワーを中心としたおおまかな位置関係を頭に入れて歩いた。ようやくその店はわかった。「郷土料理　薩摩おごじょ」という暖簾の下がった店に入ると、他に数人の客がいた。

女将さんに近いカウンターに座り、黒ジョカに入った芋焼酎ときびなごの刺身を注文した。何杯か飲み干し、やや気を鎮めると、女将さんの手が空いたころ合いを見計らって胸のポケットから一枚の写真を取り出して「この方を、ご存知ですか」と、刑事が手配写真を見せるような感じでいきなり聞いた。女将は、老眼鏡に手をやり焦点を合わせると一枚の写真に見入った。「あっ、この方は、知覧での……どうしてあなたが……」と突然の出来事に驚いた様子だった。

「薩摩おごじょ」の赤羽礼子

私は、この店を、大分の松原から聞いて訪ねたことや、今までの一連のことの次第を話すと、次第に、当時の記憶が細かく甦ってくる様子であった。「真面目でやさしい方でした。本当におとなしい方で、三角兵舎の中で皆で歌を歌う時も隅の方でにこにこしながら静かに聞いておられました……。そうでしたか。良かったですね……」。写真をしみじみと見ながら語りかけるように目頭を拭いていた。

女将の名は、赤羽礼子。当時、知覧高等女学校三年だった鳥浜礼子である。知覧特攻基地に関する書き物に必ず登場する「特攻おばさん、鳥浜トメ」の娘である。

私が、これまで飛行第六十五戦隊の知覧での展開について調べた内容について聞くと、ほとんどのことについて実に細かく覚えていた。吉田隊長が初出撃で行方不明になったことも、次々に戦死した若い搭乗員の名前もほとんど知っていた。私と同じ宮崎県出身の谷口軍曹が出撃した日のことは、特に鮮明に覚えていた。「あの日、谷口軍曹は、昼の二時頃、今から二時間ほど昼寝するから四時になったら必ず起こしてねと頼まれました。私は、まだ子供でしたから、正直にその通りに受け取りました。三角兵舎の片隅で、頭からすっぽりと鼠色の毛布を被って身動きひとつしませんでした。きっと、毛布の中で、ずっと親兄弟や故郷のことを思い出しておられたのでしょうね……。そうですか……同じ宮崎ですか」。女将は、当時のことをいろいろと思い出していた様子だった。

徳の写真を旅行カバンにしまい込むと、店を後にした。外国人の若者も多く、一段と賑わいを増した六本木の繁華街を一人で通り抜けながら、前触れもなくこの店を訪ね、突然、五十年近くも前の、多感な少女の胸に刻み込まれた、生々しい光景を呼び戻させたことが、果たして良かったのかと思いつつ、やはり田舎者の山男には似合わない六本木を後にした。

埼玉県上福岡市

池袋から東武東上線森林公園行きの電車に乗った。三十分程で、郊外の新興開発地に設けられた上福岡駅で下車し、予め几帳面に細かく丁寧に描かれた付近の地図入りの手紙を頼りに、指定された場所に行った。年代物の古いトヨタカローラから降りてきたのは、高校の漢文の先生を退職して二十年近くを経たと言った風情の温厚で物静かな一人の老人であった。「遠方から、ようこそ、いらっしゃいました。どうぞお乗り下さい」と、丁重に初めて対面する私を後部座席に招き入れてくれた。

車のハンドルを握っているのは、かつて最前線で「隼・襲撃隊」隊長として操縦桿を握っていた飛行第六十五戦隊長・吉田穆である。自動車は、戦闘機と違って操縦が難しいのか、何となくぎこちない運転である。

梅の花が満開の庭を通り玄関から案内されると、応接間の壁には、大学教授夫人の娘さんが描かれた有名な美術展に入賞したという大きな油絵が立て掛けられていた。

吉田とは、電話や手紙で何度となく連絡を取り合っていた関係で、一連の情報は、お互いに交換していた。「今回の件につきましては、本当にありがとうございました。本来なら私どもがやるべきことですが、あれから五十年近くも経ちまして、戦友も皆、いい年になりました。まことに申し訳ありません」と吉田は、私に深々と頭を下げた。

隼のプラモデルを手にして当時の様子を語る吉田穆

車中から気にはなっていたが、吉田の顔には、右頬から鼻にかけて大きな傷跡があった。その傷は、中国戦線での墜落事故により大怪我をした時の傷だという。「終戦直後は、戦った男の証として通用したのですが、しばらくするとやくざの出入による刀傷と間違われたり、今では、交通事故ですかと言われます。時代も変わったもんです」と頬の傷に手をやりながら、吉田は、知覧や目達原時代の終戦間近の混乱した様子や、部下で戦死した隊員のことについて、その日時まで具体的に思い出しながら話をしてくれた。途中、かつての部下からプレゼントされたという、片翼に二百五十キロ爆弾を吊り下げた「隼」のプラモデルを持ち出し、孫があちこち壊しましたがと前置きして、当時の具体的な攻撃要領などについても説明してくれた。

しかし、吉田の話し振りには、懐古的なものや武勇伝的なものはなく、当時の日米の戦力の差を冷静に判断し、また敗戦という結果についても当然の帰結として分析し、今後の日米の関係についても、お互いの相互理解に基づく友好的な信頼関係を築く必要性を力説された。

私も、時の経つのも忘れて、すっかり長居をしてしまったが、指揮官として大戦末期に歴史と伝統のある飛行第六十五戦隊の最期を看取った吉田の話には、戦争をまったく知らない世代の私にとって衝撃的なことばかりであった。帰りにお借りした著書『大空に生きる』は、宮崎への機中で一気に読み終えた。吉田の実戦体験を詳しく記録してある本であった。

吉田は、戦後は数々の職を経験した後、航空自衛隊に入隊し、新田原基地副司令や三沢、浜松の基地にも勤務し、最後は、埼玉県入間にあったジョンソン基地司令として、昭和四十六年（一九七一）七月に起きた自衛隊機と民間機の衝突事故の処理も担当したという。

帰り際に、居間の壁をみると、当時の第六航空軍司令官菅原道大中将直筆という「風雪磨人」の色紙が掛けられていた。吉田の顔に、深く刻まれた傷跡は、まさにそのことを示しているようだった。満開の梅の花に送られて、吉田邸を後にした。

福島県原町市

阿武隈山地の裾野に広がる福島県原町市は、広々とした平野が広がり、相馬馬追いの行事で知られる太平洋岸の市である。太平洋戦争当時、ここにも多くの若者が前線に向けて飛び立って行った陸軍の飛行場があったことは、誰からか聞かなければわからない。

かつての原町飛行場は、飛行第六十五戦隊がフィリピンで展開された捷号作戦で戦局が不利になり、戦局を回復して来るべき天号作戦に備えた場所でもあり、吉田新戦隊長のもとで、新たな戦隊が編成された場所でもある。他の戦隊も、ここ原町で戦隊を再編成して前線へと向かったのであるが、その前線は、ほとんどが知覧であり、多くの若者は沖縄の海に消えたのである。そのような関係で、原町には、「原町飛行場関係戦没者慰霊碑」が建てられている。昭和四十六年（一九七一）に、原町在住で薬局を営んでいる八牧通泰・美喜子御夫妻や当時の飛行場嘱託医の渡辺氏らを中心として建てられたこの碑は、かつての飛行場を見下ろす陣ケ崎公園墓地にある。

戦隊史の中にも、原町での隊員の様子が書かれ、慰霊碑もあることを知った私は、福島県白河市で研修を受ける機会があり、足を伸ばして訪ねてみることにした。八牧自身は、陸軍航空士官学校五十六期生で、終戦直前まで中国大陸で急降下爆撃隊のパイロットとして、本土決戦に備えていた。美喜子夫人は、当時原町にあったミルクパーラー「松永牛乳店」の娘で、まだ若い隊員達は、休日になるとその店を訪れ、牛乳や当時珍しかったアイスクリームで、束の間のひとときを過ごした。そのような関係で美喜子夫人は、当時、隊員達のアイドル的存在でもあった。御夫妻は、当時のことを書いた『秋燕日誌』や『あかねぐも』

なども出版されている。

八牧の案内で、慰霊碑を訪ねた。

徳義仁の名は、飛行第六十五戦隊（沖縄作戦関係）二十九柱の中に刻まれていた。

陣ケ崎公園基地から見下ろす原町は、かつての飛行場は、すべて水田や畑となり、のどかな農村風景であった。その後、わずかに当時の飛行場の門柱だけが残る飛行場跡を案内していただいた。

原町滞在は、わずかな時間であったが、かつて若い隊員達が整然と並び、航空長靴の音を響かせて前線基地の知覧へと陸路向かった当時のままの原町駅から、常磐線に乗り込み原町を後にした。

宮崎県宮崎市

米空軍歴史研究所からのレポートに登場する終戦当時の宮崎県警察本部「シラカワタケオ警部補」と、直接お会い出来るとは、まさか思ってもいなかった。剣道を趣味とする私は、警察関係の方とも何かと縁があり、私の通っている宮崎市内の宮崎神武館道場の師範で警察官ＯＢの清澄隆先生に、白川のことを尋ねたところ、市内でお元気に過ごされていることがわかり、自宅から自転車で行ける距離でもあり、県立宮崎病院のすぐ裏の閑静な住宅地にお住まいの白川を何度も訪ね、当時のことを聞くことができた。

白川は、九十歳が近い御高齢であったが、まだまだ矍鑠《かくしゃく》とされ、若くして県内各地の警察署長を歴任されているだけに、終戦直後の大混乱期の多くの体験談も語っていただいた。Ｂ-29の墜落現場には、本部からの指揮官として駆けつけ、検死から遺体の埋葬まで現場で指揮を取り、埋葬後に六本の十字架を現地

進駐軍のイングイ中尉と射撃の腕を競う白川武夫宮崎警察署長

の木で作り、矢津田村長以下現場の捜索隊員一同で深々と頭を垂れ手を合わせて、異国に散った青い目の若者達の冥福を祈ったことを昨日のことのように話していただいた。

後になるが、平和祈念碑の除幕式には、娘さんやお孫さんと参加され、当時の様子を参列者にも語っていただいた。戦後の大混乱期において、進駐軍との諸々の調整での苦労話や今では想像もできないような逸話も聞かされたが、紳士的な白川の態度に進駐軍幹部との調整もスムーズに進んだようである。

終戦直後の思い出として、現在の西都警察署の前身であった妻警察署長時代に、後に東京裁判でA級戦犯になった陸軍中将（当時）であり、「米良の殿様」と慕われた菊池武夫公を逮捕して東京まで護送するよう進駐軍から命令を受け、逮捕状を持って山奥の米良まで行き、殿様を次席に連行させ東京まで護送させた思い出や、各地に大量に残っていた武器の引き渡しのことなど、貴重な体験の数々も聞かせていただいた。

白川宅を辞する時、玄関脇の壁に架けてあったかつての内閣書記官長迫水久常直筆の色紙「萬世泰平」が、泰平でなかった大混乱の時代を経験した白川の半生を物語っているようでもあった。

東京都・多磨霊園

「兄は、いつかひょっこり帰って来るのではと思っていましたが、ありがとうございました。これでようやくあきらめが付きました」

戦後五十年が経っても、戦死された方々の御遺族の偽らざる気持ちなのである。東京に出張した際に、時間を見つけて墓参に出かけた時の、徳軍曹の妹さんの言葉であった。私も、その言葉を聞いた時には、非現実的なことではあるが、一縷の望みを完全に絶ち切ったことへの責任も感じた反面、やはり、これで良かったと思い直した。

徳家の墓は、多磨霊園にある。同じく若くして亡くなられた二人の弟とともに霊園の墓地に眠っている。「勲七等青色桐葉章　報國院忠山義仁居士　俗名義仁　昭和二十年七月二十七日戦死　享年二十二才」となっている。

この墓が、いつ建てられたかは、聞かなかったが、やはり、鹿児島山で遺体が発見され、地元で墜落した日と思われていた日付けとなっていた。戦後五十年が経って、ようやく正確な戦死した日と場所を伝えることが出来たことは、親父山での一片の金属片との出会いから展開したひとつの収穫でもあった。

徳家には、ＭＲＴの取材でもスタッフとお邪魔して、何かと御厄介をおかけしたり、四人の御姉妹と一緒に食事に招待していただいた。靖国神社へも一緒に参拝したり、大事に保存されていた徳軍曹からの手紙を拝見させていただき、当時の様子を知ることもできた。

一度、徳軍曹の出身校攻玉社を訪ねた時、若い事務員から「お子さんの入学ですか」と尋ねられ、事情を説明すると事務局長が直接応対され、当時のままの校舎の一部や、学校に関する出版物までいただき恐縮したこともある。

徳家を訪問し御姉妹から話を伺いながら感じたのは、戦死者の遺族にとって、いつまでも戦争に終わりはないということであった。

知覧から原町までの取材行で、当時の様子を生の声で聞いた私は、さらに戦争を知らない世代にこれらのことを語り継ぐ責任を感じた。

第三部

一九九五年八月
祈りの丘

第一章　平和祈念碑

平和の祈念碑を建てる会［趣意書］

昭和二十年八月三十日、熊本県熊本市（筆者注：当初は熊本市と誤認していた）の連合国軍捕虜収容所（ＰＯＷ）に物資投下のため飛来中、高度を下げ過ぎて山（障子岳付近）に接触、親父山北側の谷に墜落した米軍機Ｂ-29には、十二名の搭乗員がいて、若い命を落としています。また、八月七日には、旧日本陸軍の隼が河内の通称、鹿児島山に落ち、青年一人が絶命しています。両墜落現場は三秀台をまたぎ、直線距離で約七キロメートル、飛行したら、わずか数秒です。

高千穂の山に終戦の前後に相次いで日米両国機が落ち、十三人が若い命を断ちました。事実を後世に伝えたい一心で、埋もれていた二つの墜落事故を、五年がかりで調査し世に出したのは、県北の自然を語る会会長の工藤寛氏（岩戸出身・宮崎県職員）です。氏は、三秀台が両墜落現場の中間点にあたること、甲斐秀國氏、田上巽氏等、五ヶ所の人々が直接Ｂ-29搭乗員の遺体収容作業に携わったこと、また、五ヶ所地区は、矢津田家文書にも登場するウェストン等の外国人が訪れ、歴史的に見ても高千穂町の国際交流の舞台としてふさわしい場所であること等から、三秀台に平和の祈念碑を建てたいと希望されました。氏の思いに深く感銘し、地元五ヶ所地区では、隼の墜落した河内地区にも有志を募り、平和の祈念碑を建てる会を結成しました。

終戦五十年を迎える本年、これらの二つの墜落事故を契機として、戦争があったという歴史的事実を後世に伝え、全ての戦争の犠牲者の冥福と永遠なる世界平和を祈念して碑を建設したいと考えます。
建設にあたっては、かなりの費用がかかりますが、私達の趣意にご賛同いただける皆様方の善意の資金協力をお待ち申し上げます。

建設実行委員会組織

会　長　甲斐　秀國（五ヶ所在住、前JA高千穂町理事、B-29捜索体験者）
副会長　野尻　八郎（五ヶ所在住、五ヶ所公民館長）
〃　田上　巽（五ヶ所在住、B-29捜索体験者）
〃　有藤　俊太郎（河内在住、前田原地区遺族会会長）
事務局長　甲斐　英明（五ヶ所在住、県フォレスト・インストラクター）
〃　高橋　渉（河内在住、県フォレスト・プロデューサー）
〃　工藤　寛（宮崎市在住、県北の自然を語る会会長）
実行委員　立本　博（五ヶ所在住、五ヶ所公民館産業部長）
〃　甲斐　文男（五ヶ所在住、五ヶ所公民館会計）
〃　田上　清喜（五ヶ所在住、五ヶ所公民館体育部長）
〃　合澤　栄喜（五ヶ所在住、祖母嶽神社宮司）
〃　田上　孝生（五ヶ所在住、五ヶ所小学校PTA会長）
〃　佐渡　哲夫（五ヶ所在住、前五ヶ所小学校PTA会長）
〃　佐藤　乙枝（五ヶ所在住、県フォレスト・プロデューサー）

〃　　　　　立本　百合子　（五ヶ所在住、前五ヶ所小学校ＰＴＡ副会長）
〃　　　　　武田　計助　（五ヶ所在住、五ヶ所音頭会長、Ｂ-29部品所蔵者）
〃　　　　　小川原　益男　（五ヶ所在住、農業委員、Ｂ-29部品所蔵者）
〃　　　　　甲斐　博太　（五ヶ所在住、元五ヶ所小学校ＰＴＡ会長）
特別顧問　　稲葉　茂生　（高千穂町長）
顧　問　　　安在　幸宣　（高千穂町議会議長）
〃　　　　　佐藤　金吾　（高千穂町議会議員）
〃　　　　　堀川　容佑　（高千穂町議会議員）
〃　　　　　佐藤　定信　（高千穂町議会議員）
事務局協力者　緒方　俊輔　（高千穂町教育委員会、情報）
（アドバイザー）　トリシア・Ｊ・イガワ　（高千穂町教育委員会、通訳）
　　　　　　中島　純　（ＮＨＫ宮崎放送ディレクター、通訳）
　　　　　　藤木　恵三　（県立高千穂高校美術教諭、彫刻）

秀國の思い

終戦後、日本の復興はめざましかった。昭和三十一年（一九五六）、時の総理大臣池田勇人は、「もはや戦後は終わった」と発言し、皮肉にも昭和二十五年に隣国で勃発した朝鮮戦争の特需効果に支えられ、神武景気を経て本格的な高度経済成長時代に突入した。そのピークは、昭和三十九年の東京オリンピックであった。

高度経済成長は、一方では、農山村の豊富な労働力を都市部に吸収し続け、その負担は、残された者達に大きくのしかかった。秀國も、終戦直後から、さらに厳しくなった食糧事情を回復させ家族を養うため、必死に原野に鍬を振り続け、妻サツキとともに一男二女の子供達を育て上げた。

また、高度経済成長は、都市と地方の格差をさらに広げ、都市部の裕福な者達は投機目的で山間部の山林を買い求めた。五ヶ所も、その例に漏れず、祖母山麓に広がる杉の植林地は、福岡や熊本の医師達の手に渡ったものも多かった。

秀國は、若い頃から山仕事に長け、人望もあったため、県外の山主から所有林の管理を任された。十六歳の時、B‐29の焼夷弾の投下により、山火事が発生し、警防団員の一人として必死の消火作業を続けた筒が岳の麓も、そのひとつであった。造林や枝打ち、間伐作業の合い間に額の汗を拭い、祖母山や黒岳の山々を眺めていると、終戦直後の、あのB‐29墜落事故のことが思い出された。生まれて初めて目にした青い目の若者達の無残な姿と、今でも手に残る彼らの遺体埋葬や遺骨の収集作業時の感触は、これまで一度も忘れたことはなかった。

戦争がなかったら、彼らも今頃、アメリカで家族に囲まれ、広い庭のある大きな家に住み、一家で何台も自家用車を持ち、日本では想像出来ないずっと豊かな暮らしをしていたであろうと思うと、いつもやり切れない気持ちに見舞われた。肉親や友人にとっては、日本もアメリカも関係なく戦争で命を落とした者のことを忘れることはないと思い続けた。それらの肉親や友人は、遠く海を隔てた日本の九州の、しかも山深くにあるこの山での出来事を知ることもなく過ごしていると思うと、今回、このB‐29墜落事故のほぼ全容が判明したのをきっかけに、出来るものなら自分の口から、いつかその時の様子を遺族に伝えたいと思うようになった。

平和の鐘

昭和四十八年（一九七三）、私は故郷を離れて神奈川県の丹沢山が見える相模原市で暮らしていた。一年間の浪人生活を経て、入学したのは麻布獣医科大学という獣医師養成の単科大学（現麻布大学）である。当時は、まだ今のように東京のベッドタウン化しておらず、大学の周辺は、静かな商店街と畑も残る暮らしやすい環境にあった。

同じように地方の農村から出てきた似たような仲間と、いずれは、それぞれの郷里に帰って家畜の診療をしようと語り合っていた。獣医師になるには、卒業時に国家試験に合格する必要があるため、講義には真面目に出席したが、山への想いは断ち切れずに、山岳部の友人と、休日には関東周辺や南アルプスの山々を歩き回った。しかし、夏と冬の休みには、必ず実家へ帰ることにしていた。新横浜駅から新幹線に乗り新大阪駅下車、そこから夜行列車の急行「阿蘇」に乗り換え、熊本駅前から九州産交バスで阿蘇山麓を通り高森峠を越えて高千穂入りするのが、通常のもっとも安い帰省コースである。高森峠を越えて、しばらく走ると県境に草部《くさかべ》という集落があり、そこの車窓から見える祖母山は、天空に、その鋭鋒を真っすぐ伸ばし、いかにも故郷の山という優しさと貫禄があった。

当時、五ヶ所高原には「三秀台牧場」という和牛の繁殖育成牧場があり、実習も兼ねて牧場管理のアルバイトに出かけることにしたのは、二年生の夏休みである。一緒に浪人生活をした友人の父が、五ヶ所小学校の教頭をしていた縁もあり、二人で牛の世話をしたり、牧野に肥料を撒いたりして二週間程をのんびりと過ごした。五ヶ所高原の夏の涼しさは別世界で、牧場の正面には、祖母山が聳え、毎日故郷の山を眺めながら快適な夏を過ごした。

暑き日も　肌身涼しき　五ヶ所村
　夏の真中に　秋草そ咲く　　　中川　久和

我庵は　祖母の高嶺の　朝日影
　夕日を阿蘇の　山の端に見る　　　矢津田　鷹義

場長は、県立営農研修所（現県立農業大学校）を卒業して五ヶ所に帰り、実家で和牛の繁殖経営をする傍ら、牧場の管理も任され、場内にあった宿舎で新婚生活をしていた甲斐英明であった。この縁で、英明とは、私が大学卒業後、宮崎に帰り県職員として畜産関係の仕事をするようになってからも、祖母登山の際には必ず家に立ち寄り、お茶をご馳走になったり高原野菜を土産にもらったりするのが常であった。また、昭和六十二年（一九八七）から高千穂にある県の出先機関の西臼杵支庁に畜産係として勤務することになり、仕事の上でも以前にも増して何かと世話になっていた。

親父山で偶然拾った一片の「金属片」から始めた「B-29」と「隼」の墜落事故調査も、ようやく全容がわかった頃、地元の新聞社やテレビ局の取材で、度々、墜落事故の舞台となった五ヶ所を訪れるようになった。その都度、私は異郷の地に散った日米両国の若者の十三名の若者の慰霊碑を是非、三秀台にとの自分の思いを述べることにしていた。もちろん、具体的な案があるわけでもなく、建設資金の当てがあるものでもなかったが、ただ何とかなるという漠然とした思いでもあった。そんな中で、以前からの知り合いの英明は、私の気持ちを最初から理解してくれていた。

実行委員会

手弁当で、休日を利用してマイペースで調査を続けていた私の終戦秘話も、次第にマスコミで取り上げられるようになった。平成二年（一九九〇）から宮崎市の県庁に転勤になり、それまで住んでいた延岡市から宮崎市へ家族で引っ越し、五ヶ所へも頻繁に通うことも出来なくなり、終戦秘話とも少し遠ざかっていた頃、通勤途上で、以前から知り合いのMRT宮崎放送局の紫安《むらやす》伸一ディレクターと偶然会った。彼とは、以前から興味を持って調査を続けていた「九州のツキノワグマ」の取材で、何度か一緒に祖母山系に入っていた。すでに絶滅したとされている九州のツキノワグマについて話をしているうちに、ツキノワグマ調査から偶然出会った私の「B-29・隼墜落秘話」の話へと発展し、この内容に、興味を持った彼は、一連の秘話を一時間ドキュメンタリー番組として編集することになった。

私自身も、すべてを自費で調査していたこともあり、遠方の関係者への取材や調査には限界もあり、この取材に便乗して私の調査も進めようという魂胆で了解した。東京、高松、宇佐から墜落現場まで取材班と一緒に回り、ヘリコプターも使って祖母山を上空から撮影したが、番組のフィナーレで、私は三秀台に立ち、B-29が墜落した親父山と隼が墜落した鹿児島山の方向を指差し、両方の中央部に位置し多くの人が訪れるこの地に、是非、慰霊碑を建てたいとの想いを述べた。

この番組は、平成四年（一九九二）五月三日に「神々の山・奥高千穂B-29・隼墜落秘話」として放映され、地元の方々にも、ある程度の内容は伝わっていた関係で、私の慰霊碑建設の構想は比較的説明はしやすくなった。

また、墜落現場に一番近い五ヶ所においても、甲斐秀國をはじめ直接現場で遺体の収容作業に当たった者もおり、事故の内容を慰霊碑により具体的に伝えることにより、亡くなった十二名の異国の若者達も浮かばれると賛同してくれた。また、当初から私の調査に興味を示し、協力してくれていた高千穂町役場教育委員会の緒方俊輔学芸員も加わり、次第に具体性を帯びてきた。

平成六年（一九九四）六月二十七日に十八人のメンバーによる第一回の発起人会を当時、祖母嶽神社の境内にあった五ヶ所公民館で開いた。墜落現場で遺体収容作業にも携わったことのある甲斐秀國を会長に決め、翌二十八日に、早速、趣意書を持って稲葉茂生高千穂町長を、地元選出の四名の町議会議員とともに訪ねた。私と教育委員会の緒方もオブザーバーとして同行した。

その後、発起人会を「平和の祈念碑を建てる会」として、毎月のように実行委員会を開催し、戦後五十年目にあたる平成七（一九九五）年の夏に、除幕式と記念式典を行う計画で作業を進めた。素人集団での作業には、何かと不安も多く、私も出来る限り具体的な作業計画を作り、その都度持参して説明した。当初は、なかなか細かい点での詰めまで進めなかったが、回を重ねるうちに段々と熱も入り、いよいよアメリカの遺族を捜そうということになったものの、会員の中には、英語の使えるものは一人もいないという始末であった。

当時、役場の国際交流員として派遣されていたハワイ出身のトリシア・J・イガワに依頼して、町長名でアメリカ退役軍人局に、遺族の住所捜しを依頼したのは九月初旬のことであった。

しかし、こちらの期待は外れ、一向に何の返事も来ずに、半ば諦めていたところに強力な助っ人が現われた。発起人会から取材を続けていたNHK宮崎放送局の中島純ディレクターである。高校以外は、アメリカで暮らしていたという彼は、英語はお手のもので、アメリカの諸事情にも精通しており、彼を通じて直接退役軍人局の担当者に電話を入れ協力を依頼したものの、ついにその年の内には、何の連絡もなく再び諦めムードが漂い始めた。

年も明け、いよいよ戦後五十年目となり、会員の中にも焦りが見られ始めたが、正月早々からNHKの取材があり、気運も徐々に盛り上がったところでさっそく、募金活動を開始した。二月には、会の名称を「平和祈念碑建設実行委員会」と改め、八月の碑の完成に向けて活動を強化した。アメリカには再度、中島から電話やファックスで連絡を取ってもらったところ、戸籍制度のないアメリカでは、五十年前の住所から現在の住所をたどるのは非常に困難であるとの返事に、会員一同もすっかり落胆した。

ほぼ、アメリカの遺族を捜し出すのは困難とあきらめていたところにある日、事務局に二通の国際郵便が届いた。いずれも発信地は、アメリカのユタ州であった。一通は、ボブ・ミラー伍長の弟ラリーからで、もう一通はジョン・デンジャーフィールド伍長の未亡人フローレンスからで、こちらが用意したシートに、必要事項が書かれていた。一通でも二通でも返事が届けばと思っていた会員一同は、二通の手紙に自分達の気持ちが通じたことを心から喜んだ。

いよいよ実行委員会も盛り上がり、三月には、碑の建設現場も選定し、デザインは、私の母校でもある高千穂高校美術教師の藤本恵三先生にお願いしたところ快く引き受けていただき、碑の彫刻は「ながさき墓石店」の興梠光雪氏にお願いした。募金活動にも一気に弾みがつき、実行委員会のメンバーは、それ

平和祈念碑建設の中心となった五ヶ所の実行委員
（前列左から立本博、合澤栄喜、武田計助、田上巽、野尻八郎、甲斐秀國。後列左から
立本百合子、佐藤乙枝、田上孝生、田上清喜、佐渡哲夫、アンソニー、小川原益男）

ぞれの友人や知人に趣意書を送付して積極的に募金を集めた。マスコミも、この一連の活動を戦後五十周年関連記事として積極的に取り上げてくれたのも募金活動に大きく功を奏した。五月三日に、毎年恒例行事として開かれる祖母山山開きの前夜祭や高千穂神社春季大祭では、新たな委員の興梠晃や興梠重徳に高橋渉らの本陣太鼓「鳴滝会」のメンバーが、募金活動に協力してくれた。

五月に入ると、具体的な建設計画書を作成し町当局にも助成金をお願いしたところ、地元選出の安在幸宣議長や佐藤金吾、堀川容佑、佐藤定信議員らの積極的な働きかけもあり、六月の定例町議会において建設補助金が承認された。そして、その月には、連絡の取れた二人の遺族を招待することに決定し、早速、招待状を発送した。

募金活動も順調に進んだ。特に地元の五

ヶ所地区では、B-29墜落事故の話は、代々語り継がれてはいたものの、今回、その具体的な内容を明らかにしたことにより、戦争の延長線上で異国の山に散った青い目の若者達に寄せる同情の念も強くあり、すべての家が家族ぐるみで募金に応じてくれたのは、本当にありがたかった。

遺族来日決定

忘れもしない平成七年（一九九五）六月三十日の夜、私は、公民館での実行委員会が終了して小雨模様の中、一人で三秀台の丘の上にテントを張り、ウイスキーを片手に今後の具体的な計画や今までの資料を整理していた。夜遅く一台のバイクが、滑りながら丘の上に登ってきた。実行委員の英明が、直接、連絡を取ってもらっていたNHKの中島ディレクターから届いたラリーからの、除幕式に出席する旨の手紙のファックスを手にしていた。私と英明は、手を取り合って喜んだ。それから三日後に、フローレンス未亡人からも出席の手紙が届いた。ようやく探し出した二人の遺族が、しかもラリーは妻のルースとともに、フローレンスは友人のジャックとともに来日することになった。翌朝、丘の上から見た夜明けの祖母山は、いつもより神々しく、我々の行動を見守ってくれているような気がした。

二人の遺族の来日で、私は、にわかに忙しくなり、慣れない作業と式典の無事成功と遠来の客人の受け入れ準備に追われた。私自身が海外に旅行した経験もなく、また、英語が喋れないことが、不安を一層募らせた。

ＮＨＫの中島ディレクターには、忙しい仕事の合間に、何度も無理なお願いをしたにもかかわらず、その都度、アメリカの遺族と直接連絡を取っていただいたことは、大変心強かった。旅行会社へ航空券の手配から関係者との日程調整、受け入れ準備と目が回るほど忙しい日を過ごしたが、それぞれの実行委員が持ち場持ち場で頑張ってくれた。予想以上の経費がかかることもわかり、募金活動にも全力をあげたが、何よりも心強く思ったのは、田原地区の公民館長会が、全戸に募金を依頼してくれたことであった。平和祈念碑を日米合同で建てることには、当初、一部の戦中派の方からは否定的な意見も出たのも事実であるが、戦後五十年が経過し、日米両国の前途ある若者が、お互いに見知らぬ地で亡くなったという事実を、後世に残そうとの私達の呼び掛けに多くの方々が快く賛同していただいた。

八月一日、実行委員会のメンバーでもある祖母嶽神社宮司合澤栄喜の神事により祈念碑の起工式を行った。土地は、町有地を無償で提供していただいた。

いよいよ実行委員の夢が実現する日が近付き、招待する遺族の案内は、当初からNHKの中島ディレクターに取材も兼ねてお願いしようと思っていた我々に誤算が生じた。中島ディレクターが、ちょうど八月中旬から開催されるユニバーシアード福岡大会に、二週間出張することになり、英会話もできる委員は一人もいなくなり、式典を間近に控え、不安は大きくなった。国際交流員のトリシアも七月末にハワイに帰り、八月初めに後任として赴任する交流員も、不慣れで、しばらくは対応できないであろうとあきらめていたところ、新しく赴任したオーストラリア出身のアンソニー・スカンランは、着任早々、われわれのチームに、自ら率先して積極的に参加してくれ、何でも気軽に手伝ってくれた。八月十一日にアンソニーの野外歓迎会を建設中の碑の前で盛大に行い、お互いに打ち解け、いよいよ近付いた除幕式と記念式典に向けて、一同はさらに団結を深めた。

しかし、アメリカからの遺族は、まったくの初来日で、日本のことについては、ほとんど知らなかった。

フローレンス未亡人は、七十七歳の高齢、加えて同行する友人のジャックは、一つ上の七十八歳で、大腿骨にピンを入れる手術をしたばかりで、心臓病も患っているとのことで、また心配の種が増えた。

いよいよ除幕式も目前となり、成田に一行が到着してから、高千穂に案内するまでについて思案していたところ、まさに「鬼に金棒」とはこのことで、強力な助っ人が登場した。委員の一人である興梠晃の従妹で横浜に住み、ホテルで専属通訳をしているという興梠美香が、われわれの依頼を、二つ返事で快く引き受けてくれたのである。両親とも河内出身であるという彼女は、両親の故郷での一大イベントということもあり、喜んで引き受けてくれたのである。

委員一同は、不思議なくらい多くの幸運が続いたことに驚いた。しかも式典当日は、安定した気圧配置となり、当分の間は、好天が続くとの天気予報であった。

第二章　異国の丘

遺族を迎える

三秀台の「平和祈念碑」には、純白の垂れ幕がかけられて、周辺も地元の方々の応援を得て、きれいに掃除がされ、いよいよ日米の遺族を待つばかりになった。前日二十五日、有藤は、昼前の便で東京から到着する徳軍曹の遺族を迎えに熊本空港へ、私とアンソニーは、昼過ぎの便で到着するユタ州からの一行四人を迎えに高千穂を出発した。

六年間取り組んできたことが、一気に現実になったような気がして、日本語が堪能なアンソニーに今までの思い出を語りながら、高森峠を越え空港へと向かった。日本人女性一人とアメリカ人四人で、しかも一組の夫婦と高齢の二人連れを到着ロビーで首を長くして待った。彼らはどんな思いで、兄と夫が不幸にして、自国の勝利にもかかわらず太平洋戦争終戦直後に、その生涯を終えた日本という国に来るのだろうかと思いつつ待っていると、それらしき一行が、手荷物受け取り場に現われた。大きな旅行カバンを手荷物受取所で受け取るといよいよロビーに出て来た。アンソニーと駆け寄り、美香を確認することができた。私は、無言のまま、彼らとただ握手をした。美香から私のことは、聞いていたのか、旧知の間柄のようにあれこれと話しかけてきたが、理解できたのは、ほんのわずかであった。

阿蘇草千里での一行と興梠美香（中央）

大きな荷物と七人を乗せた私のワゴンは、重そうに空港から阿蘇の裾野を走った。折角の機会にと世界一のカルデラ火山「阿蘇山」を案内することにした。彼らは、いずれも初来日で、見るもの聞くもののすべてに興味を示し、いろいろと質問をして、その都度アンソニーの通訳でわかりやすく説明した。「何故、自動車が左側を走るのか」に始まり、「何故、日本には緑がこんなに多いのか」まで、ありとあらゆる質問攻めであった。それにも増して面白かったのは、阿蘇火口付近で、硫黄臭の強いガスが突然風に乗って、我々の方に流れて来た時の、フローレンスとジャックの驚きようであった。彼らは、サリン事件のことを連想しているようだった。来日前に、中島ディレクターに電話で、オウム事件のことなどを知っており「日本はセンセーショナルな国だけど、大丈夫」とフローレンスが聞いていたことを知っていただけに、彼らの驚きようは、当然の反応であったのかもしれなかった。

夕方、高千穂に着くと、取りあえず高千穂滞在中の宿舎「ペンション・ぶどうの樹」に荷物を置き、すぐ近くの「神楽宿」で開かれる高千穂町長主催の歓迎晩餐会に出席することにした。

一行は、稲葉茂生町長と甲斐栄夫企画室長に迎えられた。有藤が迎えに行った東京からの徳姉妹は、航空機のアクシデントにより福岡空港に降り、そこからタクシーで熊本入りしたとのことで、我々より少し遅れて会場に到着した。甲斐室長の司会で、通訳として旧北方町役場の国際交流員ジーナと延岡市内の高校で英語を教えているシネードが加わり歓迎パーティーは進められた。言葉は通じないものの、日米の遺族には、お互いに戦争で犠牲になった肉親についての悲しみを共有し、相通じるものがあった。ミラーは、兄ボブの写真を光枝に見せると、光枝は「まぁ、お若いのに可哀相に……」と涙を流した。ラリーは「この悲しみをお互いに分かち合おう」とやさしく声をかけた。フローレンスもジャックも長旅の疲れも見せずに、初めての来日で、見たものや食べたものについて、しきりにジーナやシネードに質問していた。こうして高千穂第一日目の夜は更けていった。

翌朝、ペンションに迎えに行った時にはラリーとルース夫妻は、早朝から近くを散歩したらしく、しきりに「ビューティフル」を繰り返していた。特にユタ州には少ない緑の多い風景に驚いた様子で、次々にいろいろな質問を浴びせてきた。フローレンスとジャックも私との生活が二日目となり、言葉は思うように通じないものの、次第にお互いに慣れて美香を通じて積極的に語りかけてきた。

フローレンスが来日する直前まで、会員一同は、同行者は、てっきり同じ年代の女性の友人であろうと思っていたものの、男性であることがわかり、やや戸惑ったが、ジャックはフローレンスと幼なじみで、気心を通じた彼女の本当に仲の良い相談相手なのであった。独特のキャラクターを持つ人の良いお爺さんといった感じで、足腰はやや不安定であったが、私には理解できない英語のジョークを、しきりに飛ばし、通訳の皆をよく笑わせていた。

除幕式前の午前中は、甲斐室長の計らいで役場のマイクロバスを出してもらい、日米合同で高千穂観光に回った。国見ヶ丘から高千穂神社に参拝し、そこではちょうど神前結婚式が行われている最中で、フローレンスもルースも和装の花嫁・花婿姿に、「オー、ビューティフル」を連発し、しきりにカメラのシャッターを押していた。高千穂峡を回り、柱状節理の岩壁に驚き、ラリーのビデオは回りっぱなしであった。昼食に、町が準備してくれた高千穂峡名物の「ソーメン流し」は、フォークを箸代わりに使い悪戦苦闘した彼らにとっては高千穂の良い思い出になった。ジャックは、私に一枚のメディカルカードを見せ「バルブ、バルブ」としきりに言うので、何のことか聞いてみたら、心臓の弁を手術しているので、もし調子が悪くなったら病院に担ぎ込んでくれとのことであった。加えて、到着した夜にペンションの階段から転げ落ち、両肘に黒い痣を作っていた。フローレンスは、テーブルに並んでいた高千穂地方の漬物「紫蘇の千枚漬け」や「ちょろぎ」にも挑戦し、酸っぱそうに顔をしかめながら「グーッド」と上機嫌であった。

一行を乗せたマイクロバスは、いよいよ崩野峠の坂を登り始めた。入り口では、会員の興梠重徳が、バスを「平和祈念碑」の下まで誘導した。会場には、すでに多くの人々が集まっていた。私は、一行を連れて、碑へと続く坂道をゆっくり登った。その時、一人の見覚えのある女性が駆け寄って声をかけてきた。「本当に、良かこつができましたねぇ……」。それは、何度か取材で訪ねた「B-29」と「隼」の両方の墜落現場に行ったことがある延岡市に住む佐藤リサであった。彼女は、涙を流して碑の完成を喜んでくれた。私も嬉しかった。

会場には、これまでお世話になった方々の顔と顔があった。同じ航空兵として、徳の墓にはよく参っていたという田原地区むらおこし会長の内倉政敏や、わざわざ遠方から参加してくれた山仲間の顔もあった。

丘の上から、私は、それぞれの墜落した山の方向を指差して教えた。「B-29」と「隼」の墜落地点は、ちょうど碑を中心にして正反対の方向にあるが、地図上の直線距離で約三キロ程である。彼らは、私の指の先を追いながら、それぞれ最愛の兄と夫の最期の地を、ただ静かにじっと見つめていた。あれから五十年が過ぎた。歳月の重みと深い悲しみを乗り越えてきた彼らの目を見ていると、やはり、日本もアメリカもなかった。

除幕

会員の興梠晃と高橋渉が中心になって、細かい点まで演出した除幕式が、いよいよ始まった。五ヶ所の空は、私がこれまでに見たこともないほどに、どこまでも青く澄みわたっていた。そして、真夏とは思えぬさわやかな風が吹いていた。出席者全員で黙禱を捧げ、碑の上に掲げられた日米両国旗に注目した。両国の国歌が、三秀台に静かに流れた。それぞれ、かつては、この国旗に忠誠を誓い、お互いの祖国のために銃を取り、血を流した間柄ではあったが、戦い済んで矛を納めて五十年目に、三秀台に流れるこの両国の国歌は、双方の平和と友好を誓うためのものであった。

祖母嶽神社宮司合澤栄喜の神事で式典は進められた。両国の遺族、稲葉茂生高千穂町長、安在幸宣町議会議長、間瀬田達西臼杵支庁長、工藤悟県議会議長、緒島雅晃県議会議員、甲斐秀國実行委員会会長と私により、碑に掛《か》けられた紅白の紐を静かに引くと、碑に吊るされた真鍮製の平和の鐘と鳩を大空に放す女

平和祈念碑除幕式（平成7年8月26日）

神の像が姿を現わした。碑の前には、それぞれ亡くなった乗組員の写真を掲げ、献饌、玉串奉典に続き、両国の遺族により「高千穂の夏菊」を献花した。その後、五ヶ所小学校の低学年の児童と幼児が、花束を捧げた。五歳の矢津田智紀、田上綾華、瀬井奈津美に続き、一年生の矢津田和也、田上将大、佐藤秀行、甲斐福美、瀬井智美、二年生の甲斐龍、甲斐克巳、田上太希、瀬井志津香が、それぞれに花を捧げた。引き続き、田原中学校三年の田上佑樹君と大村えり子が「平和の願い」を、日本語と英語で読み上げた。

全員が注視する中で、碑に吊された「平和の鐘」が、それぞれ異郷の地で尊い命を落とした十三名の若者のために五ヶ所小学校の児童により鳴らされた。三年生の甲斐秀佳君、佐藤ゆりか、田上聖子、矢津田里名。四年生の甲斐智恵美、野尻菜緒美、甲斐佳代子。五年生の小川原貴之に続き六年生の矢津田真俊、田上幸次君、甲斐宏美、野尻知美、立本美幸の十三名は、それぞれのために十三回の鐘を鳴らした。純朴で無垢な戦争を知らない子供達の鳴らす「平和の鐘」は澄んだ響きで、平和を訴えるように、五ヶ所高原一帯に静かに鳴り響いた。

式典は、会場を五ヶ所小学校に移した。会場に全員が到着すると十分もしないうちに、あれだけ晴れわたっていた空が突然真っ暗になり、激しい雷と夕立に見舞われた。有藤俊太郎の開会のあいさつに始まり、会長、町長あいさつと続き、私が、これまでの経過を報告した。

その後、関係者のあいさつに引き続き、日米の遺族からお礼の言葉をいただいた。ラリーは、「私は、この高千穂でもらった多くの友情をアメリカに持って帰ります。そして、私の愛を高千穂に置いて帰ります」と短く心のこもったあいさつをした。続いて、墜落直後に現地で捜索を指揮した白川武夫と戦地から五ヶ所に帰っていた甲斐隆則のあいさつに加え、長崎県大村市から、私たちの活動をラジオ番組で聞き、わざわざ式典に参加した藤原政行（戦時中伍長）もあいさつした。

「藤原伍長」は、中国戦線に展開していた元関東軍騎馬隊の出身で、終戦間際に、都農町にあった米軍の九州上陸に備えた部隊に所属していた。しかし、部隊とは名ばかりで銃弾も魚のトロ箱一個分、兵隊は裸足同然で、もはや戦える部隊ではなかった。終戦になると、軍の規律は崩壊し、使える物は、自由に持ち出し、好き勝手に、それぞれ部隊を離れた。藤原は、祖母山の麓に広い高原があることを知っており、仲間を募って軍馬を連れ、わずかな食料や拳銃弾を乗せ、北をめざした。ようやく五ヶ所に着くと農兵隊の宿舎を借用し、数人の仲間と馬と共に過ごしていた。日中は、祖母嶽神社前の大野川に膝まで入り、対岸の大岩に向けて憂さをはらすかのように拳銃弾を打ち込んで過ごしていた。「B-29墜落」のことも知ってはいたが、当時、足を怪我しており、現地には登れなかった。九月中旬になり、元軍人であった父が迎えに来たため、止むなく輜重《しちょう》車に荷物を積み込み、焼野原の熊本市内を通り、河内から漁船を借り切って九月二十日頃に、大村まで帰った。五ヶ所にいたのは、終戦後、わずかな期間であったが、藤原にとっては思い出深い場所で、これまでにも、家族で時々、訪ねていた。

高千穂町商工会会長川辺一男の乾杯の音頭で懇親会に移った。晃や渉たちの「鳴滝会」の「本陣太鼓」には、ラリーも光枝も飛び入りして大いに盛り上がった。高千穂神楽から五ヶ所音頭と続いたが、その間に、私は、それぞれの遺族に、当時の関係者を紹介した。ラリーは、墜落現場で事故処理をした白川に礼を述べた。そして、「兄は、髪が赤味がかっており、目は青かったが、現場ではどんな状態であったか」と、当時の様子をしきりに聞いていた。義武の次男吉次は、「当時、日本には何もない中で、B-29に積んであったいろいろの物を食べたり、利用させてもらい申し訳ありませんでした」と頭を下げると、ラリーは、首を横に振りながら「お互いに困っている時には、それは正しい方法です」と答えた。徳の姉妹には、佐藤リサと田中ミツエ、内倉ミツエの三人が、それぞれ当時の様子を詳しく話していた。

懇親会で、久し振りに会った者も多く、会場のあちこちで昔話に花が咲き、地元婦人会の皆さんによる接待も大忙しであった。体育館の正面には、日米両国旗が掲げられ、遠来の遺族のもとには、当時のことを知る地元の老人達が近付き地元の言葉でやさしく声をかけていた。

この日は、戦後五十年が経ち、お互いの胸の内にあった忘れられない出来事に、一つの区切りがつけられた日でもあった。

慰霊登山

ラリーとルースには、来日する前から、兄ボブの最期の地を見たいとの強い希望があった。実行委員会では、その願いをかなえてあげようと準備を進めていた。翌日の慰霊登山に参加したのは、墜落当時、現場で遺体を収容した経験のある甲斐秀國に五ヶ所の田上巽、武田計助に河内の有藤俊太郎、役場の緒方俊輔とアンソニー、昼食係として私の兄謙一と兄の友人戸高太治郎が加わった。

ザックの背に花束を結び付け、登山口から四つの小さな沢を渡り、ゆっくりと登り始めた。ラリーとルースは、自然が好きで、時々、ユタ州の低い山々を歩いているとのことであった。登り始めは、なかなか軽い足取りだったルースも、途中から、すっかり疲れた様子で、度々休んでは、呼吸を整えていた。「兄も自然が大好きだった。素晴らしい自然に囲まれたこの山は、兄の最期の地として最高だよ」とラリーは、私に語りながら登った。親父山では、山仲間の延岡市から来た木原と森山が待っていた。山頂は、あいにくガスに覆われ、ボブの乗った「B-29」の飛行コースは、見えなかったが、私の説明に二人は、じっと耳を傾けていた。

いよいよ、墜落現場に近付いた。ラリーは、五十年目にして叶った兄の最期の地に立てる喜びを感じながら、一歩一歩スズ竹の繁る急な沢を降りて行った。山仲間が、歩きやすいように、道を踏みしめトレースを付けてくれた。

私も、幾度となく歩いた道である。しかし、今回は、ここで亡くなったボブと血のつながっている弟ラリー夫妻を案内しているという緊張感と、ついに念願がかなったという喜びを味わいながらゆっくりと降りた。一月に、テレビ局の取材で秀國と墜落現場を訪ね、雪の積もった大きな岩の上に供えていた花束は、枯れ果てたまま岩の上に残っていた。

墜落地点と思われる近くの一番広い沢に、参加者全員が集まった。あいにく、小雨が降り出し、ラリー夫妻は、山仲間から借りたポンチョを着た。私はアンソニーを通じて、ラリーに「これが、ボブの最期の

墜落地点に花を供えるラリー

地だよ」と伝えた。ラリーは、黙って頷いた。そして、辺りをじっと見回すと私に、「サンキュー」と一言述べた。みんなで、近くにあった大きな石を集めケルンを積んだ。そして、近くの木を鋸で切り、持ってきた大きな星条旗を結び付け、ケルンの真ん中に立て、参加者全員が、ケルンの周りに集まった。ボブとデンジャーフィールドの写真を並べた。ラリーとルースは、静かにボブの前に近づくと花を供えた。そして、ラリーもルースも目に涙を浮かべ、ボブの写真に語りかけるように「ゴー、ホーム……」と声を詰まらせた。「やっと、兄に会えたよ。ありがとう」とラリーは、私の手を強く握った。「こんな、素晴らしい自然に包まれた場所で、小鳥の囀りを聞きながら兄の魂が眠っているので安心したよ」。ラリーは再び私に握手を求めた。私も、嬉しかった。皆で力を合わせて、ここまでやれたことが、本当に嬉しかった。「一片の金属片」に出会って七年目の夏のことであった。

参加者は、全員線香に火を着け、花を供え手を合わせて、異国の山に散った十二名の搭乗員の冥福を祈った。しとしとと降る五十年目の夏の雨は、あたりの木々を、静かに濡らし続けていた。

長崎・別れ

ラリーとルースの親父山慰霊登山の間、フローレンスとジャックは、晃と美香の案内で阿蘇観光に出かけていた。「ぶどうの樹」に帰ると、ラリーは、フローレンスにデンジャーフィールドの最期を迎えた場所について細かく伝えた。フローレンスは、ただ黙って頷きながら聞き入っていた。彼女も、もし登れるものなら現地を訪ねてみたかったに違いない。

高千穂での夜も、いよいよ最後となった。一行四人は、ペンションの真鍋オーナーと奥さんとも、すっかり気持ちが通じ、リラックスしていた。正直なところ、彼らの住むユタ州が、どんな所か、まったく知らず、事前に図書館の本でいろいろ調べてみた。そして、ユタ州は、モルモン教のメッカで、教徒がほとんどを占めており、食事は、口にしない物が多いとのことで、大変心配し、さっそく、事前にアンソニーに電話をしてもらい確認した。四人ともモルモン教徒ではなく、何でもオーケーとの返事に安心した一幕もあった。しかも、「ぶどうの樹」の食事ともてなしは、すべて最高であったと大変喜んでくれたのはありがたかった。

実行委員も、毎晩ペンションを訪ね、その日の出来事や、お互いの情報を交換し、彼らの要望を聞いたり、健康状態を確認しながら翌日の行動の打ち合わせをしていた。彼らが、帰国するまで四日が残っていた。私は、彼らに国内旅行について相談したが、とにかく初来日で、細かい計画もなく、九州内で、見る所も多い長崎へ行くことになった。美香は、一旦、東京に帰り、一行は彼女の勤務するホテルに、二泊して東京観光までして帰国することにした。私の役割は、長崎から羽田行きの飛行機に乗せるまでとなった。

美香が、東京で迎えて成田からアメリカ行きの国際便に乗せるまで、世話をしてくれることになったのは、心強い限りで安心した。彼女の明るくて献身的な奉仕には、頭が下がり、やはり、興梠の姓が示す通り、両親の故郷の血が流れているのを感じた。

八月二十八日、五十年前、ボブが家族あての最後の手紙をテニアンから出した日である。秀國とアンソニーと、一行四人とともに、ペンションの真鍋オーナー夫妻の見送りを受け、私の運転するワゴン車に乗り込んだ。彼らは、車中で高千穂でのことをよく話してくれた。「ビューティフルカントリー、ワンダフルピープル」と何度も繰り返していたのが、耳に残っている。

県境の町、五ヶ瀬から熊本県山都町の矢部にある石組みの水路「通潤橋」を見学し、松橋から三角港へと向かったが、私の時間設定の甘さから、予定していたフェリーに乗り遅れてしまった。そのおかげで、三角港で、次の便までのんびりと昼食を取ることにした。港の近くにあった小さなレストランで食べたピザは、最高においしかったとルースは、帰国するまで言っていたらしい。ようやく乗り込んだフェリーの中で、ジャックは、私にいろいろと話しかけてきたが、島原湾に浮かぶ小さな島々を見て「あそこには、囚人がいるのか」と聞くのでアンソニーに聞いてみたら、ニューヨークの近くにある囚人ばかりを収容した島によく似ているからだと言って笑わせた。また、私に「あんたは、私の友人の日系二世のジョー中山に似ているよ」と言い、彼は、若い時には、これらの日系二世の仲間とともに、野菜の仲買人をやっていたという。その後、小さなホテルの経営をしたりしたが、今は、すべてを二人の息子に譲り、のんびりと幼馴染みのフローレンスとゴルフをしたりしながら、仲良く過ごしているとのことであった。

島原では、妻の友人の夫末竹睦明が通訳の女性を連れて待っていた。彼の車に便乗して雲仙大噴火の傷跡や島原城から武家屋敷を見て回った。武家屋敷で飲んだ「ラムネ」に、ジュースの自動販売機関連会社のマネージャーをしているというラリーは、非常に興味を示し、これは、アメリカでも売れるかもしれないと関心を寄せていた。

島原から諫早へと向かったが、ここで、どうしても立ち寄らなければならない所があった。私達の平和祈念碑建設の話題が、九州一円に新聞報道された後に、私あてに諫早の方から一通の手紙が届いた。差出人は、内科医院を開業している犬尾博治医師であった。内容は、諫早市の近くでも、戦争中に「B-29」の墜落事件があり、米国の遺族を探しており、どのようにして、われわれが遺族を訪ね当てたかを是非教えて欲しいとの問い合わせであった。その後、直接電話もいただき、長崎行きの話をしたら、是非とも立ち寄って欲しいとの話があり、折角のことでもあり、お邪魔することにした。諫早市内の中心部にある犬尾医院は、何代も続く古い医院で、招かれた広い日本間は、見事な和風建築で、大きな日本庭園もあり、彼らも大変喜んだ。

先生の話によると、昭和十九年十一月二十一日、九州西部を空襲した後、帰投中の「B-29」の大編隊のうちの一機に、大村海軍航空隊所属の坂本中尉が操縦する零戦が、果敢にも必死の体当たりを敢行し、そのまま両機とも墜落、「B-29」は、黒煙を吐きながら、諫早市の近くにある小長井町の沖に墜落し、十一名の搭乗員全員が死亡したということである。同氏は、当時、小学五年生で、海面に浮かぶ垂直尾翼と農協の倉庫前に、裸のまま並べてあった赤い肌をした四人のアメリカ兵の遺体が、子供心にも目に焼き付いており、何としても、われわれのように遺族を探し出して現地に案内したいとのことであった。

なお、詳細は「諫早文化」第十六号（昭和六十年七月発行）に「坂本中尉機とボーイングB-29」の題で書かれている。当該編隊は、筆者の持つ資料によると、大村市を空襲した百九機のうちの一機で、当日の損失は九機と記録されている。搭乗員は十一名で、その名前だけは、米軍佐世保基地の協力で判明しているという。鎮魂碑も既に建てられており、後日、その写真と次の碑文が届いた。

昭和十九年秋

木下　和郎

わたしたちは　やたらにざわめき走りまくった
いっときもしゃべらずにはいられなかった
どんなにみごとに命中したか
銀の翼がどんなに輝いたか
いかにゆっくり落ちていったか
屋根を越え　部落を越えて走ったのだ
みんなの証言は　どこか　すこしずつ違っていた　が
だれのことばも　だれの言うことも
みんな信じられたのだ

尾翼だけが海面に突っ立っていた
トラックの上には　すでに
引揚げられた飛行士がころがしてあった
どよめく群集に向って　髪の毛をつかみ
ぐぃとあげられたその顔は　桜色の

長崎の中華街を歩く一行

少年のおもかげをもっていた
はじめて鬼畜をみた
やすらかな　ねむりの　姿勢だった
その頬に消防団員の平手がとんだ

わたしは少年飛行士になるはずだった
異郷の地に華と散るはずだった
わたしにはわたしのまぶたが
ぬれるふうにかんじられた

諫早を後にして一路長崎へと向かった。市内のホテルにチェックインすると、末竹の案内で、中華街に出かけることにした。フローレンスとジャックは、仲良く手を取り合って、異国情緒漂う長崎の街を歩いていた。混んでいたホテルのフロントでは、セミ・ダブルの部屋しかなく外人用には小さいので、違う階ならそれぞれシングルが空いているとのことで、ジャックに相談したところ、彼は、双方の部屋に足を運び、思案の末、狭くてもセミ・ダブルにするという彼の結論に、彼らの仲の良さを見せつけられ、秀國と思わず顔を見合わせて納得した。

いろいろなメニューの中華料理を食べたが、クラゲだけには、一同びっくりして箸をつけなかった。食事を済ますと、タクシーをチャーターして、稲佐山に登った。頂上にあるタワーの最上階まで登り、それぞれ二組の男女は、眼下に広がる素晴らしい長崎の夜景に感動していた。

翌日は、末竹と通訳の埜中の案内で、グラバー邸と平和記念館を見て回った。グラバー邸では、小雨も降り、まさに雨の長崎を満喫した。平和記念館では、末竹の連絡で西日本新聞社の取材も受けながら、館内に並べられたかつての日本とアメリカの不幸な歴史に食い入るように見入っていた。彼らは、「ホワイ……」「オー、ミゼラブル……」を繰り返しながら、ひとつひとつの写真や展示物を熱心に見て、また英文の説明も読んでいたが、ラリーは、一度も愛用のビデオに、この光景を収めることはしなかった。過去の歴史の事実を見せるために、彼らをここに案内したことには意味があったし、また、彼らにとっても貴重な体験であったと思う。あるいは、ボブもジャックも任務によっては、あの新型爆撃を積んだ「B-29」に乗って長崎の上空にやってきていたかも知れなかった。また、テニアン基地で、長崎に原爆を投下する任務を与えられた「ボックス・カー」のクルーとは、顔見知りであったかもしれない。

いよいよ、九州を離れる時が近付いた。大村空港へと、彼らを乗せたワゴン車は走った。平和記念館で、時間を取り過ぎ、ゆっくりした時間は残されていなかった。軽い食事を取ると、いよいよ彼らともお別れである。あっという間の一週間が過ぎた。彼らも初めての来日で、見るもの聞くものすべてが珍しかったに違いないが、夫と兄の最期の地に来れたのは、何よりも大きな思い出と土産になったことだろう。お互いに、言葉は、十分に通じなくても、心は十分に通じ合わせた一週間であった。また、彼らと会いたいが、会える機会は、おそらくないだろう。

別れは、お互い辛かった。彼らは、秀國と私とアンソニーの手を、それぞれ固く握り締めると、「サンキュー、ビューティフルカントリー、ワンダフルピープル、シーユーアゲイン」と寂しそうな顔をして搭乗口へと向かって行った。ジャックが来日以来愛用していた真っ赤な帽子を目で追いながら見送った。彼らの心には、初めて来た日本という国で得られたどんな思いが詰められたのであろうか。いつまでも、彼らの後ろ姿を追いながら、そう思った。

秀國とアンソニーと私の三人は別れの寂しさと快い疲労感を残しながら、一路、九州自動車道を南下し続けた。途中、阿蘇山麓の白水村（現南阿蘇村）で長旅の疲れを癒すために温泉に立ち寄った。三人で湯船に、首まで浸りながら、この一週間の思い出を語った。一連のドラマを追い続け、ここまでの道は、私にとって、生涯忘れることのできない思い出になった。秀國が私に言った。「あんたと出会ったおかげで、大変な経験をさせてもらったよ」。それはお互い様でもあった。

しかし、ここに至るまでに出会ったすべての人々の心がひとつになって成し遂げることが出来たこのイベントは、きっと、彼らの大きな旅行カバンの中に、五十年前は、お互いに敵として戦っていたことを忘れさせ、恒久の平和を願う者同士として受け入れられ、たくさんの日本での思い出として詰め込まれたことだろう。

一週間前に、彼らを空港から乗せて通った阿蘇外輪の中を走り、高森峠のトンネルを抜け高千穂へと向かった。県境から見る祖母山が、「お疲れさん」と、やさしく声をかけてくれているような、そんな気がした。

第三章　碑に寄せて

平和祈念碑は、多くの皆さんの協力により完成した。終戦前後に、相次いで奥高千穂の山中に散った日米の十三の若い命があったことを後世に伝え、彼らの死を無駄にしないために建てられた。

困難な時代を、お互いの祖国のために真摯《しんし》に生きた十三名の若者達のことを碑に刻んだ。平和祈念碑奉賛会とだけ碑文の下に刻んだ。時代は、時が経ち、人が変われば、また変わるであろう。有為転変の世の習いとはいえ、人々は、常に平和を求めるであろう。碑に刻んだ文字は、この出来事に関係したすべての方々の思いを代弁した。

しかし、碑に刻み切れない様々な思いもあった。除幕式に寄せていただいた方々の思いの一部をここに紹介させていただく、愛する夫を亡くしたフローレンスと最愛の兄を亡くしたラリーの帰国後の高千穂での思い出も含めて。

福岡アメリカ領事館からの礼状

平和祈念碑建設実行委員会　会長　甲斐秀國　様

この度、宮崎県高千穂町の有志の皆様の地道なご尽力によって、この地で終戦直後に亡くなられた日米両国の若者たちのご冥福と両国の平和と友好を希求されて平和祈念碑を建立されましたことにたいしてアメリカ合衆国を代表して衷心よりお礼申し上げます。

丁度五十年前、この地で不幸にもそれぞれ事故に遭遇し、尊い若い命を落していったアメリカのB-29機乗員十二名と日本の隼機の搭乗員の御霊は日米両国の友好の堅いきずなのもとで永久にやすらかに眠ることでありましょう。乗員たちのご遺族のお気持ちを察するに心悼みますが、皆様の崇高な精神と行為は高く評価され将来に受け継がれて行くことを確信しております。心より感謝の意を表します。

この度の平和祈念碑の建立を通じて日米両国の平和と友好が将来にわたって確実なものとなります事を切に希望致します。

最後に平和祈念碑建設実行委員会会長甲斐秀國様、高千穂町長稲葉茂生様、並びに関係者各位に衷心よりお礼と感謝申し上げます。

平成七年八月二十六日

在福岡アメリカ領事館首席領事
ジェーソン　P・ハイランド

平和祈念碑建設によせて

元飛行第六十五戦隊長　吉田　穆

他に類例のない見事な平和祈念碑建立をお祝い申し上げます。同時に地元の方々、特に平和祈念碑建設実行委員会の絶大なる御尽力に対し深く感謝いたしております。

次に思い出されますのは、二年前の五月三日に、宮崎放送でテレビ放映された「神々の山」で工藤寛氏が、わが六十五戦隊の徳義仁軍曹と米軍B-29搭乗十二名の殉職者の御霊の慰霊と平和を祈念する碑を三秀台に建立したいとの願望を表明されました。また、埼玉県上福岡市の拙宅へおいでなさった時にも同様なことを仰っておられました。

今どき大変ご奇特なことで、而も極めて有意義なことと私は深く感銘をうけました。しかし、その実現には随分困難が伴うのではなかろうかとも思っていましたが、それは杞憂に過ぎませんでした。

その後の工藤氏の熱誠あふれる献身的なご努力には眼を見張るものがあり、時々いただく書状でそれが、ひしひしと感じられたのでありました。そのことは終生忘れることができませんので敢えて拙文を記させていただきました。

さて、世界の平和は全人類の望む所でありますが、有史以来、地球上に戦争のなかった期間は、わずか四年といわれていますし、また使用すれば人類は破壊すると知りつつも核兵器の性能向上につとめる現状でもあります。

地球上から戦いを消して平和を永遠なものにするには、これまでの人間の知恵だけでは到底それを望むことは無理のように思われてなりません。

従って、わが国は勿論、少なくとも太平洋周辺の国々だけでも平和を維持させたいものであります（逐次、全世界に波及させる努力は必要でありましょうが）。そのために、もっとも必要不可欠なことは米国との物心両面にわたる緊密な親善・協力、換言すれば日米安保条約を基調とする相互協力支援でありましょう。

それ故に、このたび、この地に建設されました平和祈念碑は、日米親善の重要な役割を果たし得るものと確信いたしております。

最後に、ご遺族の皆様の御健勝をお祈りして擱筆いたします。

（埼玉県上福岡市在住）

平和への願いをこめて

元宮崎警察署長　白川　武夫

本年は戦後五十年の節目を迎え、高千穂町「平和の祈念碑を建てる会」より、八月二十六日同町五ヶ所高原三秀台において平和祈念碑除幕式ならびに記念式典へ出席するよう招かれ、八十七歳にむち打って出席した。建設を呼びかけたのは「県北の自然を語る会」の工藤寛さんで、一九八九年十月、故郷の山でツキノワグマの生息を調査中、飛行機の部品や金属破片を発見したのが発端である。

その後、六年の歳月を費やして調査の結果、昭和二十年八月七日、日本軍戦闘機が同町山中に落ち、操縦士の墓は軍人墓地に埋葬されていることがわかり、防衛庁その他に照会したところその戦闘機は「隼」で、搭乗していたのは徳義仁軍曹であることも判明した。軍曹の遺族は東京に在住するため上京のうえ直接確認したあと、遺族を同墓地まで案内し遺骨を引き渡したという。

また、同年八月三十日朝、熊本市（筆者注：福岡市の誤り）近郊にある連合軍捕虜収容所へ物資輸送のためB-29が飛行中、濃霧により祖母山八合目付近に激突、墜落し、乗員十二名の若き生命を落とした。これについても米軍空軍歴史研究所や防衛庁、戦友会などに問い合わせ、氏名、年齢、階級等がわかった。

こうした事例をもとに、日米両軍兵士の冥福と平和を一緒に祈りたいと地元の人々へ呼びかけ「平和の祈念碑を建てる会」を結成し、募金活動が始められた。その結果、四百万円の浄財が集まり、高さ二メートルのみかげ石へハトを放つ女神のレリーフを浮き上がらせ、さらに平和の鐘と両軍兵士の名前を刻んだ碑を完成させ、同町五ヶ所高原三秀台に建立したのである。こうして前記のとおり八月二十六日午後二時より平和祈念碑除幕式がおこなわれ、五ヶ所小学校体育館における記念式典には百余名の方々が参加した。

ところで、発起人工藤氏による「米軍調査回答書」の中に「白川武夫」という私の名前があったのである。これには、私も驚いたが、やがて平成四年八月、自宅へ工藤氏やMRT取材班が訪れ、当時の模様を聞かれることになった。私も五十年前の出来事を回顧しながら、できうる限り詳しく説明したのだが、これが、その月と翌年五月にMRTによって放送されたのだった。

回顧すれば、昭和二十年、終戦間近のこと。私は県警察部警防課勤務を命じられ、分室にスタッフ五名と共に通称「作戦室」を構成していた。戦況が敗色濃くなった六月初旬には宮崎海岸に敵が上陸する公算大ということから、県民をいかに無事避難させるかが緊急課題となり、連日その計画案に頭を悩ませていた。その腹案は県内を交戦地区、臨戦地区、避難地区の三つに分け、交戦地区住民の住所氏名年齢を調査しておくこと。また、避難地区については、畳の枚数、収容能力、輸送方法および順路などの青写真をつくっておかねばならない。当時は自動車が軍に徴発されているため、荷馬車を使わねばならず、持ち出す荷物も一戸三十キロと制限する計画だった。

除幕式でラリーとフローレンスに
当時のことを話す白川武夫

終戦も間近に迫った七月末、県庁議事場で県市町村長会を開き、以上のような本土決戦に際する計画を発表、八月三十日から実施する予定であった。しかし、八月六日広島、八月九日長崎に原爆が投下され、ついに十五日終戦、この膨大な計画書も単なる紙くずと化してしまい、焼却炉の煙の中へ消えてしまった。前述した米軍機の墜落事故はその頃、すなわち終戦直後の出来事である。

祖母山にB-29が墜落、乗員全員死亡という惨事が発生、私はその検死や事故処理を命ぜられて、九月四日、都農町にあった菊池兵団の軍医中尉と共に高千穂へ向ったのだった。翌五日朝、田原村長宅に高千穂署員、警防団員など三十余名が集合し、二班に分かれて出発したものの、山は深く視界は悪くなかなか発見できない。やがて団員の一人が高い樹木にのぼり周辺を物色したところ、なにかの痕跡を認めたので、われわれは熊笹を押し分けながら更にその方向へ進んで行った。こうしてようやく午後二時すぎ現地へ到着することが出来た。その時の光景を思い起すと、三アールぐらいは焼けただれ乗員が点々と即死しており見るも無残な印象であった。収容して下山する予定は中止し、そのまま埋葬、十字架をつくって番号をつけ、熊笹を供えて冥福を祈り、遺品は記録して高千穂署に保管することとし、夕刻下山したのである。

本年八月二十六日の記念式典会場において、米軍遺族代表のラリー・ミラーさん、デンジャーフィールド伍長の妻フローレンスさんらに通訳入りで当時の模様を説明、さらに出席者百名の方々にも講話して、五十年前の生き証人である役目を果たすことができた。

戦後、国内は廃墟と化し、三百万人の犠牲の上にようやく平和を取り戻した、以来、国民のたゆまざる努力により今日のような経済大国となったが、今年に入り阪神大震災やオウム真理教の大量殺人事件、銃犯罪の増加、学童のいじめ自殺等々、世界一をほこったわが国の治安も予断を許さぬ情勢である。

こうした現状に対処するため、生命、人権の尊重や戦争の悲惨さを語り継ぎ、平和がこの上も続くことを念願してやまない。

（宮崎市西高松町在住）

故里の丘に平和の鐘よ鳴れ

甲斐　隆則

古里の丘に平和の鐘よ鳴れ
十三《とみ》の御霊の安かれと突け

私は、現在山口市に居住致しておりますが、久し振りに帰った古里で「平和の祈念碑を建てる会」の話を聞き、その趣旨に心から賛同するものであります。

昭和二十年八月の末、祖母山に「B-29墜落」のあの事故がなかったら、いや、十日か一週間あの事故の発生が遅れていたら、現在の私は、存在しなかったのではないかと思います。

当時、十七歳で海軍に志願し、十八歳で第二特攻戦隊司令部光嵐部隊に勤務し、「いつの日にか、私もあの人間魚雷に乗って出撃するのだ。この血、この命を捨てなければ、この国も愛しい人達をも守ることは出来ないのだ」と真剣に思い、訓練に励んでいたのも事実でしたが、その前、にもう一度肉親に会いたい、もう一目あの娘に逢えたら、何時でも死んでやると、ひとり床の中で泪したのもまた事実でした。

昭和二十年八月二十八日、おそらく五ヶ所での復員第一号ではなかったかと思います。あれほど見たかった古里に帰って来て見れば出征した人は誰も帰って来てはいない。あの日歓呼の声や旗の波で送られた者が「ハイ終戦になりました」とおめおめと帰って来て良かったのか、やはり「私は生きて帰って来てはいけない人間ではなかったのか」と自問自答してひとり心を塞して家に閉じこもりがちでした。

よし、今からでも「ハル」の畑の丘で自決しよう（この丘には私の先祖で天保年間の頃、郷中相手に争いを起し遂に破れて自害したと伝えられる若い兄弟の墓がある）。今夜決行しようか、明日しようかと悶々とし短刀を抱いて寝たこともありました。

そんな時、警察の方が来て、米軍機が祖母山に墜落したのでその捜索に行かねばならないが、五ヶ所の警防団に集合してもらったものの年寄りばかり、幸いあなたは若い。軍隊の経験もあり是非同行してもらえないかとの依頼を受け、第一回目の捜索隊に加わることになり本村の祖陽館の前に行って見ると、警防団の人達が集まっていました。なるほどお年寄りばかり、中に青年と言うか少年と言うか若者が二、三人いました。ある老人のごときは、お家伝来の刀を背中に斜めに背負っていました。もし墜落機に生存者でも居たならば尚一戦を交えることも辞さぬの心構えである。しかし、その姿こそ私を勇気付けました。もしそんな状況に至らば、今度こそ私が先頭に立ってこの人達を守らねばと思いながら、絶えず先頭に立って山をよじ登った。

墜落当時のことを語る甲斐隆則

身の丈に余るクマ笹を掻き分け掻き分け登ると、その前方に一本の木が倒れていて行く手を遮った。その倒木の下をくぐり抜けて立ち上がったとたん、目の前に人間の腕だけがちぎれてぶらさがっていた。よし墜落現場は近しと更によじ登ると、目の前が急に開けて一面焼け野が原だ。その焼け跡には投下された救援物資の落下傘や死体がごろごろしていた。その時不審に思ったことは、どの死体も裸足であったこと。アメリカも物が不足していたのだろうか。みんな裸足で飛行機に乗っていたのだろうかなどと話しながら真面目に納得していたのも今は笑い話、実は墜落事故を知った麓の人二、三人が、いち早く登って現場の死体から靴を剥ぎ取ったのが事実であり、物の無い頃の笑うに笑えない話であった。

機体の操縦席らしいところに頭を突っ込んで見ると信号筒らしいものが落ちていた。おそるおそる蓋を取ったとたんに発火してパンパンパンと鳴りだした。私の後について来ていた若者（田上健君）がびっくりして一目散に逃げて行った。この音を聞いて驚いた捜索隊の皆さんは、素早く警察官の所に集まって心配そうに辺りを見回っていた。私が行ってことの次第を説明して、みんなほっとしたような出来事もあった。

そんなことがあって、私の自決の決心もぐらつき一変に消えてしまいました。故に現在の私があるのだと思うと、あの悲惨な墜落事故が一方では一人の若者を自殺から救ったことにもなるのだと思います。あの尊い犠牲者の霊に合掌せずにはいられません。

（山口市在住）

歴史をつつみ山はそび立つ

高千穂神社宮司　後藤　俊彦

大東亜戦争終決五十周年を迎えた今年の夏は、全国各地で様々の記念行事や慰霊祭が斎行された。宮崎県下だけをみても、新たに建立された慰霊碑等の数は約三千基というから、全国で催された記念行事や記念碑建設の数は厖大なものとなろう。

その中で昭和二十年の八月七日と同三十日に相次いで国事に殉難した日米両国の若者（日本軍兵士一名と米軍兵士十二名）の殉難慰霊碑が「平和祈念碑」として現場に近い五ヶ所高原三秀台に建立されたことは感銘深い出来事であった。

八月十五日の終戦の日をはさんで相次いでそれぞれの祖国に殉死した若者等の御霊は、その後自由と民主主義を基本理念として同盟を結び友好と親善を培ってきた戦後の日米両国の姿をどのような思いで見つめてきたことであろうか。

いずれにせよ、この度の「平和祈念碑」の建立によって、その御霊も慰められ、魂の世界において自らの使命を得たことに感謝しているのではなかろうか。

遭難現場近くには神代以来玉依姫命を御神体とし平家物語にも登場する霊峰祖母山が深い歴史を秘めて聳え立ち、祈念碑が建立されたすぐ近くには、わが国登山の生みの親であるウェストンの碑も建っている。

私自身にとっても愛着の深いこの土地は、さらに戦後日本の新しい歴史を刻み込むことになった。

殉難された十三の英霊たちの御冥福を祈り、平和祈念碑建立に心血を注がれた実行委員の皆様に心から感謝と敬意を表します。

葛花の　散りしく山路　のぼりきて
　かなかなをきく　夏の終わりに

祈念碑の　鐘鳴りわたる　高原に
　歴史をつつみ　山はそび立つ

高原に　雨をふらして　ゆく雲の
　あとより青き　秋の空みゆ

（高千穂町三田井在住）

ジョン・ディンジャーフィールド伍長の未亡人
フローレンス・ディンジャーフィールドさんからのメッセージ

私の知っている限り日本は素晴らしい国、そして良い人達ばかりだと思います。

今回は、亡くなった十二名の為に祈念碑を建ててくれた高千穂の皆さんに対し、心から感謝の気持ちを表したいと思います。

本当にありがとうございました。

ボブ・ミラー伍長の弟ラリー・ミラーさんからのメッセージ

私の兄についての思い出はすべて良いことばかりです。私が十歳の時に兄は亡くなり、私は深く傷つきました。その時、私はまだ若かったので、時がたつにつれて、だんだんと心の傷も治ってきました。しかし、年をとるごとに、兄がいなくなったことを非常に残念なことだと思うようになりました。「平和の祈念碑を建てる会」の甲斐さんから連絡を受けた時、久しぶりに兄のことを特別な感情を持って思いだしました。私が大人になって最も大切だと思ったのは、兄は戦争で亡くなったのではなく、熊本市（筆者注：当初熊本市と誤認していた）にある捕虜収容所に、仲間と共に救援物資を届けるための彼の親切な行為によって亡くなったということです。

残念ながら父は一九六三年に、母は一九九三年に亡くなりましたが、私と姉妹は高千穂の人々によって「平和祈念碑」が建てられることを大変光栄に思います。私は、この「平和祈念碑」が世界中の人々に、戦争の悲惨さと平和の大切さをうったえてくれることを願っています。世界の人々は、日本人が平和を愛好する国民であると知っていますが、この「平和祈念碑」がそれを最も象徴するものであると確信します。

さらにこの碑は、この地で五十年前に亡くなった人達だけのためだけではなく、高千穂の皆さんの持っている優しい思いやりの心を表わすものだと思います。この親切に対して、あらためて大変嬉しく思います。

この高千穂の皆さん達の行為が、世界の人たちへの尊い教訓になればと思います。

愛情をこめて、ラリー・ジェイ・ミラーより

平和祈念碑建設に参加して

国際交流員　アンソニー・スカンラン

私が高千穂町役場に着任してすぐ平和祈念碑建立のことを聞き、その時から、前の国際交流員のトゥリシャ・J・イガワさんがやっていたそれに関する仕事を引き続きやることになりました。

アメリカに電話したり、手紙の翻訳などと忙しかったのですが、とても面白い仕事だと思いました。「平和の祈念碑を建てる会」の人の話を聞いたり、資料を翻訳するうちに五ヶ所の祈念碑建立のきっかけとなる五十年前の悲しい話を知りました。

八月二十五日に、工藤さんと秀國さんと三人で熊本空港へアメリカから来られた祖母山で墜落した「B-29」搭乗員の遺族の人を迎えに行きました。その夜、その遺族の人や徳義仁軍曹の姉妹と何人かの関係者が集まったのを見て、これは普通の「仕事」じゃなく、深く「人生」に関わっていることだと実感しました。

それからの五日間は、いろいろな形で、すごく良い経験になりました。私は遺族の人と時間を過ごして何となくですが、戦争の悲惨さが少しは分かったような気がしました。

ほんの短い時間でしたが頭の中にはっきりとイメージが残っています。

・ラリー・ミラーさんと徳光枝さんが初めて会われた時に、泣きながら抱き合っていたこと。

・祖母山にミラーさんと一緒に登ったこと。ミラーさんが初めて「B-29」の墜落現場に行き、お兄さ

んの亡くなった場所に立った時はとても感動しました。
・ユタ州の遺族の人たちの寛大さ、ユーモアと心の広いこと。
・皆で長崎に行ったこと。それが私にとって、一番感動したことかもしれません。「長崎に原爆を投下する必要はなかったのに……なぜ……」。ラリー・ミラーさんが何度も言っていたことを今でも覚えています。博物館で見たいろいろな写真、焼けたガラス瓶など（この時、七万八千人死亡）、何とも言いようのないものでした。面白いと思ったことは長崎に原爆を投下した飛行機も祖母山で墜落した飛行機も同じテニアンから飛び立ったということ。

私は、高千穂の平和祈念碑建立に関して少しだけ仕事をさせていただき、大変光栄に思っています。勉強にもなりましたし、すごく面白い経験もさせていただき、本当にありがとうございます。

（高千穂町役場勤務・オーストラリア出身）

平和祈念碑建設によせて

佐藤　里佐

十年ひと昔と申しますが、五十年の歳月の流れを今、この三秀台の平和祈念碑の前で思い出しています。当時、田原村役場に勤務していた私（二十歳）、五ヶ所の村人の知らせで祖母山に飛行機墜落したとのこと。矢津田義武村長の命令で当時の職員、田上清、内倉広、有田正道、小手川澄夫、安在保、内倉ミツエ、田中ミツエさんらとともに現場へ救出調査の為、登山することになりました。その時の模様は、私の脳裏に古いフィルムのようにありありと残っていますが、私の拙いペンでは鮮明に書き残すことができません。下山の折は、日も暮れ、一寸先も見えぬ山道を時々の稲妻の光を頼りに下山、笈の町という所の人家で松明を作ってもらい三秀台近くの矢津田村長の家に真夜中に着きました。

五十年が過ぎた今、一緒に登山した方のほとんどが亡くなり、内倉ミツエ、田中ミツエさんと私の三人が生き残っているのみです。また、小河内でも飛行機が墜落しているとの森源市氏の通報で小河内山へも参りましたが、徳義仁軍曹も隼機の翼の下で人待つごとく静かに眠っておられました。

終戦間もない頃のことで、亡くなられた方々の御供養も十分になされないまま、気がかりながら生活に追われ、時は過ぎていきました。今年は、戦後五十年を迎え、各地で平和を尊ぶ様々な行事や思い出が語られています時に、工藤寛様をはじめとする平和祈念碑建設実行委員会の皆様の御努力により、日米両勇者十三名の平和祈念碑が建立されました。

殉職者の方も、この三秀台で祖母山や阿蘇岳など九州の美しい山脈に囲まれ、遠い故郷やご家族に想いを馳せながら春はオキナグサ、夏は姫百合、秋は萩、すすきなど四季の花々に慰められ、澄み切った空、ゆきわたる風、ウェストン碑とも語り合われると思います。

平和祈念碑建設の為に御尽力下さった方々に深く感謝申し上げますとともに、日米両国の友好と永遠の平和の願いが、この地から広く語り継がれていくことを切に祈ってやみません。

乱れ咲く　萩を供華に　平和の碑
天高く　平和碑ここに　永遠に

（延岡市西階町在住）

当時の思い出

内倉　ミツエ

戦後五十年の歳月が流れ去ろうとしています。秋の野山は今年もまた、平和そのままの一段と美しい鮮やかな色彩を織り成しています。不肖、私、この度の五ヶ所三秀台に建設された平和祈念碑の除幕式に参列させていただきました。

建設に当たり、甲斐秀國氏をはじめ多くの住民の方々の御協力御苦労に感謝いたしております。なお、工藤寛様、安在計時様の二方にも大変支援いただいたとお聞きしており、改めて感謝申し上げます。

このように多くの方々の熱意によって建設された平和祈念碑に額ずき、そして佇む時、ふと脳裏に浮かぶのは戦中銃後を守る若き乙女時代の途切れ途切れの思い出でした。当村役場の兵事係は、今は亡き夕塩の田上清さんでした。戦いも米軍沖縄に上陸、激烈な戦いとの報を聞いた時、万が一に備えて田上さんをはじめ職員一同総動員して戸籍簿他重要参考書類から食器にいたるまで箱詰めにして、裏に設けられた防空壕に保管したことでしたが、保管し終えた時、停戦を耳にしたものでした。

当時、私も兄弟三人戦場に送っておりました。時節柄、村役場といえど職員も少なく、召集令状も私たち女子職員で届けたこともあったものです。今思うと、その頃の米麦の主食はもちろん生活物資まで不足して配給制度。当時田原村の人口は、約四千五百人位だったと憶えておりますが、配給を受けるにも、まず、申請をして受給認可米は通帳制、衣料は切符制ゆえに満足するには程遠いものでした。お陰さまで永らえて今日当時の衣食を思う時、さまざま語り尽くせるものではありませんし、なぜか語りたくもないのですが、それは現在あまりにも恵まれているからでしょう。しかし、過ぎし昔の語れぬ苦労が現在の幸せを与えていると心の中に思っております。

ふと、まだ思い出します。沖縄の児童三十名先生三名が河内地区にも疎開し、農家で受け入れられたものでした。五ヶ所高原での馬鈴薯増産、十五、六歳の男子が農兵隊と名付けられて働かされたものでした。その時の指導は、高千穂実業学校の星野先生たちだったようです。

日毎に戦局は悪化をたどり、そうして沖縄からの疎開児童たちにも食糧不足と栄養失調症続出、村役場では思案の末、馬場の川久保さんの家の牛を一頭調達、西河内で解体、疎開児童に供給された事でした。実に当時ならではの物語です。

平成二年九月に四日間、韓国を旅して来ましたが、国連墓地というのにも参加出来ました。二十六ヶ国の国旗が異国の地といえど掲げられ戦いに亡くなられた方の弔いがなされている事には感激いたした次第でした。

三秀台に真新しく建設された光り輝く平和祈念碑の前にこの地で亡くなられた「B-29」乗員及び「隼」戦闘機乗員の冥福と永遠の平和を祈念致す次第です。

平和の碑　国際交流　女郎花
除幕式　神事の流れや　こぼれ萩

（高千穂町河内在住）

平和祈念碑除幕式に参加して

通訳　興梠　美香

工藤さん、お手紙どうもありがとうございました。写真も送っていただき感謝いたします。

私も自分で撮った写真が出来上がり、懐かしく眺めています。ミラー夫妻、フローレンスとジャックさんのやさしいステキな笑顔が今でも忘れられません。八月三十一日、成田で彼らを見送ったあとの不思議な感動がよみがえってきます。

東京では銀座、浅草、東京タワーに行きました。地下鉄に乗ったり、おみくじを引いたり、日本のサラリーマンで賑わう居酒屋でビールを飲んだり、浅草で天丼食べたり、正味二日の短い間でしたがユタではおそらく経験することのできないことを堪能してもらえたのではないかと思います。いつも「ダハハー」って笑って、茶目っ気タップリのルース、階段では必ず高齢のジャックの手を取りかばうやさしいラリー、日本人の若い男性に話しかけられて「まあ、彼はなんてハンサムなの！」って目をぱちくりさせてたかわいいフローレンス、そして不自由な身体を引きずって一生懸命歩きながらも決してユーモアを忘れないジャック。四人それぞれの個性がにじみでる楽しい二日間でした。

正直言って、高千穂と国際交流という四文字は今まで結びつきませんでした。少なくとも、両親の話や私の小さい頃の経験からは。最初に平和祈念式典に、アメリカ人を四人呼ぶという話を聞いた時「大丈夫なのかしら」なんて余計な心配までしてしまいました。それがどうでしょう。今では高千穂町と彼らの住むユタ州の町が強い絆で結ばれているような気がしてなりません。それは、すべて、実行委員会の方々の地道な努力と地元の皆さんの暖かいもてなしのおかげだと思うのです。伝えたいと言う気持ちさえあれば国境などないということをあらためて思い知らされました。東京での二日間は普通の外国人観光客ならだれでも経験できることです。彼らも口をそろえて言っていましたが、高千穂で日本人と心の触合いができた彼らは本当に幸運な人たちだと思います。

約一週間の短い期間でしたが、彼らに同行して“Everything happens for reasons”（起こることすべてには理由がある）という言葉を思い出さずにはいられませんでした。「B-29」が墜落して五十年の歳月が流れ、その間に、ラリーとルースは出会い、高校卒業後すぐに結婚、二人の娘をもうけ（長女は障害児）、数々の苦労を乗り越え還暦を迎えた今、定年後はメキシコでのんびり暮らそうかと考えています。

アメリカに帰国する前日、もう遅いから私たちの部屋に泊まっていきなさいよと言われ、遠慮する私に「私たちは寄り添って寝るからひとつのベッドで大丈夫よ。フフフ」って本当に仲睦まじいところを見せつけてくれた二人。それとは対照的に、フローレンスは二十七歳で御主人を亡くして以来ずっと独身。結婚して、たった五年で一人になってしまった彼女はあまり多くを語りませんでした。でも、そんな彼女を、幼なじみのジャックが持ち前の明るさで、良き友人として支えている。この四人と私たちが会ったのは初めてなのはもちろんですが、この二人とミラー夫妻は日本に来る飛行機の中で会うまで、まったく面識がなかったのです。六年前、工藤さんが「B-29」の部品を偶然見つけなかったらこの出会いはなかったと思うと不思議な気持ちになります。

〝The bear started the whole thing!〟（すべてはベアーのおかげだ！）とラリーさんが何度も言っていた言葉が印象的でした（ベアーとは工藤さんのことです）。

私個人にとってもこの式典に同行したことは、一生の思い出になりました。日本と外国の懸け橋になりたいという中学校から抱き続けてきた思いが、今度は両親の故郷でかない、うれしい気持ちでいっぱいです。未熟な私にそのチャンスを与えてくださった実行委員の皆様には心から感謝いたします。（横浜市在住）

ラリー、ルイス、ミラーからの手紙

一九九五年十月二十六日

親愛なる寛様

帰国後二カ月経ちましたが依然として日本の友人と友好的時間を持てたことをなつかしく思っています。私達は貴国滞在中の七日間が生涯の中で最も素晴らしい時でありました。

平和祈念碑での祈りは私の兄にとって素晴らしい贈物であり、また彼の仲間や徳軍曹にとっても同じでしょう。

本当の私達への贈物は高千穂、長崎や東京で得た素晴らしい友情であります。

私が若い時の戦争体験を思い出すにつけ、何年もの間、苦い感情がよぎり、そして一部の人は未だに多くの苦痛を感じていると思います。これらの人々がいつか心を開き、我々の運命的出会いのような友人になれることを念じております。

写真を送っていただき大変有難うございました。極めて短い滞在でありましたが、写真を見ることでわずかでも、私達が日本やお会いした人々と恋に落ちたような気持ちになります。

あなた方すべての人々が寛大であり親切でありました。いつかアメリカに来られることを心より願っております。

そして、あなたの寛大さに対してお返しを致したいと思います。いつでも歓迎致します。本の出版について大変うれしく思います。どのような情報でもお送り致します。

もし、徳軍曹のお姉さんにお会いする機会がありましたら、お互いに悲しみを持った者同士として親近感を有しておりますので、どうぞよろしくお伝え下さい。

この手紙を書きながらあなたから送られた写真を見ていると、すべての人々が平和祈念碑建立に努力され、私達の訪日に尽くしていただいたか感謝の言葉も見つかりません。

親父山に再び登られたら、私の心も連れて行き、そこで亡くなった方々にお祈りして下さい。亡くなった人々の払った代価は、我々を友人としたことです。

御家族に何卒よろしくお伝え下さい。そして一週間も私達のために時間を割いて下さったことに感謝致します。あなたは特別な人であり我々と最も親しい人です。どうぞ我々のことを時には思い出してください。

敬具
ラリー・ルース、ミラー

フローレンスからの手紙

親愛なる友へ
あなたの手紙と写真を受取りました。

大変ありがとうございます。御親切に感謝致します。

この御親切は決して忘れません。私達がお会いした素晴らしい人々と美しい国を決して忘れることはありません。

あなたには二人か三人の娘さんがおられると聞きましたのでインディアン・ブラケットをお送り致します。きっと気に入ると思います。あなたにはインディアン・ドリーム・カテーハーを送りましたが受取りましたか。あなたが興味ある情報の写真も送る予定です。それらは返送の必要はありません。

さらに、乗組員の名前、住所等も送ります。

健康で幸運がありますように

敬具
フローレンスより

フローレンスとジャックからの手紙

親愛なる友へ
本と手紙受領致しました。素晴らしい大きな仕事をなされましたね。

あなたと御家族が御健勝であられることを望んでおります。モニュメントの横に立っている女性の写真は素晴らしく可愛いですね。大きくして額縁に入れる予定です。

ジャックは毎日私の家に来てゴルフをしています。

彼は健康であり、私もそうです。桜の花の写真は、とてもきれいでカラフルです。

日本は、とても美しく朝は、すがすがしく新鮮です。

日本に行けたことは大変うれしく、人々は親切で美しい国です。私は心より素晴らしい人々とお会いできたことを喜んでおり、ジャックも大変喜んでいます、そして感謝しています。

後で、またお便り致します。本は、確かに受け取ったことをお知らせした次第です。

敬具

フローレンス、ジャックより

一九九八年十月十日
親愛なる工藤寛　御家族　様
あなたの丁重なお手紙に対する返事が遅くなり申し訳ありません。御家族やあなたもお元気のことと思います。
私達も元気です。ジャックは天気が良ければ毎日のようにゴルフに出かけます。私は、彼に大変感心しています。と言うのは足を手術して一本足だけで活動しています。

ウィリアムさんは日本への旅行をされましたか、彼は私達に電話をしてきたので、私はあんな美しい国と素晴らしい人々のいる国への旅行を決してあきらめないようにと言いました。私は決して日本を忘れないしあなた方のことをジャックと良く話しています。ジャックと私の手紙を博物館に展示されましたか。ソルトレーク市内はオリンピックに備えて道路がメチャメチャで凹凸になっています。(全市内が工事中)天気は良いですが東部地方の貧しい人々は最悪です。美香さんに伝えて下さい。私達はあなたのことをしばしば話しています。よろしくお伝え下さい。

クリントン大統領についてのニュースはお聞きになっていると思います。私の考えでは、彼の個人的な問題であるため、そのままにしておきましょう。

また、お便り下さるのは大変うれしいです。

健康と御多幸を祈ります。

敬具

フローレンス、ジャック

又、再びお便りをいただけることを心よりお待ちしています。

(筆者注:フローレンスは二〇一一年九月二十一日 九十三歳で亡くなった)

第四部

ラスト　フライト
その真相を追って

第一章　帰らざる人

ジョニーとビリー

ビリーには、無二の親友がいた。同じアメリカ西海岸のバージニア州ノーフォークで生まれたジョニーである。お互いに子供の頃からビリー、ジョニーと呼び合う仲であった。ビリーの本名は、ウィリアム・C・ヒューズ、ジョニーの本名は、ジョン・M・ホッジスで、ビリーは一九二五年九月二十日生まれ、ジョニーは一九二四年十一月十一日生まれである。

二人は、バージニア州ノーフォークのウィロビィーという海岸の近くで生まれ、夏には、一緒に水泳や魚釣り、ボート乗りをして過ごしていた。二人の家の近くに海軍の航空基地があり、航空母艦からF４F、F４UやPBM、PBYなどの海上機が、家のすぐ真上を飛び交っていた。このような環境からビリーとジョニーは、航空機に興味を持つようになり、二人で七マイル先のグランビィハイスクールに自転車や電車で一緒に通いながら、飛行機乗りになる将来の夢を語り合った。

ジョニーは、ポピュラーミュージックが好きで、ビリーもその影響を受け、二人でグレン・ミラーやハリー・ジェームス、アーティー・ショーの歌声に聞き入った。ジョニーは、ビル清掃のアルバイトにも精を出した。ハイスクール最後の夏に、ジョニーは、ビリーに帆船の動かし方を教え、これが二人の最後の

グランビィハイスクールでのジョニーとビリー（1943年 写真提供 ウィリアム・ヒューズ）

思い出となった。

ジョニーは、ハイスクールを一九四三年に卒業後、十八歳で米国陸軍に徴兵された。一カ月後、彼は陸軍航空テストを受け、飛行幹部候補訓練プログラムの資格に挑戦したが、候補生が過多となり、フロリダ州チンダル・フィールドにある砲撃手学校に行くことになった。彼は、成績も優秀であったため、更にレーダースクールに行くことになり、太平洋戦闘地域におけるB-29の乗組員になった。

ネブラスカ州リンカーン第二AAF基地及びニューメキシコ州クローヴィス航空フィールドでの訓練の後、彼のグループは、カーナリーを一九四五年一月二十九日に去り、南米の英領ギィアナ、二月八日ブラジル・ナタールからアフリカのゴールドコーストを経てナイジェリアのカノーに向かい、二月二十四日カノーを発ち、アングロ・エジプト、スーダンを経てインドのカラチに到着した後、二月二十七日インド・チャクラのB-29基地

Norfolk, Virginia, Sunday, September 30, 1945

J. M. Hodges Missing On B29 Flight

Norfolk, Portsmouth Soldiers Liberated From Jap Prisons

A Norfolk flier is missing and a Norfolk and a Portsmouth man have been released from Japanese prison camps, according to information supplied by their families and a War Department casualty list.

Sergt. John Mason Hodges, Jr., 20, radar operator on a Tinian-based B-29, has been missing since August 30 while en route to Japan, according to word received by his

Picture on Page 2

parents, Mr. and Mrs. J. Mason Hodges, of 1226 Willoughby Bay Avenue. Hodges entered the Army two years ago after graduating from Granby High School and had been on Tinian since May. He recently was awarded the Air Medal.

Pfc. Frank T. Murden was liberated from a Japanese prison camp at Osaka, Japan, on September 9 and is expected to return home soon, according to a telegram received by his parents, Mr. and Mrs. V. S. Murden, of 1620 Willoughby Avenue. Murden, who was stationed at Manila at the outbreak of the war, was captured when the Philippines fell to the Japanese. He enlisted in the Army August 4, 1939, and went overseas the following September.

Sergt. Wilbur E. Riddick, son of Mrs. Pauline G. Carstens, of 1505 Parker Avenue, Portsmouth, has been freed from Japanese prison camp, according to a War Department casualty list.

Army Liberated Prisoners of War Japan

Virginia

Boyd, Lester W., Pvt., Danville. Illiam, Hubert C., Pfc., Gate City. ll, Roy C., Pvt., Marion. Jones, sil L., Pfc., Petersburg. Milton, hn R., Pvt., Nathalie. **Murden, ank T., Pfc., son of Mrs. Ada ancis Murden, 1620 Willoughby venue.** Parks, Robert F., First eut., Stanley. Phillips, Arthur C., t., Page. **Riddick, Wilbur E., rgt. son of Mrs. Pauline G. Carns, 1050 Parker Avenue, Portsmouth.** Simpson, Harry T., Jr., rst Lieut., Richmond. Thwaits, ior, Second Lieut., Arlington.

North Carolina

Conrad, Eugene B., Capt., Charte. Hamilton, Alvah L., Jr., Capt., rehead City. Horney, Eugene S., pt., Greenboro. Jones, Charles R., gt., Rockingham. Odom, David, t., Goldsboro. Perrell, Raymond Pvt., Salisbury. Richards, Char- D., Pvt., Star. Rouse, Samuel J., ff Sergt., Rock Mount; Stakes, njamin F., Capt., Greensboro. urmond, Roy C., First L

Norfolk Virginian-Pilot, Sunday, September 30, 1945

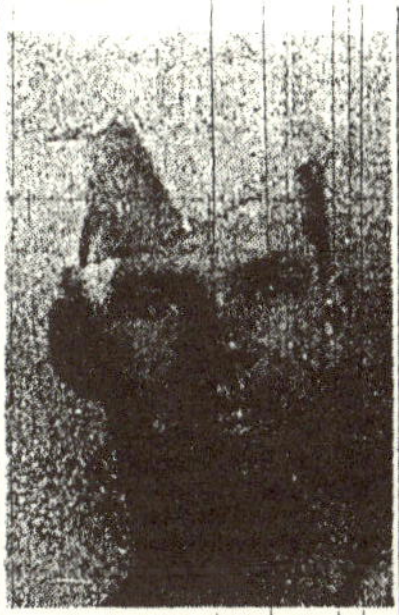

Sergt. J. M. Hodges, Jr., Missing on B-29 flight

REMEMBER STEAMING SEPTEMBER COME COLD NOVEMBER—Part of the football crowd which filled the stands and rimmed the gdiriron at Foreman Field yesterday afternoon to watch the University of Virginia defeat North Carolina State. It was perhaps Norfolk's largest football crowd, estimated as high as 22,000 and rivalled only by the gate at the stadium's first big night game, before the war, between William and Mary and North Carolina State. The above picture is of the west side. (Photo by Borjes, Virginian-Pilot staff photographer.)

Good Morning! Did You Remember To Turn Clock Back to Standard?

By Ralph Pool

A minor phase of reconversion which nevertheless affects the whole population of these United States was effected this morning at 2 o'clock, when the nation's clocks were turned back one hour, marking the demise of War Time and the restoration of Standard, or sun, Time. The change was brought about by act of Congress, adopted unanimously by both House and Senate. It marks the end of "fast" time, in use three years and eight months. Congress ordered the 60-minute advance into effect January 20, 1942, to add one daylight hour for war production.

The change had its advantages, of course. It doubtless saved power, light and fuel. But it had its disadvantages, too. Farmers never did like it because it meant that daylight came later and the morning chores had to be postponed until the pigs, cows and chickens were up and stirring. Parents protested that children oftentimes had to start to school while it was still dark.

On the credit side, the War Production Board said War Time saved 1,500,000 kilowatt hours of electricity a year, making it possible to divert to munitions production addition ... it would have ... s power load. ... hat the chan ... is of coal year

ジョン・ホッジスが行方不明になったことを伝える当時の新聞
（1945年９月30日付 資料提供 ウィリアム・ヒューズ）

で、第20航空軍第40爆撃航空群第45爆撃飛行隊に編入された。その後、五月五日、インドから船で発ち、オーストラリアを経て、五月八日にテニアンに到着し、五月九日から日本への爆撃任務に就いた。

戦争は終わった。アメリカは完勝した。終戦から二週間が経った。八月三十日、ジョニーを乗せたB-29は、九州の八幡近くにある連合国軍捕虜収容所へ救援物資を投下する任務が与えられた。これが彼にとってラストフライトになるはずであった。

両親もビリーも、ジョニーはすぐにアメリカ本土に帰るものと思っていた。ところが、一九四五年九月三十日、ジョニーの両親に、ジョニーが作戦中行方不明になったと突然伝えられた。十一月十一日、ジョニーは二十一歳になるはずであった。

一九四六年四月十五日になって、ジョニーは、日本の九州東海岸に近いSOBOSANという山の斜面で、作戦中死亡したと伝えられた。

一九四八年八月になり、ジョニーの遺骨は、日本から持ち帰られ、母親の強い希望もあり、ハワイのパンチボールにある国立太平洋記念墓地に埋葬された。

ジョニーは、自国の為に尽くした。彼は、両親、妹、弟キルビー、そして無二の親友ビリーの心の中に、終戦後ずっと生き残っていた。家族もビリーも、ジョニーの最期の様子を詳しく知ることもなく、ただ深い悲しみに包まれたまま、ずっと過ごしていた。ジョニーの父は、第一次世界大戦時、フランスにおいてノーフォーク軽砲兵隊として従軍し、彼の祖父もバージニア州のために、南部独立戦争（一八六一～六五）において、ノーフォーク軽砲兵隊で活躍した。

ビリーは、子供の頃、ジョニーと一緒に、家の上空を飛び交う海軍機を毎日のように見ていたが、海軍より陸軍に興味を持ち、陸軍航空士官プログラムに登録し、パイロットをめざした。すべてのテストに合格したものの、最後の身体検査で、背が低いとの理由で不合格になった。彼の身長は五フィート二インチと二分の一（一六〇センチ）であったが、パイロットになる条件は、五フィート四インチ（一六三センチ）であり、ビリーは、背が一インチと二分の一（三センチ）足りず不合格となった。

ビリーは、一九四四年一月三日、コロラド州デンバーのローリー空軍基地にある予備部隊校に入校し一カ月間過ごした後に、軍用列車で合衆国を再び横断し、ニュージャージー州のキャンプ・キルマーに二月二十二日着いた。一週間後、再び汽車でニューヨークのドッグに行き、英国の客船改造船に乗り、護衛艦に見守られ、極悪な天候下、十四日間の船旅で三月九日英国のリバプールに上陸した。一週間滞在した後、ノーフォーク・カンティにある第九六空軍爆撃グループ第八基地に着いた。ここで、ビリーは初めて航空機に乗った。それはB-17であり、自動操縦装置を積載しており、英国北部からスコットランドを往復することができた。ビリーは砲撃手として訓練を受けるものと思っていたが、最終的には、本部のエンジニア・サービスで働くことになり、電話、テレタイプオペレーターとしての訓練を受けた。

日本が降伏した一九四五年八月に駐屯地の任務が解かれ、ビリーは、他の兵士達とともにスコットランドのグラスゴーに汽車で行き、クィーン・メアリー号で、幸運にもアメリカに帰れた。十八カ月間海外で過ごし、ニューヨークからメリーランド州のフォートマーダから飛行機でノーフォークへ向かった。空港で両親と会い、ウィルロビィーでチェサピーク湾からの甘い塩水の匂いを嗅ぐと、ジョニーと一緒に水泳や魚釣り、ボート乗りを楽しんだ日々のことを思い出した。

ビリーがウィルロビィーに帰ると、友人達から、ジョニーが行方不明になっているという悲しい知らせを聞いた。休暇中にビリーは、ジョニーの夢を見た。ジョニーが目の前に現われ、一体、何が起きて、今

ウィリアム・ヒューズが入隊した頃の写真
（1944 年英国 写真提供 ウィリアム・ヒューズ）

まで、どこにいたのか問うと、すぐにジョニーは消えてしまった。ビリーは、ジョニーが自分の居場所を教えようとしているものと思った。

ビリーは、その後、バージニアポリテクニック学院に行き学位を得て一九五二年に結婚し、一男三女をもうけた。ビリーは、公務員を退職後、NASAや専門技術部隊、海軍訓練所などに勤めノーフォークからバージニアビーチ市に移転した。その後、ビリーは、第一次世界大戦や第二次世界大戦から、曽祖父がノーフォーク重砲兵隊として合衆国軍と戦った南北戦争について研究を続けた。

ビリーは、行方不明になったジョニーの墓がハワイのパンチボールにあることや、仲間に救援物資を届ける最後の任務で、日本の九州という島にある山の中で亡くなったことは知っていたが、最近になり、無性に、ジョニーの最期に、一体、何が起きたのか知りたくなった。

ボブ

ボブ・L・ミラーは、一九二六年二月十九日ユタ州エメリーで、四人兄弟の長男として生まれた。父は、ハイラム・L・ミラー、母はアルタ・P・ミラー、姉はシャイリィー・ミラー、妹はローン・ミラー、そして九歳年下の弟ラリー・ミラーがいた。

ボブは、エメリーの学校に通っていたが、一九四三年に家族とソルトレークシティーに引っ越し、翌年、十八歳になるとともに徴兵された。ボブには、戦闘の経験はなかった。一九四五年五月からルイジアナ州で、B-29搭乗員としての訓練を受け、八月にテニアン基地に移動した。その頃には、日本の敗戦は、時間の問題となり、ボブの所属していた部隊も新たな戦闘に参加することはなかった。

ボブは、家族に宛てて移動先から現地の様子を伝えていた。

幼い頃のボブ・ミラー
（前列の幼児。左は祖父、後ろ中央は父。写真提供 ラリー・ミラー）

一九四五年五月五日
家族の皆様へ
僕が皆のことを忘れたと思ったでしょう。忘れてませんよ。手紙を書くのが遅くなってごめん。この間Shreveportに飲みに行って、すごく酔っぱらってしまった。次の日はひどい二日酔いだったよ。
今日はラリーの誕生日ですよね。今日届いた手紙を読んで思い出しました。あやうく忘れるところだったよ。誕生日には間に合わないけど、ラリーに何かあげようと思っている。何がいいかな。

入隊当時のボブ・ミラー

仲間と訓練に励むボブ
（写真提供　ラリー・ミラー）

最近のニュースを聞きましたが、ドイツはもう駄目みたいですね。ヨーロッパの方の戦争は、もうすぐ終わるでしょう。太平洋の方でもそうだと思うけど、はやく終わって欲しいな。でも、飛行機に乗ることは大好きです。

今日、ルビーから手紙がきたよ。二週間ぐらい前からソルトレイクシティーにいるらしいけど、家を訪ねる勇気がないと書いてあったよ。彼女は、この前のパーティーのことで、まだ怒っていると思っているみたいだね。本当にまだ怒っているのかな？

それじゃ、また手紙を書きます。

愛をこめて　ボブ

ルイジアナ州Shreveportから

一九四五年五月二十五日

家族の皆様へ

皆さんお元気ですか。僕は何とか元気でやっています。ここは暑くて暑くて、毎日汗ばっかりかいています。今日、ちょっと噂を聞いたんですけど、もし予定より訓練が早く終わったら、休暇が取れるそうです。今度帰った時には、精一杯羽根を伸ばしたいと思っています。

この前は、写真をありがとうございました。ジョアン・バイロンも、その美人コンクールに出ていたの？　彼女はクラスの中でも一番ブスだったよ。アフトンも、そんなにきれいじゃなかったけど美人になったみたいですね。エメリーから引っ越さないほうが良かったかな？

きのう、ジョーが乗組員全員の写真を撮ったから、出来たら送ります。

これから、ちょっとボクシングを見に行きますので、これでおしまいにします。

じゃ、また手紙を書いてね。

愛をこめて　　　ボブ
ルイジアナ州Shreveportから

一九四五年六月十一日
家族の皆様へ
皆さんお元気ですか。僕は、元気でやっています。何も面白い話がないので何を書いて良いのかわかりません。ここは、三日くらい前から雨が降っています。
今日と昨日は、休みだったけど、あしたは朝の七時三十分から四時三十分まで学校があります。学校は二十一日に授業が一応終わりますが、そのあとは補習授業があります。僕は、その補習授業に行かなくてもいいと思うから、もしかすると休みになるかもしれないけど、そうなればいいな。
この前、ほかの所で訓練を受けているフォート・メイヤーズで知り合った男の子と話をしたけど、彼の所では訓練が終わってから、すぐに休みをもらう人が多いということなので、僕たちもちょっと休めることを期待しています。

この間、ルイ叔母さんから手紙が来てとても嬉しかったよ。休みができたらルイ叔母さんの所に遊びに行きたいと思っています。

じゃ、明日は学校があるからね……。手紙をどんどん書いてね。

愛をこめて　　ボブ

一九四五年六月十四日
家族の皆様へ
また、手紙を書きます。

今日は、三時から飛行機に乗って、帰りが夜遅く（午前二時くらい）になりそうなので、きっと明日は手紙を書く気分じゃないと思って、今手紙を書いています。

昨日、いいニュースを聞きました。他の人から聞いたのだけど、僕たちはもうすぐ休みができるらしいよ。

運が良ければ、僕は伍長ではなくて軍曹として帰れるかもしれない。M．O．Sという番号制度があって、僕たちの番号は今六一一だけど六一二になったら軍曹になるわけです。

この前帰った時のライカさんの行動には、ちょっと驚いたね。彼女が軍人にキスしたりするので、彼女のボーイフレンドのクレイさんは多分すごく怒ったと思うよ。

じゃ、今から行かなきゃいけないから、これでおしまいにします。

愛をこめて　　ボブ

一九四五年六月二十一日
家族の皆様へ
こんにちは、お元気ですか。昨日も今日もちょっと忙しかったけど、ここは来月の十日までだから、これからはそんなに忙しくないと思います。

来月の十日からは休みになるかどうかまだわかりませんが、なったらいいな。

また、昇進の話だけど、クルーの通信者が袖章を受けました。私も、早く軍曹になりたいな。

四日前から、手紙が届かないけど、明日は来るかな。

じゃ、また。

愛をこめて　ボブ

一九四五年七月二十一日
家族の皆様へ
長い間手紙を書かなくてごめんなさい。ただ手紙を書く気分にならなかったのです。
結局僕たち休みをもらえないという知らせがありました。ここは明後日までだけど、休みをもらえないということを聞いて、クルーの皆もちょっと落ち込んでいました。
僕のクルーの訓練は、他のクルーの訓練より早く終わったので、来週の土曜日からは暇です。
訓練が終わって、本当の戦闘になる時は、飛行機に乗る回数は訓練と同じですけど、特命なので乗る時間がもっと長いのです。
今、米軍が日本を追い込んでいるようなので、僕たちが、向こうに行くのはそんなに大変なことじゃないと思います。この調子だと、日本はもうすぐ終わりだと思います。

僕たちが乗っている飛行機は、すごく丈夫ですし、万が一何かがあって墜ちても、すぐに助けに来るから心配しないでくださいね。

昨日、クルーの写真を撮ってもらい、今日出来上がってきますので、明日には送ります。では。

愛をこめて　ボブ
追伸：好きな人が出来たかな？

一九四五年八月十日　ティニアンより
家族の皆様へ
もう手紙を出してもいい頃だと思って手紙を書きます。
まだ、前と同じことをやっている。それは、何かというと、何もない。ただ暇で困っているという状態です。クルーの皆がまだ来ていないから、あとの六人を待っているわけです。
いま、戦争は、どの段階だと思いますか。もうすぐ終わりそうだと思いませんか。新しい爆弾のことは、すごそうですよね。でも、やっぱり僕と同じ飛行機には、絶対に載せたくないよ。本当に、あの新しい爆弾のことは知りたくないよ。
この島の話以外は、あまり書くことはない。ここは、雨がよく降ります。そして、雨が降らない時は暑くてたまらない。宿泊はテントで、僕たちのテントには、床がないけれど作ればいいよ。
食べ物の話だけど、まずくもないけどおいしくもないね。それに、一週間にキャンディー・バー五個（私にとっては足りない）、コーラ三本、一日おきにビールを二本で、あとはちょっとしたフルーツジュースというところで、まあまあかな。

書くことがなくなったので、これで終わらせてもらいます。

ティニアンに来てからまだ手紙が来ないけど、明日には来るかと思います。

じゃ、またね。

愛をこめて　　ボブ

一九四五年八月十九日
家族の皆様へ
僕からの手紙なのでびっくりしたでしょう。この手紙を受け取った時、私がきっと戦死したのではないかと思ったでしょう。最近、あまり手紙を書かなくてごめんなさい。別に理由はありません。ただ、なまけているだけのことです。
ここに来てから、何もしていないよ。他のクルーの人が、まだ来ないけど、もう来なくてもいいだろうと思います。
僕たちは、これからどうなるのか。最近の数カ月間は、すごく楽だったので、帰るまでの仕事はちょっときついと思います。いつ帰ることになるかわかりませんが、多分、まだまだだと思います。
ここに来て、三週間も経っているのに、まだ手紙をひとつももらってないよ。郵便がどうかしたのかな。郵便局の方は、もっと早くやって欲しいね。まったく。
じゃ、今度はここまで。

愛をこめて　　ボブ

一九四五年八月二十八日　テニアンより

妹へ

今日は、手紙が届きました。ありがとうございました。この島に来てから一カ月経つけど初めての手紙だったよ。

三年間も伍長としてやってきたモーリスさんは、やっと軍曹になったみたいですね。僕は、多分最後まで伍長だと思います。

アメリカに帰れるのは、今から六カ月先か、一年先になるかはわかりませんが、まだまだみたいですね。戦争が終わってからの、アメリカでの祝賀会はすごかったでしょう。

シャーレンさんは、元気そうですね。彼女によろしくと言っておいてください。皆にもよろしく。また、手紙を書いてね。じゃね。

愛をこめて　ボブ

終戦後しばらくして、ボブは、まったく戦闘の心配のない時に、ある作戦に参加する命令が下りた。ジャック・リッグス機長の操縦するB-29機体番号44－61554の尾部銃手として、日本の九州にある連合国軍捕虜収容所に救援物資を投下するための飛行である。もはや日本機による攻撃や高射砲による迎撃の心配も不要で、この飛行がボブにとってラストフライトになるはずであった。

八月三十日夜半、ボブやジョン・デンジャーフィールド、ジョン・ホッジス、アルフレッド・エイケン達を乗せた一機のB-29は、テニアン基地を日本に向けて離陸した。しかし、テニアン基地に、再び機体番号44－61554のB-29が戻ることはなかった。

ジョン

フローレンス・スミス・デンジャーフィールドは、父フランク・ウィリアム・スミスと母サラ・エレン・マクレイ・スミスとの間に、一九一七年四月二十八日、イギリスのダーハムで生まれた。その後、家族でアメリカに移住した。ジョン・ディビット・デンジャーフィールドは、アメリカ空軍に籍を置く軍人であり、フローレンスの最愛の夫であった。

ジョンは、アメリカ空軍が無敵を誇る超空の要塞B-29に左側方銃手として搭乗していた。陸軍第20航空軍第40爆撃航空部第45爆撃飛行隊に所属していた彼に与えられた最後の任務は、日本の九州にある連合国軍捕虜収容所への救援物資十日で、一九四五年八月三十日に、その任務は遂行された。

ジョン・D・デンジャーフィールド伍長
（写真提供 フローレンス・デンジャーフィールド）

夜半に、テニアン基地を飛び立ったリッグス機長の操縦するB-29機体番号44-６１５５４は、両翼の下にPOW・SUPPLYの文字を大きく書き入れ、太平洋から豊後水道に入り、あいにくの濃霧の中、高度を下げ、十二名の搭乗員を乗せたまま、深い霧にすっぽりと包まれた九州山脈の主峰祖母山を、まさに越えようとしていた。福岡市の郊外にある連合国軍捕虜収容所では、救援物資の到着を待つ多くの捕虜達が、B-29が上空に現われるのを首を長くして待っていた。しかし、到着時刻を過ぎてもそのB-29は、ついに、姿を見せることはなかった。

戦争は終わった。アメリカは、日本を完膚無きまで打ちのめした。その主役を担ったのは、ジョンの乗っていたB-29であった。フローレンスは、最愛の夫ジョンは、すぐにソルト・レークシティーの我が家に戻って来るものと一日千秋の思いで待ち続けた。日本は昭和二十年九月二日、東京湾に停泊していたアメリカ戦艦ミズーリ艦上で正式に降伏し、日米の戦争は、完全に終結していた。戦争は終わったのに帰ら

[上] 新婚当時のフローレンスとジョン
[下] ユタの渓谷で愛を語るフローレンスとジョン
(写真提供 フローレンス・デンジャーフィールド)

ない夫を、フローレンスは毎日待ち続けた。
終戦から一月程経った時に、一通の電報がフローレンスに届いた。今回の戦争は、アメリカの完全勝利で終戦を迎えた。しかも、終戦後に、夫が行方不明になったとの知らせにその理由もわからず、ただ不安が募るばかりであった。

一九四五年九月十九日
宛先　フローレンス・デンジャーフィールド夫人
戦時長官より連絡があり、貴女の夫、ジョン・デンジャーフィールド伍長が一九四五年八月三十日以来、日本での作戦活動中に行方不明になり心より哀悼の意を表します。
詳細な情報については判明次第御通知申し上げます。
後便にて確認の手紙を差し上げます。

エドワード・F・ウィットセル
陸軍大将副官

翌日、フローレンスの不安を、さらに募らせる一通の手紙が届いた。電報の内容と同じであったが、夫の身に何かが起こったことを伝えるのには十分な内容であった。

一九四五年九月二十日
親愛なるデンジャーフィールド夫人

この手紙は、貴女の夫であるジョン・デンジャーフィールド伍長が一九四五年八月三十日以来、日本上空で活動中に残念ながら行方不明になったとの電報情報を確認するものであります。

私は、さらなる情報と詳細について貴女が受ける苦しみを理解しますので、詳細が解り次第、いつでも貴女に御連絡することを確約致したいと思います。

この手紙の日付けから三カ月経過しても何ら情報が得られない場合、再びその旨を連絡致します。行方不明乗組員レポートを受取り次第、それに含まれているいかなる詳細について貴女に御連絡することは陸軍の空軍司令長官の義務であります。

情報紙に示してある政府機関へ問合せ下さるようお願い申しあげます。

この様な不確かな状況で申し訳ありませんが、心からの同情を述べる次第であります。　敬具

エドワード・F・ウィットセル

米空軍少将　陸軍軍務局長代行

フローレンスは、最愛の夫が帰って来るのをさらに待ち続けた。三カ月後、約束通りに手紙が届いたが、何ら新たな情報は得られず、不安はますます募るばかりであった。

一九四五年十二月十一日

デンジャーフィールド夫人

先に約束致しました様に貴女の夫、デンジャーフィールド伍長についてご連絡致します。

この何カ月間懸念され続けていたことが少しでも軽減されればと考えているところであります。

戦時局に未だ確かな情報が届いていないのは誠に遺憾なことです。

海外の司令官たちが行方不明者または戦闘中に行方不明となった兵士についての調査を継続していることを強調致したいと思います。

更に詳しい情報が入り次第、貴女に御連絡申し上げます。

もし、何らかの情報が得られなければ、この手紙の日付けから三カ月位の後、再び御連絡致します。

敬具

エドワード・F・ウィットセル
米軍少将

終戦から二年が経った。その後何ら新たな情報もなく、夫はすでに亡くなっていると思わざるを得なかった。陸軍から届いた手紙も、ほぼ亡くなっていることを知らせる内容であった。

陸軍主計総監　事務局

一九四七年十月二十四日
ユタ州　デンジャーフィールド夫人
当事務局は、故ジョン・D・デンジャーフィールド伍長の遺体に関する情報についてお知らせしなければなりません。
残念ながら貴女の夫の遺体埋葬に関する情報が未だに得られていないことをお知らせしなければなりません。
米軍墓地登録局の各部で全力を尽くして探しておりますが未だ未確認であります。貴女の夫の遺体が発見されたとする記録が未だ受領されていません。

敵方の死者、味方の死者、兵隊や士官の記録、捕虜等について可能な限りの情報を調査致しました。大きな努力と細心の調査を継続しているところです。

集中的探索によって貴女の夫の遺体及び遺品が発見されるであろうと私も心から願っております。さらに詳しい情報が得られたらすぐに御連絡申しあげます。

出来ることは何でも致しますので、どうぞ御安心下さい。

敬具

リチャード・B・クームス
少将　メモリアル部

傷心のまま、ひたすら最愛の夫の帰りを待ち続けた三年間が過ぎ、遂に、夫の死を確信せざるを得ない決定的な手紙が届いた。フローレンスは泣き崩れた。

一九四八年十一月二十六日
親愛なるデンジャーフィールド夫人
故デンジャーフィールド伍長の遺体安置に関する情報が得られたことをお伝えします。
埋葬場所について公的報告がありました。それによると、当初遺体は日本にある宮崎県の祖母山中に埋葬されていましたが、後に身元を確認後、米軍墓地記録員により発掘され、その後横浜にある米陸軍墓地第一五六八に埋葬されました。
報告によるとこれらの遺体は、横浜にある米陸軍で柩に安置され、合衆国に移送するか、又は、海外墓地に埋葬するか親戚の指示待ちの状態であります。

後ほど貴女に第二次世界大戦の死亡者に関する全情報が送付されます。それの中に貴女の夫の遺体の取り扱いについての希望を記して下さるようお願い致します。

ところで遺体は、我が陸軍によって丁重に保護され身元も慎重にわかる様になっておりますのでどうぞ御安心下さい。

貴女の大きな落胆に対して心より同情申し上げます。

敬具

ジェームス・F・スミス
少将　戦没者追悼局

フローレンスとジョンの間に、子供はいなかった。ジョンと結婚して以来、終戦後もずっとユタ州のソルトレークシティーに住み続けた。ジョンと一緒に過ごした期間は、わずか五年間であったが、その思い出をずっと胸に抱き続け、再婚もせずに戦後を一人で過ごした。

戦争が終わって五十年目を迎えようとする頃、ジョンが、行方不明になり、しばらく埋葬されていた日本の九州という島にある宮崎県のＳＯＢＯＳＡＮという山は、どのような所か知りたくなった。日本は、まだ訪ねたことのない国であるが、テレビで日本の四季折々の美しさを見るにつけ、ジョンの最期の地を訪ねてみたいと思うようになった。天気の良い日は、毎日のようにゴルフの帰りに、自宅にコーヒーを飲みに立ち寄る昔からの気心も知れた友人ジャックに日本行きを相談した。

訓練中のアルフレッド・エイケン（後列）（写真提供 ドナ・ボイド）

アルフレッド

アルフレッド・フランシス・エイケンは、一九二二年二月十七日、ビンセント・アデラ・エイケンの長男としてジェファーソンシティ・ミソウリの近くの小さな町タオスに生まれた。十二人兄弟がいた。

タオスのセント・フランシスザビエル学校を卒業した後、セントルイスで一年間事務員として働いた。その後、彼は、一九四二年陸軍航空隊に志願することを決心した。アルフレッドの長姉であるフランシス・エイケンには、入隊することについて、ほとんど話さなかった。

アルフレッドは、ミズーリ州のジェファーソン兵舎で、最初の訓練を受けた後、翌年、テキサス州において、爆撃手の訓練を受けた。そして、一九四四年十一月、インドに赴任するため、合衆国の多くの地で飛行訓練を受けた。この間に、中尉に昇進した。

一九四二・九・二十五

陸軍空軍等級センター
サンアントニオ空軍幹部候補センター
テキサス州サンアントニオ

親愛なるお母さんへ

私はこの手紙をサンアントニオ空軍等級センターから送っており本日ここに着任しました。ここで着任早々、未来の空軍兵士の仲間と合流しました。

私は飛行前学校に入校準備ができるまで空軍中隊一〇九に任命され登録されました。この間私達は、身体検査を受けさらにテストを受けますが、これによって私が爆撃手になるかまたは飛行士になるか、または操縦士になるかが決められます。

等級が分けられた後、飛行前学校に転任し実際の飛行前訓練が始まります。それはおよそ九週間続く予定です。今日現在私はワシントンＤＣの生命保険会社に無料で加入しました。

私から個人的通知の代わりにこのようなタイプの手紙を受け取ることは心配であると思うかも知れませんが理由は次の通りです。

我々の司令官は、我々が何日か心の動揺があって落着くまでは何人かが家族に便りをするのを忘れがちであることを良く知っているからです。これにより彼は私が今どこにおり元気でいることを家族に知らせるということです。

私が真実の手紙を書く時もっと面白いことがあるということはわかります。ところでお母さんからも便りを下さい、待っています。

宛名　A．Eiken
空軍中隊一〇九
サンアントニオ空軍幹部候補センター

上記宛に正確に手紙を送って下さい。

一九四三・六・二十
親愛なるテレサへ
休暇にそろそろ飽きたのではないですか。学校に戻りたいのではないですか、解っていますよ。そうでしょう。
私は毎日毎日飛行をしており爆弾とともに過ごしています。土曜日の夜、日曜日は休みのため再び教会に行きました。このところ教会へ戻ると楽しいです。
あと三週間と六十個の爆弾の訓練を経て私は海軍中尉となる予定です。帰郷の時は、どうか良い迎えをして下さい。

一九四三・九・六
親愛なるフランセス・アンへ
虹の上を飛んだことはありますか？　私は土曜日に飛びました。手紙を書くのに飽きたので窓の外を眺めていたら真下で風がヒューヒューうなっている雲の間に最も美しい虹をみることができました。次の瞬間、虹は消えました。

それははるか雲の上で人が喜んで天国の美しさを楽しんでいるかのようでした。永くは続きませんでした。

土曜日のフライトは、極めて興味あるものでした。雨が飛行機に打ちつけ、雷の稲妻が近くで光っていました。我々は、雷の周りを飛行せざるを得ませんでした。

高度四〇〇〇フィートの飛行であり何と素晴らしい雲の眺めであることか。

今、黙って散策をしています。税金申告用紙を送っていただきありがとう。しかし三月までは申告の心配をする必要はありません。もし、私が軍人でなく一般市民であれば来年五百ドル以上の税金を支払わなければならないでしょう。軍にいて幸いでした。

愛するアルフレッドより

一九四五年、彼はテニアン基地に赴任し、B-29の搭乗員として二十八回もの任務を完遂させた。日本本土への空襲は、二十四回出撃している。東京、横浜、名古屋、神戸、大阪、岡山、高松、仙台、福井の他、呉や今治へも出撃している。この二十四回の空襲において九州には、一度も訪れていなかった。

一九四五年八月十四日、終戦の一日前に、光市の空襲に出撃したのを最後に、日本の完敗による終戦で、彼の任務は終わるはずであった。彼は、爆撃手として抜群の成績をあげ、三つの空軍勲章が与えられた。

アルフレッドは、インドに駐留していた一九四五年二月二十一日、恋人メルバ・ディビスとの婚約を両親に伝えた。戦争は終わった。最愛の婚約者メルバの写真を胸のポケットに入れ、大事そうに時々眺めながら、出撃することもない退屈な二週間をテニアンで過ごしていた。

彼に、日本への二十五回目の出撃任務が与えられた。彼は、自ら希望してこの任務に参加した。しかし、終戦から時が過ぎ、爆撃手としての腕を発揮する任務ではなかった。二十五回目にして、初めて行く日本の九州にある連合国軍捕虜収容所への救援物資投下命令が下りた。八月三十日夜半、彼は、何の緊張感もなくジャックス・リッグス機長以下十一名の搭乗員とともに、機体番号44－61554のB-29に乗り込んだ。仲間には、ボブ・ミラーもジョン・ホッジス、ジョン・デンジャフィールドもおり一緒に乗り込んだ。テニアンから九州までの飛行時間は、約七時間、日本機の執拗な迎撃も、命中する心配もない高射砲の出迎えもなく、太平洋から九州に近づくと高度を急に下げた。

アルフレッドにとって初めての九州は、深い霧に覆われ雨も降りしきる天候で、景色は何も見えなかった。大量の救援物資を積んだB-29は、さらに高度を落とし、九州山地の主峰祖母山を、まさに越えようとしていた。彼は、メルバの写真を手にし、このラスト・フライトを終えれば、ミズーリに帰り、十一人の兄弟とメルバに会えるはずであった。入隊した時には、二歳の可愛い盛りで、今は五歳になる下から二番目の妹ケリーに会えるのも楽しみにしていた。

無敵を誇った超空の要塞B-29に、非情の運命が待っていた。救援物資の投下を待つ捕虜収容所の上空に機体番号44－61554のB-29の姿を見ることはなかった。

第二章　想いそれぞれに

碑巡り

愛知学院大学客員教授・愛知県立大学名誉教授の草間秀三郎は、国際関係論を専門とする法学博士である。草間は、小学校二年生であった昭和二十年三月十日、出身地の茨城県つくば市（旧筑波郡板橋村）で目撃したB-29の墜落事故のことが、ずっと忘れられなかった。このB-29は、三月十日の陸軍記念日の真夜中、東京大空襲の帰りに、日本軍の高射砲に被弾し、空中火災を起こし、実家近くの山林に墜落し、九名が即死し、三名が生存していた。三名のうち一人は、その日のうちに憲兵隊により斬首され、二人は、東京の捕虜収容所で火災により亡くなったという墜落事故である。

このことが、ずっと忘れられなかった草間は、二〇〇一年七月に、私費を投じて慰霊碑を建立し、毎年三月十日に、献花式を行なっている。この墜落事故の詳しい内容は、一九九七年七月に『B-29墜落・米兵を救った日本人』（論創社　一九九七年七月発行）に書いているが、国際関係を研究する学者として、戦後六十年が過ぎ、B-29墜落に関する日米相互のイメージの変遷を墜落米兵慰霊碑建立の立場から一冊の本にまとめた。その著書『日米相互イメージの変遷・B-29墜落事故をめぐって』（南窓社　二〇〇八年一月発行）の中で、高千穂町の平和祈念碑のことを大きく取り上げてくれた。この祈念碑のことを、草間に最初に知らせたのは、草間の郷里である茨城県筑波郡にあった谷田部海軍航空隊の元海軍中尉で、B-29墜落現場に真夜中に、救援隊として出動した宮崎市に住む元海軍中尉の林英男である。

草間は、つくば市に建立した慰霊碑を、当初から高千穂の平和祈念碑のように、建立者の個人名を出さず、実行委員会方式で建てようと、その趣旨を、地元の関係者に配ったが、十分な理解が得られず、二〇〇一年九月に、私費を投じて建立した。

草間がモデルとして考えていたのは、五ヶ所平和祈念碑であったが、地元の関係者に集会を開き説明したところ、「敵兵の慰霊碑を作るとは何事か」との、戦争の傷跡がまだ深く残り、実現に至らず、一部の協力者の尽力により最終的には、私費を投じて建立したのである。もちろん、五ヶ所の平和祈念碑建設の時にも、敵兵の慰霊碑建設に反対する意見が皆無であったわけではない。

草間は、この時のことを「……それでも祈念碑の建立を断念しなかったのは、私は、子供時代に経験した軍国主義から生まれ変わった戦後日本の自由主義・民主主義の新しい時代において国際関係論を教育研究する一日本人として、先の戦争での『戦死者には敵も味方もない』と、また先の『戦争の犠牲者に対しては、国や民族の違いを超えて慰霊していくことが、次の世代に生きる人たちに真の平和と安寧をもたらすもの』と信じていたからである。……」と、その著書で述べている。

草間は、二〇〇七年には古稀を迎えるに当たり、碑の将来の維持管理の参考にしようと、全国各地にあるB-29墜落慰霊碑の現状を確かめるため、各地の教育委員会を通じて、現場を訪れて調査した。

草間が、夫妻で高千穂を訪れたのは、二〇〇六年五月二十七日、雨の日であった。午前中に、緒方の勤務するコミュニティーセンターで、親父山に墜落したB-29のプロペラや部品などを見た後、甲斐秀國、武田計助、甲斐英明の待つ五ヶ所高原を緒方の案内で訪れた。草間は、拙著『平和の鐘』に事前に目を通しており、平和祈念碑建立までの経緯は良く理解していた。

著書の中で、草間は、神話の里の国際交流として、積極的に報道し続けた地元新聞社の役割を評価し、行政、議会、地元住民と一体となって歴史に残る事業を成し遂げたことは、全国の範を示すものとして高く評価されるとも述べてくれた。また、高千穂の平和祈念碑に関する章の最後を、こう結んでいる。

「私は、この章で、幾度か高千穂の場合とつくばの場合との違い――戦争直後と戦争末期の違いを率直に述べさせていただいた。しかし、この違いは、どうすることもできないそれぞれの地域における歴史的事実であり実情であった。

だから、私たちにできる大切なことは、いずれかの時期や時代において体験したことは、いかに厳しく辛いことであっても、それを乗り越えて共通に価値のある活動――地域社会の真の国際化に貢献する活動――に目を向けていくことであると思う。その意味で、私たちにとって高千穂町の五ヶ所平和祈念碑と毎年行われている祈念祭は、これからも私たちの歩むべき道を照らしていく素晴らしい活動である。」

草間が、著書で述べているように、日米は、かつてはお互いに剣を交え戦っていた。昭和二十年八月十五日を境にして、戦争末期と戦争直後では、その相互の関係は、突然一八〇度変わった。親父山にB-29が墜落したのは、戦争直後のことである。

このB-29墜落地に一番近い村五ヶ所から直線距離にして三十キロもない所に、滝廉太郎の「荒城の月」で有名な岡城址がある大分県竹田市がある。この市の郊外で、昭和二十年五月五日、端午の節句に、一機のB-29が、マリアナ基地から出撃し、久留米市郊外の太刀洗飛行場を爆撃して帰投中の米陸軍第三百十四爆撃航空団所属の十一機のB-29が、熊本県阿蘇郡小国上空にさしかかった時に、墜落事故が起きた。

最後尾の一機に、執拗に、しかも果敢に攻撃を挑む日本海軍が誇る戦闘機「紫電改」があった。単機攻撃を挑んだのは、大村海軍航空隊所属の少年航空兵・海軍一等兵曹粕谷欣三、十九歳の若桜であった。勝算無しと判断した若桜は、決死の体当たりを敢行したのである。

この事件のことを知ったのは、祖母山に墜落したB-29のことを調べようと思い立ち、B-29という名が出てくる本を読み漁っていたときだった。この墜落事故のことは、著名な作家が、何冊かの本に書いていた。ことの詳細は、これらの書に譲ることとして、私は、取りあえず現地を訪ねることにした。

田植えが終わったばかりの棚田へと続く道の脇に、紫陽花の花が咲き、遠くに祖母山や傾山連山を望み、五十年前に、本当に、こんな事件があったことが信じられないような六月中旬の晴れた日に、墜落現場を訪ねた。本に記載されていたごく簡単な地図を頼りに、竹田市街を走り抜け、国道四四二号線を久住方面に向けて走ること約十分。まったくの勘を頼りに、村はずれの市道らしき道をしばらく走ると一軒の小さな雑貨屋があった。お客も一日数人しか来ないような店の番を終日していると思われる老人に、遠路、宮崎からの来意を告げ、碑への道順を聞いた。そして、戦争末期に起きた日米両機の墜落事故のことをそれとなく、ほとんど知識もないふりをして尋ねてみた。老人は、親切にも、何ら隠すことなく語ってくれた。その内容は、老人が、国民学校三年生の時、米兵三人が後手に縛られ、市中引き回しの刑の如く、大八車に乗せられ竹田市内を引き回されていた光景である。

それぞれの慰霊碑のことについて聞くと、それらしい物が建立されている場所を詳しく教えてくれた。この店から、さらに山道を十分以上走った丘陵地帯の、ちょうどY字路の分岐点に、その碑をようやく捜し出したのは、もう日没前であった。自然石を使った高さ三メートル近い大きな慰霊碑が、目の前に現れた。早速碑文に目を通してみた。B-29に果敢に体当たりした日本の戦闘機についてであった。

「昭和二十年春遅く大東亜戦争末期に方り沖縄攻防戦は酣《たけなわ》で主要都市は連日の様に空襲を受け戦局は好転せず国民は悲壮な決意で本土決戦に備えていた。

五月五日快晴の朝北九州を爆撃して南方基地へ帰還中のB-29十数機の編隊が現われた。これを追撃する大村海軍航空隊の日本戦闘機は飛燕のような速さで襲いかかった。果敢な体当たりである。銀翼が傾いて空の要塞B-29は火を噴きながら東北方明治村の山中へ墜ちて行った。同時に我が戦闘機も亦当地の上流八百メートルの谷深くに突っ込んでいった。

この戦闘機こそ当時日本海軍が誇る「紫電改」であり単身操縦して散華したのは粕谷少年航空兵未だ紅顔一九才の若桜であった。

遺体は久保公民館に運ばれて安置された。埼玉県入間郡三ヶ島村（現所沢市）の出身である。宮ヶ瀬川の流れは清く緑滴る渓谷に雄魂は眠ったままである。三十余年を回顧して我々は相謀り茲に碑を建て国家永遠の礎を築いた有形無形の教訓を永く後世に伝えんとす。

昭和五十五年三月吉日」

とあり、碑の前には、後で供えられた花台が置いてあり、その台には、「ここ宮ヶ瀬川のほとり故郷遠く独り淋しく眠る紅顔一九才の烈士に一掬の涙と共に一輪の花を賜わらんことを」と刻まれていた。

誰もいない碑の前で静かに手を合わせた。碑を後にして、次の目的地であるB-29墜落地を探し、近くの竹田市立明治小学校まではたどり着いたが、ついに「殉空の碑」は見つからず、日も暮れ始め、探すのはあきらめ、宮崎市まで四時間弱の道を一気に車を走らせた。

結局、目的を達したのは、翌年の同じ季節になってしまった。墜落当時、B-29搭乗員が、日本人に殺される恐怖におののきながら拳銃を片手に下った坂道を、汗を拭きながら登った。滅多に人も通らない道を、不審な男が通るのを見て、遠くの民家から激しく犬が吠え立てた。当時のままと思われる大きな切り通しを抜けると、突然視界が開け、その場所に不釣り合いな大きな石碑が飛び込んできた。碑には、「B-29墜落の地　殉空の碑」と大きく刻まれ、碑文には、次のように書かれていた。

「　B-29墜落之地
　　昭和五十二年五月五日建
殉空之碑

弔魂
　戦死　海軍一等飛行兵曹　粕谷欣三
　　埼玉県入間郡三ヶ島村出身　行年十九才
　B-29搭乗員　現地死亡　三名
　　　拘留後死亡八名

B-29犠牲者名
ウィリアム・R・フレドリック少尉
デイル・E・ブランベック少尉
ジャック・H・ベーリィー少尉
ビーリィー・J・ブラウン軍曹
テッディー・J・ポンスカ軍曹
ジャック・V・デングラー軍曹
チャールス・パーマー伍長
ロバート・B・ウィリアム伍長

大分県竹田市にある殉空之碑

ジョン・C・コーンハウエル伍長
レオン・E・ザーネギ伍長
アービン・E・コーリス伍長　」

そして、裏面の碑文には、次のようにあった。

「昭和二十年五月当時日本は敗色濃厚な大東亜戦争末期の極めて悲惨な戦況下にあった。

国土は連日B－二九に焼かれ最後の砦、沖縄戦も絶望状態にあり一億国民は悲壮な決意をもって本土決戦を迎えねばならぬ運命にあった。

五月五日快晴午前八時すぎ久留米市郊外の太刀洗飛行場を爆撃しその帰途についていたB－二九の編隊に対し日本戦闘機これを追撃、熊本県阿蘇郡より大分県直入郡（当地方）上空において壮烈な空中戦を演じ日本戦闘機とB－二九はたちまち火を噴きこの地に墜落した。

日本戦闘機も近くの宮城村芹川に墜落し海軍少年航空兵は母からの手紙を胸にしたまま死亡していた。既に落下傘で降下していたB－二九の搭乗員十二人中多数の者は狂乱怒号の村人たちにより暴行殺傷され、その中の八名は所謂九大生体解剖実験の犠牲となった。戦後三十三年たって当時を回想するに、これらの犠牲者たちの姿が悪夢のように脳裏より去らず、ここに恩讐を越えて日米犠牲者たちの鎮魂供用の儀を行いご冥福を祈るとともに、かかる戦争の悲劇を二度と繰り返さぬための貴い教訓ともなればと念願しこの碑を建立する。

昭和五十二年五月五日　三十三回忌

建立者　工藤　文夫　七十八才

文　東野　利夫　福岡市中央区草香江

協力者　折立老人クラブ　地元有志」

碑文を読み終えると、老境に達した私と同姓の工藤翁が、当時のことを振り返り、私費を投じて碑を建設した気持ちがひしひしと伝わってきた。碑を後にしようとした時、一人の老人が古いヤンマーの耕運機に乗って降りてきた。老人は、この碑は、工藤翁が私費を投じて建てたことと、翁は、数年前に他界したことだけを一方的に私に語ると、耕運機で、また山道を下って行った。

「一人一殺」。藁人形を相手に竹槍訓練に明け暮れていた当時の日本。ある日突然、目の前に、藁人形ではない本物の「鬼畜」が舞い降りて来た。純朴な村人達は、当時教育されていた通りの行為を行った。そして八月十五日終戦。世の中は一変した。教えを忠実に守った村人は、警察に呼ばれて罪人扱いにされた。そんな不幸な時代であった。

複雑な思いで、遠くの祖母連山を眺めていると、ある仮説が、私の脳裏をよぎった。祖母山に墜落したB-29が、終戦後ではなく、五月五日で、祖母山上空を、空襲から帰投中のB-29の編隊があり、リッグス機長の操縦する最後尾のB-29に、日本陸軍の一式戦闘機・隼を操縦する知覧基地から飛び立った徳義仁軍曹が、単機で決死の体当たりをして、火を噴いたB-29から、次々とパラシュートで搭乗員が、五ヶ所高原一帯に、舞い降りていたらとの想定である。いかに純朴な村人達と言えども、日本全国津々浦々まで、鬼畜米英と教え込まれ竹槍訓練で藁人形を相手に、「出て来い、ニミッツ、マッカーサー、地獄の底まで逆落とし」とばかりに訓練に明け暮れていた狂気の時代である。村人達は、竹槍を手にし、秀國少年も、鎌を手にして、白いパラシュートが降りた方向に、走ろうとしていたであろうことも十分に考えられる。結末は不幸な現実を迎え、私費で殉空の碑を建てた工藤翁と同じ心境を秀國少年がたどることになっていたかもしれない。

想定は想定として、このシーンの結末を考える時、長い間、一連の墜落事故を取り巻く当時の村の様子を取材して来た私には一つの自信ある仮説がある。

群集心理も相まって、暴徒のような行動を取ろうとした村人達の前に、仁王立ちになりその行動を抑止した一人の男と、とても女とは思えない鬼気迫るほどの形相で制止しようとする一人の女がいたと確信している。それは、武士の血を引く矢津田義武村長と、男以上の義に生きた稀代の女傑・興梠千穂の二人であったというのは、私の思い過ごしであろうか。二人には、そんな日本人としての矜持があったと思う。

友よ

ビリーは、エンジニアとしての仕事を退職すると、無二の親友ジョニーとの思い出を中心に二人の物語を書くことにした。エンジニアらしく、それぞれの時代の出来事を詳しく几帳面に書き進めたが、どうしてもジョニーが最期を迎えた時のことを具体的に書くことが出来なかった。

ビリーは、思い切ってワシントンにある行方不明乗組員レポートを保管しているワシントン・アーカイブスとマッカーサーメモリアル館に足を運び、戦争中の行方不明者に関する資料に丹念に目を通した。その結果、ジョニーは、一九四五年八月三十日に、日本の九州にあるSOBOSANという山で消息を経ち、その後、死亡が確認されたことを知った。

この内容から、SOBOSANという山は、九州の大分県と宮崎県の境にある山であることがわかり、現地のことを、さらに詳しく知りたいと思い、ワシントンの日本大使館に問い合わせの手紙を書き、大使

August 2,1996

Embassy of Japan
Washington, D.C.

His Excellency
Takaazu Kuriyams

Dear Sir:

My best friend who was a crew member on a B-29 aircraft to deliver food and medical supplies to the American PW's in Japan on August 30,1945 was killed. The PW camp they were destined for, was near Fukuoka on the Japan's Southern Island of Kyushu. They were having to fly through low ceiling clouds and high mountains while crossing the East coast towards their destination Westward. It appears the plane hit the Southern slope of Sobosan on the boundary between Miyazaki and Oita. All of the crew were killed.

In the past couple of years I have been trying to piece together a narrative history of my friend during this time in the service. The last episode on his life would be complete if I could find out more about the cash site and how the plane was discovered etc..

The reason for this fax is the hope that you may be able to direct me to a Public Relations address that might be near the area of the crash site. I would like to correspond with someone in that area that could possibly have been a witness to the crash. I know aq number of years have pass since this incident, but I thought I would give it a try. It would help putting to rest in my mind what happen to him after the crash.

I would appreciate your help if possible on such a strange request.

Sincerely,

William C. Hughes

!340 Five Forks rd..
Va. Beach, Va. 23455
Fax. (804)460-2339

日本大使館への問い合わせの手紙

館から、大分県と宮崎県の、それぞれの国際交流担当部署を紹介され、早速、問い合わせの手紙を書いた。

明治維新後の「廃藩」から「置県」の過程で、曲折を経て誕生した宮崎県は、明治六年（一八七三）に初めて県庁舎を建設した。当初は、維新後の社会の近代化を象徴するような西洋建築を政府に申し出たが、予算の面で反対され実現せず「楼閣付唐破風」の木造の庁舎が建てられた。

置県当初からの念願であった西洋建築の庁舎が誕生したのは、昭和七年（一九三二）であった。同じ場所に建てられた近世ゴシック様式の庁舎が、今の本館庁舎であり、現在、戦前の庁舎が残っているのは、宮崎の他に数県しかない。

この戦前に建てられた歴史のある庁舎は、宮崎県の地方行政発祥の地であるが、その機能は、日本全国を未曽有の大混乱に巻き込んだ戦争中も幾多の困難を乗り越え続けられた。敗色濃厚になった昭和二十年八月、この庁舎の地下室で、米軍の上陸に備えて宮崎県民の身の安全を確保するため不眠不休で避難計画が作られた。発動することなく終戦を迎え残務処理に追われていた八月末に、祖母山に墜落したB-29の救難活動の現地指揮を執った白川武夫警部も、この庁舎の地下で高千穂行きの命令を受けた。

小河内山山中に墜落死した飛行第六十五戦隊の徳義仁軍曹の遺骨と遺品受領の事務処理を担当したのも、この庁舎の当時地方部と呼ばれた部署である。私も、この庁舎の中で三年間仕事をした経験はあるが、その後、本庁舎の隣にある別館で再び仕事をしていた戦後五十一年目の終戦記念日が過ぎた夏のある日、同じ庁舎内にある国際交流課の知り合いの職員が一通の国際郵便を手に、私の所に訪ねてきた。

差出人の住所は、アメリカのバージニア州、名前はウィリアム・ヒューズとなっていた。早速開封された手紙の内容に目を通し驚いた。ちょうど月末に、第二回目の平和祈念祭を今年も三秀台で開こうと準備を進めていたところでもあり、既に戦後五十一年が経ち、ラリーとフローレンス以外にアメリカの遺族を捜し出すのは困難であろうと、あきらめていた矢先の手紙であった。

早速、役場の国際交流員アンソニーを通じてウィリアムと連絡を取った所、非常に感激して、私の所にも、何度も手紙やファックスが届いた。その内容からも無二の親友であったジョン・ホッジス軍曹に対する彼の思い入れが伝わってきた。戦争は勝った国も負けた国にとっても、その戦争に参加し、国のために犠牲となった兵士達に寄せる家族や友人の思いは同じであることも痛感させられた。

ウィリアムからの問い合わせの手紙を手にした私は、彼との偶然の縁に驚いた。ウィリアムは、エンジニアらしく几帳面で、次々に手紙やファックスで多くの情報を届けてくれた。辞書片手に、時間をかけて和訳することは、私にも可能であるが、英訳したり会話をする能力のない私は、もどかしい思いで、英語力のなさを悔やみつつ過ごしていた。救いの神は、また、すぐに現われた。平和祈念碑建立の時には、アンソニーや中島が登場し、除幕式には、美香が登場して助けてくれた。今回も、強力な助っ人が現われた。

その助っ人は、宮崎市佐土原町に住む清水達也である。清水は、昭和三十一年に神奈川大学貿易学科を卒業し、東京の医療機器輸入専門商社に入社し、欧米各国のメーカー四十社を相手に敏腕を発揮してきた。取締役総務経理部長を最後に定年退職すると郷里に戻り、ボランティア通訳として、各種の国際大会に参加し、また、多くのホームステイも受け入れていた。清水は、学生時代に、横浜の米軍基地旅団司令部にアルバイトとして四年間通い、米軍の事情にも精通していた。

世界の一流企業を相手に、日本のビジネスマンとして鍛え上げた清水の何事にも誠実で、また前向きに取り組む紳士的な姿勢には、多くを学ばされ、大いに励みになった。平成十二年に開催された九州沖縄サミット宮崎外相会合や太平洋島サミットなどの国際的な行事にもボランティア通訳として参加している。宮崎バージニアビーチ姉妹都市協会理事を務めていることから、県国際交流課の職員の紹介で、その後、長期間、全面的な協力を得ることになった。清水の弟秀一は、私が高千穂勤務時代に、同じ職場でお世話になった縁もあった。

清水の全面的な支援により、ウィリアムとの交流は、彼の几帳面な性格から、多くの感謝の言葉とともに、その後、何度も続いた。

宮崎市とバージニアビーチ市は、似たような環境から姉妹都市として定期的に交流を続け、一九九五年九月二十五日、姉妹都市盟約五周年記念式典が開催され、津村重光市長をはじめ、宮崎市民一行が、バージニアシティーで開催される交流会に参加することになった。宮崎バージニアビーチ姉妹都市協会理事の清水も通訳として参加することになった。

このことを知った私は、平和祈念碑奉賛会の仲間と話し合い、この機会に、ウィリアムに高千穂町長のメッセージと、ジョニーが乗っていたB-29の部品の一部を遺品として届けようと計画した。事前に津

September 1997

Good morning/afternoon/evening, ladies and gentlemen,

My name is Shigeo Inaba, I am the mayor of a small mountain village called Takachiho on the island of Kyushu, Japan.

I have come here to celebrate the 5th anniversary of the Miyazaki - Virginia Beach Sister City Relationship.

I have also come to commemorate the 12 lives lost in the plane crash of an American B-29 on the August the 30th 1945. Incidentally, on the 7th of the same month, a Japanese soldier also lost his life in a similar crash.

August 1995, marked the 50th anniversary of the end of the Second World War, and in commemoration, a monument was erected in Gokasho and Kawachi. These monuments were funded entirely by the public and it serve not only to remember the 13 people who died, but also to commemorate peace. Since then every year we have held a memorial service, offering flowers and praying in the hope of world peace.

In August 1996, we received a heartfelt letter from a citizen of Virginia Beach by the name of William Hughes, a friend of deceased Sergeant John Hodges. Since then we have been in frequent correspondence and his letters have been very insightful.

As part of the Miyazaki - Virginia Beach cultural exchange, I would like to invite you all to my home town, Takachiho. Takachiho is believed to be the origin of Japan, the place where the Gods descended down from heaven. I believe Virginia Beach boasts similar origins, so it seems we have a lot in common.

Thank you very much

稲葉茂生

Shigeo Inaba, Takachiho Mayor

バージニアビーチ市の皆さま、こんにちは。

はじめまして、私は九州山地の山あいの町、高千穂町町長稲葉茂生でございます。

この度は、バージニアビーチ市・宮崎市姉妹都市締結５周年おめでとうございます。

ところで、私どもの町では、1945年８月30日にアメリカ空軍B-29が墜落事故をおこし12名の若い乗員が亡くなりました。また、1945年８月７日には日本軍の隼が墜落し乗員１名が亡くなりました。終戦50年目の1995年８月、両機の墜落現場に近い五ケ所地区と河内地区の有志が「平和祈念碑建設実行委員会」を結成し募金を行い、「平和祈念碑」を建設しました。

その後、毎年献花をし、慰霊祭を続け、世界の恒久平和を祈る運動を行っています。

1996年８月にバージニアビーチ市のウィリアム・ヒューズさんから親友のジョン・ホッジズ軍曹の最期の様子を詳しく知りたいとの手紙が届きました。それ以来、手紙のやりとりが続いています。

私たちの町、高千穂町は「天孫降臨」伝説が残る日本建国の町ですが、あなた方のバージニアもアメリカの建国の地と聞いています。これも何かの縁と考えています。

将来、宮崎市さんとの交流で来日される際には、私たちの高千穂町にも足を運んでいただけると幸いです。

1997年９月

高千穂町長　稲葉茂生

稲葉町長からオーバンドルフ市長へのメッセージ

村市長と連絡を取り、助役の興梠保明と会員の有藤俊太郎が、市長に町長のメッセージを託した。遺品は、以前からウィリアムと交流を続けて来た清水に託することにした。

宮崎市とバージニアビーチ姉妹都市盟約五周年記念式典は、一九九七年九月二十五日、バージニアビーチ市役所で行われた。その席上で、稲葉高千穂町長からの平和メッセージを津村市長から手渡されたヒューズは、感激して涙ぐんだ。午後からの宮崎日本庭園開園式後、清水は、私が託したジョニーが搭乗していたB-29の部品と平和祈年祭の様子をまとめた一冊のアルバムをウィリアムに手渡した。清水とウィリアムは、初めての対面であったが、これまで手紙やファックスのやり取りを続けていただけに、旧知の間柄のような雰囲気であった。身長が三

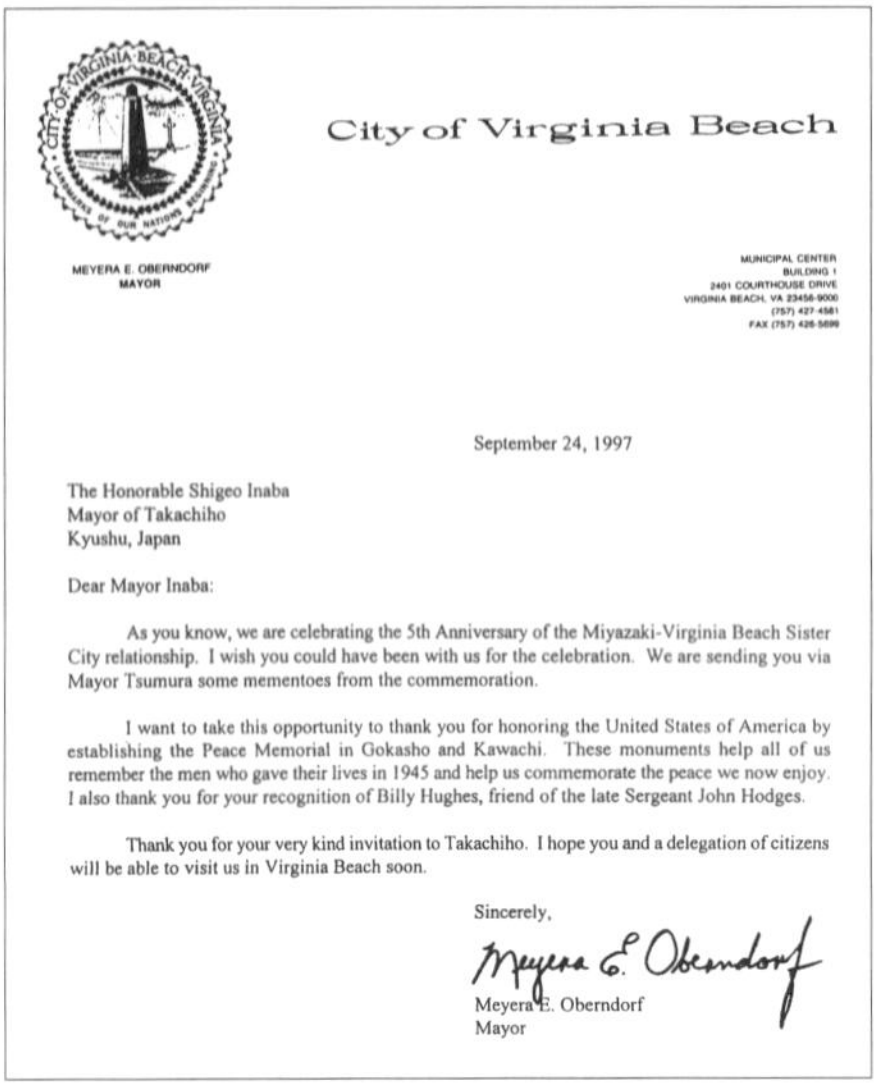

City of Virginia Beach

MEYERA E. OBERNDORF
MAYOR

MUNICIPAL CENTER
BUILDING 1
2401 COURTHOUSE DRIVE
VIRGINIA BEACH, VA 23456-9000
(757) 427-4581
FAX (757) 426-5699

September 24, 1997

The Honorable Shigeo Inaba
Mayor of Takachiho
Kyushu, Japan

Dear Mayor Inaba:

As you know, we are celebrating the 5th Anniversary of the Miyazaki-Virginia Beach Sister City relationship. I wish you could have been with us for the celebration. We are sending you via Mayor Tsumura some mementoes from the commemoration.

I want to take this opportunity to thank you for honoring the United States of America by establishing the Peace Memorial in Gokasho and Kawachi. These monuments help all of us remember the men who gave their lives in 1945 and help us commemorate the peace we now enjoy. I also thank you for your recognition of Billy Hughes, friend of the late Sergeant John Hodges.

Thank you for your very kind invitation to Takachiho. I hope you and a delegation of citizens will be able to visit us in Virginia Beach soon.

Sincerely,

Meyera E. Oberndorf
Mayor

オーバンドルフ市長から
稲葉町長へのメッセージ

1997年9月24日

日本国九州
高千穂町長
稲葉茂生様

親愛なる稲葉町長

あなた方も御存知の通り、我々は宮崎市・バージニアビーチ市姉妹都市締結5周年記念式典を行っています。私はあなた方が式典に来ていただければよかったと思っています。

私たちは津村市長を通じて式典の記念品をお送り致します。

私は五ヶ所と河内の人達によって建てられた「平和記念碑」建設に対してアメリカ合衆国の国民を代表して感謝します。記念碑は平和を享受する我々に1945年に亡くなった人々のことを思いおこさせることでしょう。

亡くなったジョン・ホッジズ軍曹の友人のビリー（ウィリアムの愛称）・ヒューズさんもあなた方との手紙のやり取りに感謝されています。

高千穂町に来ませんか？ というおさそいの言葉に感謝します。

私は、町民の中の何人かの方がバージニア・ビーチ市へ近いうちに来られることを希望します。

敬具

メエラ・E・オーバンドルフ　市長

センチ足りずにB-29の搭乗員になれなかったというウィリアムは、清水と同じ位の身長で、一般のアメリカ人としては、背が低かった。二人は、固い握手を交わし初対面を喜んだ。清水は、B-29の部品を、私から聞いた現場の様子を説明しながら手渡した。

その部品を手にしたウィリアムは、五十二年振り

ウィリアムに拙著『平和の鐘』を説明する清水達也

に、無二の親友ジョニーに再会したかのように、部品に静かに手を添え、愛しむかのように抱きしめ、涙ぐんでいた。ジョニーの死を五十二年振りに、現実のものとして受け止めた瞬間でもあった。二人は、再び固い握手を交わし、イタリアに旅行中でこの会に出席できなかったジョニーの弟で、ウィリアムの親友でもあるキルビーに、届けることを約束した。

ウィリアムは、来年、ジョニーが眠っているハワイのパンチボールを訪れ、その足で日本へも足を伸ばし、高千穂で親友の最期の地を自分の目で確かめ、平和祈念碑を建立した高千穂町の皆さんに、お礼を述べたいと熱く語った。

その後、具体的な来日計画を立て、ウィリアムとやり取りしたものの、持病の心臓病が悪化し、長期の旅行に耐えられない病状となり、ついに来日は、実現しなかった。

清水と宮崎市とバージニアビーチの縁から不思議なつながりで実現したビリーとジョニーの五十二年振りの再会であった。

一九九八・三・二十一

ウィリアム・ヒューズ

工藤寛様

一九九八年三月十二日付貴ＦＡＸ及貴信受領、有り難うございました。

私は貴方の書かれた「平和の鐘」と山登りやＢ-29の墜落現場のビデオから、何となく貴方を知っているように思います。墜落機発見の経緯や飛行機及び乗組員について更に詳しく調査されたことは誠に素晴らしいものでした。

平和祈念碑を訪れるという私の主な理由の一つは墜落現場を見たいということです。その近くの場所にいる間、墜落現場を私が訪ねることが出来るでしょうか。私は貴方の書かれた本が英文で書かれていれば良いのにと思います。というのは日本の戦闘機のパイロット（注・徳軍曹のこと）の話は、特に私には面白そうで、私は第二次世界大戦で空軍のパイロットになりたかったからです。

数年前私が親友ジョン・ホッジスに何が起こったのか調査を開始するため初めて九七年に手紙を書いて以来、貴方や他の方々からこの様な素晴らしい結果をいただけるとは夢にも思いませんでした。

来たる八月三十日の慰霊祭に出席することは私の希望ですが、私は昨年心臓のバイパス手術を受けましたので、長時間の旅行をすることが出来るかどうか現段階で確定できない状況であります。しかし私は白川さんや、平和の鐘に直接または間接にかかわっている人々、そしてその地域（高千穂）の小学生等にお会いしたいと思います。

私は貴方がB-29の墜落現場から得られた部品等を、宮崎・バージニアビーチ五周年記念式典で清水氏よりいただき大変感謝致しております。この部品は弟のキルビー・ホッジスに渡します。

日本に旅行する計画が未だ立っておりませんが、出来れば三～四日かけて宮崎、高千穂の人々とお会いし、祈念碑に参り、そして出来るなら墜落現場に行きたいと希望します。もし、幸運にも私が今回の旅行が実現でき、ハワイの彼の墓にお参りできたら長年のジョニーへの私の思いが最終的に叶えられる事になるでしょう。

ビリーは、清水からジョニーの遺品でもあるB-29の破片を受け取り、平和祈念碑のことを聞くと、自分の目で、親友ジョニーの最期の地を訪ねたいと心から思うようになった。奉賛会も、彼の来日を心待ちにしていたが、ビリーの心臓病の悪化により実現することは叶わなかったものの、我々の気持ちは、ビリーには十分伝わったと喜んだ。ビリーとジョニーの橋渡しをしてくれた清水には、心から感謝したい。

一九九八・三・二十七
清水達也様
今週の水曜日にジョニーの弟キルビー・ホッジスと彼の妻に会いました。

そして我々は素晴らしいミーティングをしました。私は貴方が日本から持ってきた贈り物を彼に差し上げたところ、それを受け取り彼は非常に幸せであり、私に感謝し、そして感激の念を貴方に伝えて下さいとのことでした。

ジョニー乗務の墜落B-29の破片を彼に手渡した時、彼は感情的な悲しみを表したが同時に喜びました。彼は両国の友情を結ぶこの証拠品を渡されたことに対して、工藤氏や貴方に深く感謝しております。

私は、また、来る八月に行われる慰霊祭に関する貴方との往復文書の写しを彼に渡しました。現在の時点では、彼の旅行計画に就いては、彼自身がまだ解りません。彼が、後日私に知らせ、私がリレーするか、または彼が貴方宛に直接返事するかでしょう。私は出席したいと思いますが、私の健康の問題があるため決心するのは少し早いようです。

しかし望みは行くことに繋いでおきます。

近々、私は宮崎、日本に行くための費用、ルート等に関して調査するつもりです。私の妻も行くでしょう。後ほど宿泊費用や訪日の場合の詳細に関して誰にコンタクトし打合せしたらよいか知る必要があると思います。

前のＦＡＸで貴方は航空運賃の一部を高千穂の人々がもってくれる可能性があると言われました。それは非常に有難いことでありますが、私は高千穂の人々にあまり重荷をかけたくありません。

敬具

William C. Hughes

ビリーから、来日の希望を伝える手紙が届いて、しばらくして、ジョニーの弟キルビーからも、御礼の手紙が届いた。兄を思う弟の気持ちが十分に伝わってきた。

一九九八年五月十九日

工藤寛様

一九四五年八月三十日、私の兄であるジョニー・ホッジスがB-29の墜落により死亡したことについて調査を続けられている御努力に対して御礼の申し上げようもありません。

貴殿の数々の御努力と、私の親友であるビリー（ウィリアム・ヒューズ）の努力により、兄の運命的墜落事故の詳細について多くのことを知ることができました。

つい最近まで、私の兄の死についての詳細は、私にとってミステリーであると思っていました。そしてその答を、どのようにして見つけるか見当も付きませんでした。

貴殿の数々の御努力と私に対する親切や、何年も前の飛行機墜落事故による乗組員の家族に対す

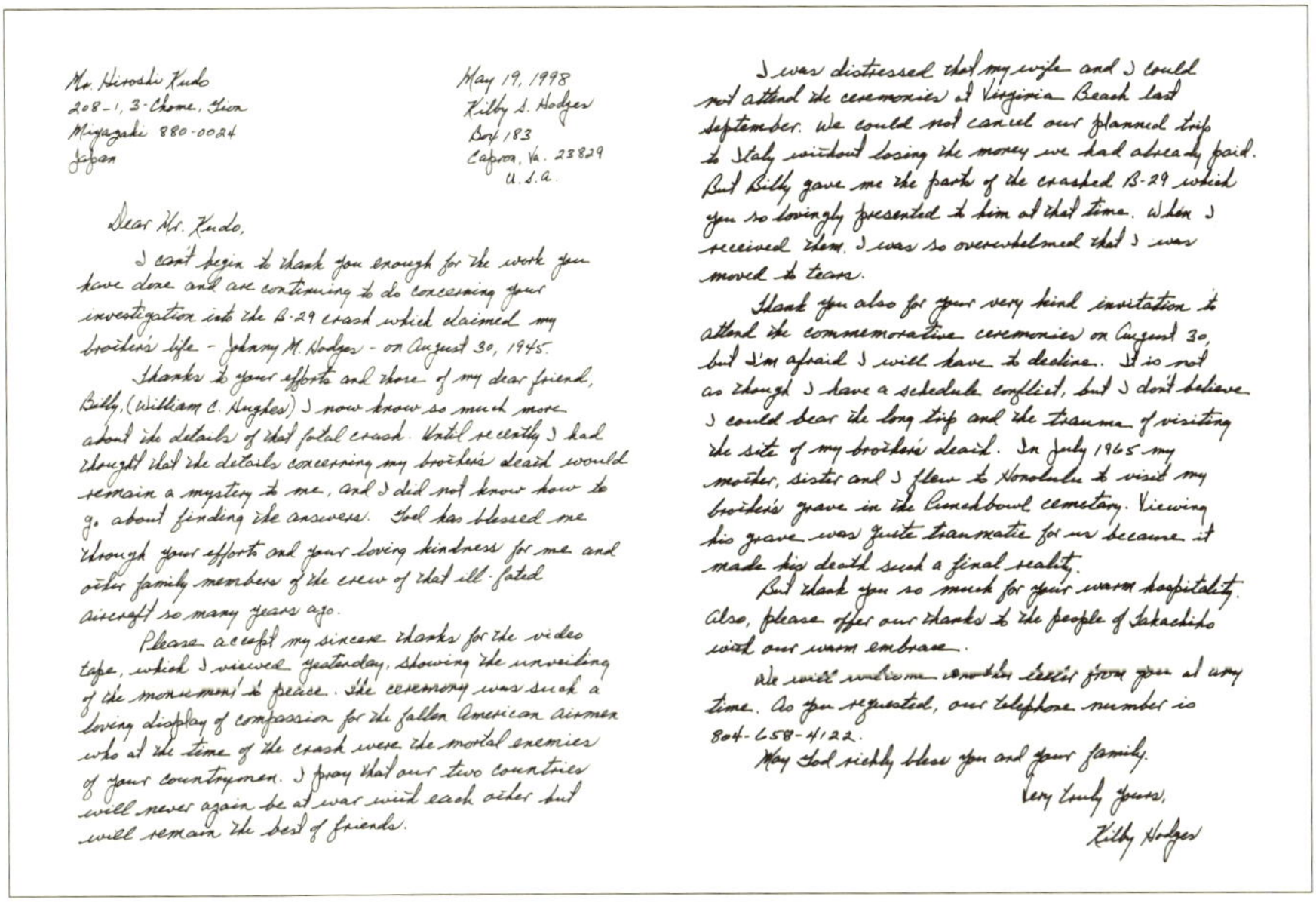

Mr. Hiroshi Kudo
208-1, 3-Chome, Gion
Miyazaki 880-0024
Japan

May 19, 1998
Kilby S. Hodges
Box 183
Capron, Va. 23829
U.S.A.

Dear Mr. Kudo,

I can't begin to thank you enough for the work you have done and are continuing to do concerning your investigation into the B-29 crash which claimed my brother's life - Johnny M. Hodges - on August 30, 1945.

Thanks to your efforts and those of my dear friend, Billy, (William C. Hughes) I now know so much more about the details of that fatal crash. Until recently I had thought that the details concerning my brother's death would remain a mystery to me, and I did not know how to go about finding the answers. God has blessed me through your efforts and your loving kindness for me and other family members of the crew of that ill-fated aircraft so many years ago.

Please accept my sincere thanks for the video tape, which I viewed yesterday, showing the unveiling of the monument to peace. The ceremony was such a loving display of compassion for the fallen American airmen who at the time of the crash were the mortal enemies of your countrymen. I pray that our two countries will never again be at war with each other but will remain the best of friends.

I was distressed that my wife and I could not attend the ceremonies at Virginia Beach last September. We could not cancel our planned trip to Italy without losing the money we had already paid. But Billy gave me the parts of the crashed B-29 which you so lovingly presented to him at that time. When I received them, I was so overwhelmed that I was moved to tears.

Thank you also for your very kind invitation to attend the commemorative ceremonies on August 30, but I'm afraid I will have to decline. It is not as though I have a schedule conflict, but I don't believe I could bear the long trip and the trauma of visiting the site of my brother's death. In July 1965 my mother, sister and I flew to Honolulu to visit my brother's grave in the Punchbowl cemetery. Viewing his grave was quite traumatic for us because it made his death such a final reality.

But thank you so much for your warm hospitality. Also, please offer our thanks to the people of Takachiho with our warm embrace.

We will welcome another letter from you at any time. As you requested, our telephone number is 804-658-4122.

May God richly bless you and your family.

Very truly yours,
Kilby Hodges

キルビーからの手紙

る親切に神は恩恵を与えて下さいました。

平和祈念碑の除幕式のビデオを昨日拝見しましたが、心より感謝致します。平和祈年祭は死亡した米国の乗組員に対する思いやりのあるものでした。

墜落時、乗組員は、貴国の人々にとっては決して許しておけない者であったはずです。我々両国は、再びお互いに決して戦争をしてはならないことと末永く友情を保つように祈りましょう。

私と妻は、昨年九月にバージニアビーチで開かれた、種々の交流会に参加できなかったことについて大変悩みました。

以前から計画していたイタリア旅行について、既に代金を支払済であったためキャンセルすることができませんでした。

しかし、ビリー（ウィリアム・ヒューズ）から貴殿から届けられた墜落したB-29の部品を受け取った時、私は感激のあまり涙が止まりませんでした。八月三十日の平和祈年祭への招待状まことにありがとうございます。しかし、残念ながら御辞退せざるを得ません。それは私の予定が詰まっている訳ではなく、長時間の旅行時間と兄の死亡した場所を見るというトラウマに耐えられないからです。

一九六五年七月、私の母、妹と一緒にハワイにある国立墓地パンチボールに行きました。兄の墓を訪ねたことは、我々にとってとてもトラウマでありました。その理由は、墓を見て兄の死が現実のものとなったからです。

しかし、貴殿の暖かい親切なもてなしに心から感謝を申し上げます。さらに高千穂の皆様にもどうぞよろしくお伝え下さい。

貴殿からの御手紙はいつでも歓迎致します。

お問い合わせの私達の電話番号は、804-658-4122です。

神の祝福が、貴殿と御家族にありますように。

敬具

Kilby Hodges

アルフレッド伯父さん

ミズーリ州に住むドナ・ボイドには、太平洋戦争が終わった直後、日本で、搭乗していたB-29が墜落して死亡した伯父がいた。アルフレッド・エイケン伯父である。ボイドは、最近、アルフレッド伯父の最

NEWS TRIBUNE

MONDAY, NOVEMBER 7, 2011

LOCAL

Courtesy/Donna Boyd

Taos resident Alfred Eiken, in this 1943 photo, was killed in a military plane crash in Japan two weeks after WWII ended.

A story of sacrifice

Former Taos resident honored in WWII-era Japanese memorial

By Jeremy P. Amick
nt@newstribune.com

When Taos native Donna Boyd began the process of pursuing a family history project, she did not realize it would lead to friendship with a museum curator in a foreign country and a glimpse into the character of an uncle killed before she was born.

"I heard stories about my uncle's military service and was researching information on him for a project I was working on," stated Boyd.

She soon located an online blog containing information regarding the crash site of an American plane during World War II. The blog showed photographs of a museum display in Takachiho, Japan, containing information about her uncle's service.

Boyd made contact with the museum's curator, Shunsuka Ogata, and started sharing information about an incident that had occurred more than 65 years earlier.

After graduating from St. Francis Xavier School in Taos in 1941, Boyd's uncle, Alfred Eiken, spent a short time working in St. Louis. A year later, he made the decision to enlist in the Army Air Force.

After finishing his intial training at Jefferson Barracks, Eiken went on to complete bombardier training in Texas in 1943. He then finished additional levels of flight training in various locations throughout the United States before his transfer to India in November 1944.

A year later, he was sent to Tinian Airbase, a location from which the B-29 Bomber he was assigned completed 28 successful missions.

"From my communications with Mr. Ogata and my research, I found that my uncle's final mission occurred on Aug. 30, 1945, during a POW relief supply run," said Boyd. "The wing of their B-29 Bomber clipped a mountain causing it to crash."

After the crash, the military classified the airmen as "missing" since the crash site had not been located and they were unable to confirm their deaths.

"Western Union delivered my parents a telegram stating that

Please see Sacrifice, p. 4

Sacrifice:

Continued from p. 1

Alfred was missing," said Eiken's sister Francisca. "Mom told me to run up to the church to tell the priest and he came down to console the family."

However, a few months later the family received a second notification containing the final news.

"When the second telegram came, we thought that it would say he was coming home," recalled Francisca. "But the telegram stated that he had been killed. That was truly a sad occasion for my parents."

According to documents from the Takachiho Community Center, the Japanese museum displaying information on the crash, Eiken and eleven of his fellow aviators lost their lives the day of the crash and were buried in the United States Armed Forces Cemetery in Yokohama, Japan.

Eiken's remains, however, were returned to the family in 1949 and reinterred in the parish cemetery at St. Francis Xavier.

Growing up and hearing bits and pieces of information about her uncle's sacrifice, Boyd was excited when the curator of the Japanese museum agreed to share articles with her regarding Eiken's service.

"I learned that not only is there a display recognizing those killed in the crash, but the community holds a special ceremony every year and has constructed a memorial site to honor their sacrifice," Boyd said.

Boyd has also sent the curator photographs to be used in the museum's display and in return has received pieces of the plane that previously rested atop the remote Japanese mountain as a hidden testament to her uncle's service.

"It was fascinating to learn that they have a memorial over there that we had no knowledge of," said Ed Eiken, Alfred's younger brother.

Even though Boyd has only recollections and historical documents through which to learn of an uncle she never met, she is hopeful his sacrifice will serve as an inspiration to others.

"To discover that a country we were once at war with has honored the deaths of my uncle and his friends is heartwarming," Boyd said. "It is nice to know that this has led to a promotion of goodwill and peace between our two nations while helping us share memories of a family member who never came home."

Jeremy Amick is the public affairs officer for the Silver Star Families of America.

ミズーリ州の新聞に掲載された高千穂町での取り組み
（2011年11月7日付 資料提供 ドナ・ボイド）

Courtesy of Donna Boyd

Shunsuka Ogata, museum curator in Takachiho, Japan, standing on the site that a B-29 Bomber crashed in 1945 killing Alfred Eiken and eleven Army Air Corps personnel.

Missourian honored in WWII era Japanese memorial

Courtesy of Donna Boyd

Taos resident Alfred Eiken, in this 1943 photo, was killed in a military plane crash in Japan two weeks after WWII ended.

After finishing his intial training at Jefferson Barracks, Mo., Eiken went on to complete bombardier training in Texas in 1943. He then finished additional levels of flight training in various locations throughout the United States before his transfer to India in November 1944.

A year later, he was sent to Tinian Airbase—a location from which the B-29 Bomber he was assigned completed 28 successful missions.

"From my communications with Mr. Ogata and my research, I found that my uncle's final mission occurred on August 30, 1945 during a POW relief supply run," stated Boyd. "The wing of their B-29 Bomber clipped a mountain causing it to crash."

After the crash, the military classified the airmen as "missing" since the crash site had not been located and they were unable to confirm their deaths.

"Western Union delivered my parents a telegram stating that Alfred was missing," said Sister Francisca, Eiken's sister. "Mom told me to run up to the church to tell the priest and he came down to console the family."

However, a few months later the family received a second notification containing the final news.

"When the second telegram came we thought that it would say he was coming home," recalled Francisca. "But the telegram stated that he had been killed. That was truly a sad occasion for my parents."

According to documents from the Takachiho Community Center (the Japanese museum displaying information on the crash), Eiken and eleven of his fellow aviators lost their lives the day of the crash and were buried in the United States Armed Forces Cemetery in Yokohama, Japan.

Eiken's remains, however, were returned to the family in 1949 and reinterred in the parish cemetery at St. Francis Xavier in Taos.

Growing up and hearing bits and pieces of information about her uncle's sacrifice, Boyd was excited when the curator of the Japanese museum agreed to share articles with her regarding Eiken's service.

"I learned that not only is there a display recognizing those killed in the crash, but the community holds a special ceremony every year and has constructed a memorial site to honor their sacrifice," Boyd remarked.

Boyd has also sent the curator photographs to be used in the museum's display and in return has received pieces of the plane that previously rested atop remote Japanese mountain as a hidden testament to her uncle's service.

"It was fascinating to learn that they have a memorial over there that we had no knowledge of," stated Ed Eiken, Alfred's younger brother.

Even though Boyd has only recollections and historical documents through which to learn of an uncle she never met, she is hopeful that his sacrifice will serve as an inspiration to others.

"To discover that a country we were once at war with has honored the deaths of my uncle and his friends is heartwarming," Boyd said. "It is nice to know that this has led to a promotion of goodwill and peace between our two nations while helping us share memories of a family member who never came home."

Jeremy Amick is the public affairs officer for the Silver Star Families of America.

November 10, 2011

ミズーリライフ紙 インターネット版の記事（2011年11月10日）

期のことを、もっと詳しく知りたいと思うようになり、当時の手紙や資料を集めていた。

ある日、インターネットを見ていると、伯父が乗っていたB-29の墜落と日本の戦闘機の墜落を記憶に留めるため、九州の宮崎県高千穂町に、「平和の祈り」と称するモニュメントがあることを探し出し、高千穂町歴史民俗資料館には、それらに関する資料が多く展示されていることも知った。

このことを知ったドナ・ボイドは、早速福岡のアメリカ領事館に、詳しいことを知りたいとメールを送った。平和祈念碑に関する内容については、アンソニーが、高千穂町役場にいた頃、英文でインターネット上に掲載していた。福岡領事館の広報部広報企画官宮内雅之から、高千穂町コミュニティーセンター歴史民俗資料館学芸員緒方俊輔にメールが届いた。ドナの希望は、アルフレッド伯父の写真を送るので、資料館に展示して欲しいとの内容であった。

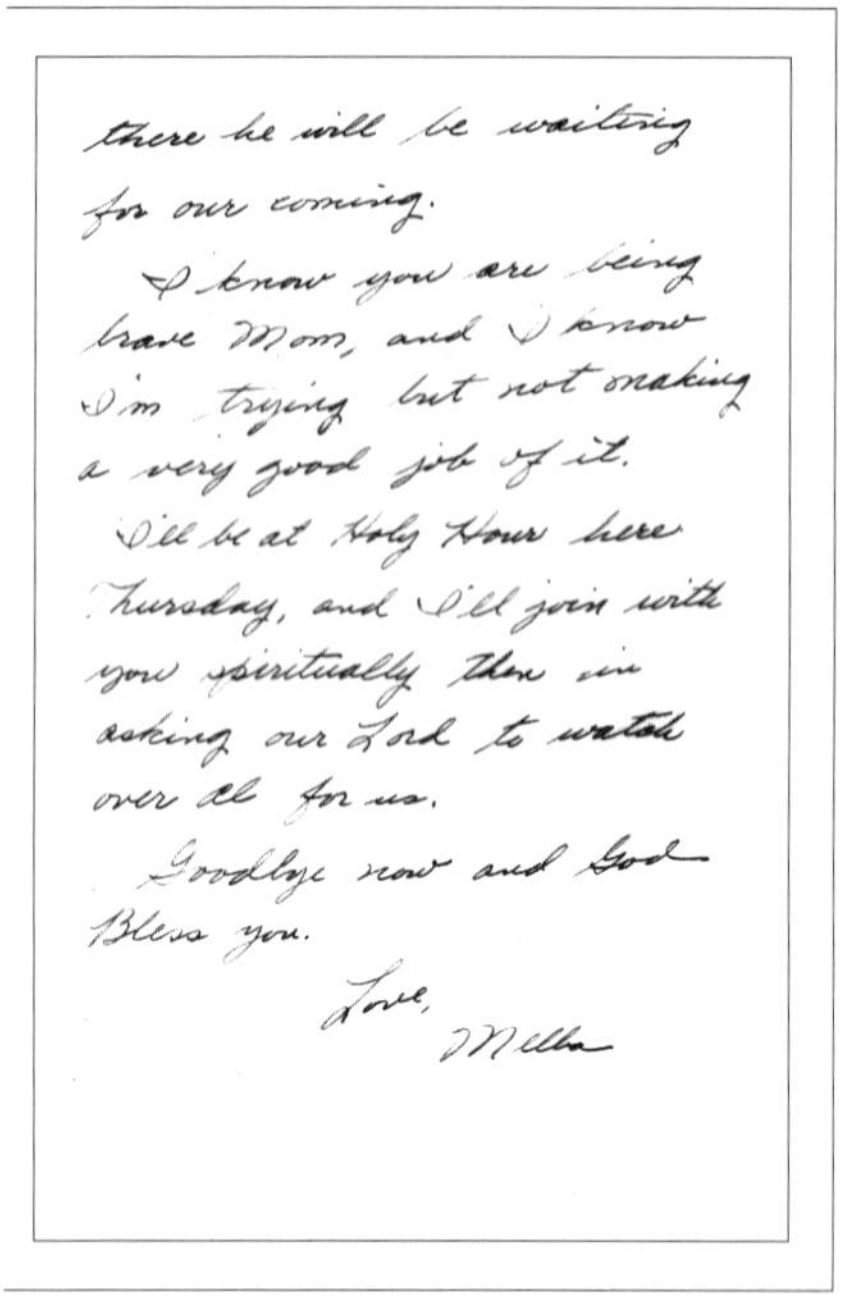

there he will be waiting
for our coming.
I know you are being
brave Mom, and I know
I'm trying but not making
a very good job of it.
I'll be at Holy Hour here
Thursday, and I'll join with
you spiritually then in
asking our Lord to watch
over all for us.
Goodbye now and God
Bless you.
Love,
Mella

アルフレッドの遺族が判明し、十二名の搭乗員のうち、これで四人目の搭乗員についての詳しい情報が得られたことを、奉賛会会員は喜んだ。墜落から五十六年が経ち、新たな遺族が見つかることは、もう困難であると考えていただけに、インターネットの発信力には驚いた。

ドナと緒方のメールのやり取りで、アルフレッドの写真が資料館に届き、早速展示し、地元紙でも大きく報道された。その後、緒方と私は、これまでの平和祈年祭の様子や慰霊登山の写真、ＤＶＤを送った。ドナは、大変

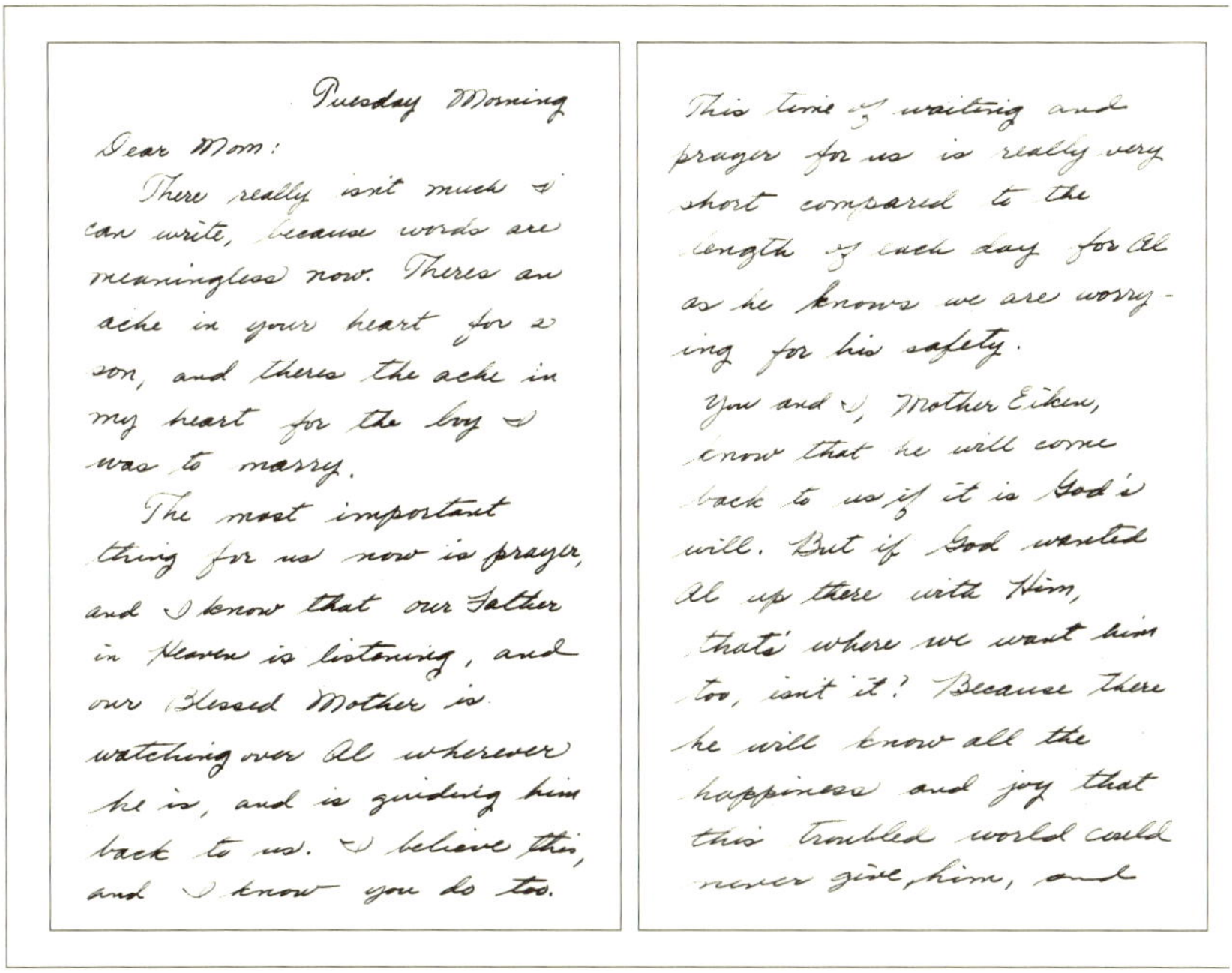

Tuesday Morning

Dear Mom:

There really isnt much I can write, because words are meaningless now. Theres an ache in your heart for a son, and theres the ache in my heart for the boy I was to marry.

The most important thing for us now is prayer, and I know that our Father in Heaven is listening, and our Blessed Mother is watching over Al wherever he is, and is guiding him back to us. I believe this, and I know you do too.

This time of waiting and prayer for us is really very short compared to the length of each day for Al as he knows we are worrying for his safety.

You and I, Mother Eiken, know that he will come back to us, if it is God's will. But if God wanted Al up there with Him, that's where we want him too, isnt it? Because there he will know all the happiness and joy that this troubled world could never give him, and

エイケンの婚約者メルバから母宛ての手紙（資料提供　ドナ・ボイド）

喜び、アルフレッドに関する多くの資料も届いた。添えられた手紙には、「墜落事故は悲しい出来事だが、こうして両国間で平和や親善を願う活動が続けられていることを知り、心が温まった。」と感謝の気持ちも付け加えられていた。ボイドは、私達との交流の様子を、地元の新聞にも掲載した。

　ドナから届いた、当時のアルフレッドが家族に宛てた手紙の中に、婚約者メルバが母ビンセント・エイケンに宛てたお悔やみの手紙もあった。

一九四五年十月三日
親愛なるお母さんへ
　本当に言葉が見当たりません。と言うのは、今、どんな言葉も私にとって無意味だからです。
　息子を亡くした事で、あなたの心は傷んでおり、私にとっても結婚するはずだったあなたの息子さんのことで心が傷んでいます。

今、私達にとって最も大切な事は祈ることです。そして私は、天国のお父様である神様は、アルフレッドがどこにいようと彼の声を聞いています。

天国のお母様は、アルフレッドを見つめています。そして彼が私達のもとへ戻って来るように導いています。私はこの事を信じています。

そしてその事をあなたも知っています。私達にとって、この待っている時間と祈っている時間は、アルフレッドが、我々が彼の安全を心配しているのでアルフレッドにとってのそれぞれの日々の長さに比べれば大変短いものです。

お母さん、あなたと私は、もし、神の意志があれば、彼が私達の元に戻って来る事を確信しています。

しかし、もし神様が、アルフレッドに天国に来いとおっしゃっているのなら私達も同意しますよね。

なぜなら、そこではアルフレッドは混乱の世界では、決して彼に与えられないところの幸福と喜びのすべてを知るだろうからです。

そして、そこで彼は、私達が来るのを待っているのです。

私は、お母さんは大変勇気があり、私もそのようになろうと試みていますが、なかなかそのようになりません。

木曜日に、ここで私達は、神聖な時間を持つでしょう。

そして私は、あなたと霊的に結びつきます。その時、私達のためにアルフレッドを見守るようにお願いします。
さようなら、そして神があなたを祝福しますように。

親愛なるメルバより

アルフレッドは、十二人兄弟の長男であったが、二人の弟と三人の妹が、まだ健在であった。五人が、ミズーリ州のタオス・ジェファーソン市区域に住んでおり、ドナからの多くの情報を得て、下から二番目のケリーは、わずか二歳の時に、入隊したアルフレッド伯父の記憶は少ないものの、伯父が亡くなった日本の高千穂町を訪ね、伯父のB-29が墜落したSOBOSANという山にも登ってみたいと思うようになった。

アルフレッドの兄弟達は、ドナから得られた多くの情報をもとに、親族一同で、日本に行く計画を立て始めた。フェイスブックを通じて緒方とやり取りを続けたが細部のやり取りには、英語に精通した者を必要とした。幸運にも、またも強力な助っ人が登場した。大学で英語を専攻し、東京で外資系の会社に五年間勤務した後、高千穂町役場に採用されて二年目の、私の従兄弟でもある田﨑友教である。その後、田﨑は、アルフレッドの甥で、今回の来日計画の立案者であるグレン・フォークとお互いに情報交換を続け、終戦から七十年目の春になり、妹ケリーを含め、アルフレッドの親族一行七名の来日が決まった。

平和祈念碑奉賛会の活動は、毎年八月末の平和祈念祭開催が主であり、すべてその経費は、会員有志の負担と一部の寄付により運営しているが、十分賄えることは少ない。その度に、会長の秀國と、弟盛彦が自主的に資金援助をしてくれ、会員一同感謝している。盛彦は、自衛隊OBであり、この平和祈念に係わるすべての行事に深い理解を示し、自衛隊音楽隊の招聘や、熊本から在日米軍連絡将校の祈年祭への出席も、自衛隊幹部と連絡を取り実現した。盛彦は、生家の近くで、かつて興梠千穂が経営していた万福旅館があった熊本県高森町津留の別荘と伊丹市の自宅を行き来し、津留では、地元の老人達にボランティアで整体のサービスを行っている。

今回の七名の来日については、一行を出迎えたり夕食会や祈年祭参加、通訳の確保など諸々の経費を要し、会員の負担のみでは、限界を生じ、平和祈念碑建立以来、二十年振りに広く募金活動を行うことにした。地元のテレビ局や新聞社の積極的な報道も功を奏し、目標額としていた四十万円は、大きく越えた。いよいよ戦後七十年目、第二十回平和祈年祭に、二十年振りに、再び米国からの遺族一行が、平和祈念碑の前に立つ日を迎えることになった。

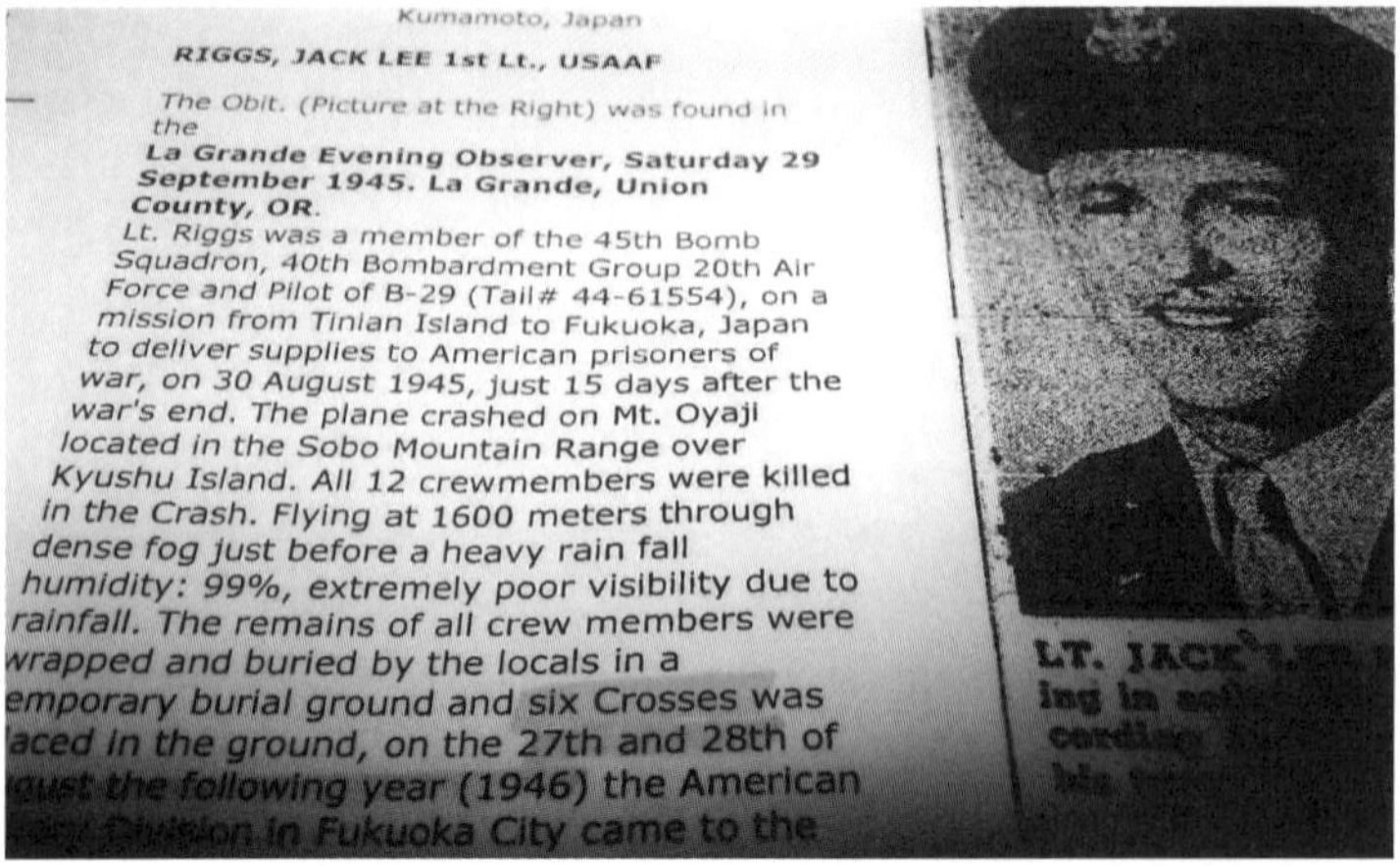
Kumamoto, Japan

RIGGS, JACK LEE 1st Lt., USAAF

The Obit. (Picture at the Right) was found in the
La Grande Evening Observer, Saturday 29 September 1945. La Grande, Union County, OR.
Lt. Riggs was a member of the 45th Bomb Squadron, 40th Bombardment Group 20th Air Force and Pilot of B-29 (Tail# 44-61554), on a mission from Tinian Island to Fukuoka, Japan to deliver supplies to American prisoners of war, on 30 August 1945, just 15 days after the war's end. The plane crashed on Mt. Oyaji located in the Sobo Mountain Range over Kyushu Island. All 12 crewmembers were killed in the Crash. Flying at 1600 meters through dense fog just before a heavy rain fall humidity: 99%, extremely poor visibility due to rainfall. The remains of all crew members were wrapped and buried by the locals in a emporary burial ground and six Crosses was laced in the ground, on the 27th and 28th of gust the following year (1946) the American Division in Fukuoka City came to the

LT. JACK

リッグズの行方不明を報じる当時の新聞

六本の十字架

ジャック・リー・リッグス中尉は、一九一九年八月二十七日、オレゴン州に生まれ、ラ・グランデ高校を一九三九年に卒業し、空軍に入る前、二十二カ月陸軍に籍を置いた。インドに六カ月間駐留した後、テニアンに移動した。

オレゴン州にある、ザ・グランディー・オブザーバー紙の一九四五年九月二十九日付の報道によると、次のように書かれている。

リッグス中尉は、第二十航空軍第四十爆撃航空群第45爆撃飛行隊の一員であり、B-29（機体番号44-61554）の飛行士で、一九四五年八月三十日、それはアメリカの戦争捕虜に救援物資を供給するためテニアン島から福岡へのミッション中の出来事であった。終戦から、ちょうど十五日後、飛行機は、九州のSOBOSAN地域のOYAJI山に激突した。十二人の搭乗員全員が、この衝突で死亡した。ジャックスは、ラスト・フライトで二十六歳と三日でその生涯を終えた。

氏　名	階級	認識番号	出身州
Henry B.Baker	大尉	0-375237	テネシー
Alfred F.Eiken	中尉	0-685455	ミズーリ
Jack L.Riggs	中尉	0-750848	カンザス
George H.Williamson	中尉	0-865008	ペンシルベニア
John D.Cornwell	少尉	0-778342	テキサス
Henry N.Frees.Jr.	軍曹	16079237	イリノイ
Solomon H.Groner	軍曹	32818450	ニューヨーク
Walter R.Gustaveson	軍曹	13129760	ペンシルベニア
Norman E.Henninger	軍曹	15323591	オハイオ
John M.Hodges Jr.	軍曹	33645761	バージニア
John D.Dangerfield	伍長	39913681	ユタ
Bob L.Miller	伍長	39931488	ユタ

アメリカ合衆国陸軍第20航空軍第40爆撃航空軍
第45爆撃飛行隊B-29（機体番号44-61554）搭乗員一覧

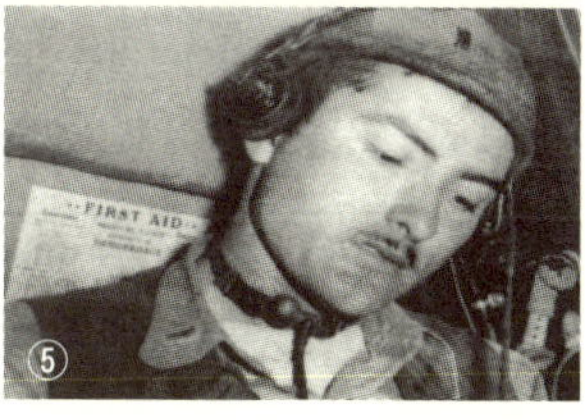

米軍関係のHPで検索
できた他の搭乗員

①③ジョン・D・コーンウェル少尉
②ソロモン・H・グローナー軍曹
④ヘンリー・N・フリース軍曹
⑤ジョージ・H・ウィリアムソン中尉

直前までの激しい雨で、濃い霧の中、一六〇〇メートルの高度で飛行中で、湿度九九パーセント、降雨により、極端に視界は不良であった。搭乗員全員の遺体は、住民によって布で包まれ仮埋葬され、六つの十字架が立てられた。

翌一九四六年八月二十七日と二十八日に、福岡のアメリカ軍政局が、墜落地に来て、遺体と遺品を確認し、翌々年の一九四八年に、すべての遺体の身元が確認された。

遺体が、ラ・グランデのヒルクレスト墓地に埋葬され、アルフレッド・エイケン中尉（爆撃手）は、一九四九年四月に、ミズーリ州タオスに埋葬された。

墜落現場に急行した県警本部の白川と村長の矢津田義武らが立てた六本の十字架は、当時の新聞にそのまま書かれている。新聞を目にした当時の米国民に、終戦直後に行なった日本人の行為は、どう映ったであろうか。

カントリー・ロード

祖母山の麓に小さな学校があった。五ヶ所小学校である。学校史によると、開校は、明治八年（一八七五）であり、生徒数が、もっとも多かったのは、昭和三十八年の一三九人で、多くの山の子供達が、校歌に歌われた祖母山を眺めながら小さな校庭で歓声を上げ、学芸会や運動会は、地区民総出で大いに盛り上がった。秀國少年が、田原尋常高等小学校より独立して五ヶ所国民学校と名を変えたこの小学校を卒業したのは、日本が、戦争への道を歩き始めた昭和十六年である。

しかし、全国の山間部にある過疎地の学校の例にもれず、地域の人口減少により生徒数は毎年減り続け、平成二十二年には、八人までになった。毎年夏に開催している平和祈年祭での十三人の児童によるB-29と隼の若い搭乗員十三人に対する恒例の献鐘の行事も全校生徒総参加でようやく成り立つまでになった。

平成十三年に開催した第六回平和祈年祭に担任の五、六年生の児童達八人を引率して来た一人の若い教師がいた。教師になって三校目の五ヶ所小学校に赴任して一年目で、五、六年生の複式学級担当日高誠一郎である。日高は赴任当初から教育方針として「ふるさと『五ヶ所』に学び豊かに生きる力を育む教育」を掲げ実践研究を進めていた。

慰霊遠足で日高の教え子たち

五ヶ所は豊かな自然に恵まれ素材は豊富にあったが、その中で、私が長年、調査と慰霊を続けていた終戦前後の日米二機の軍用機墜落事故についても地元の歴史に学ぶという指導方針の中で興味を持って取り組み、私も質問や相談を何度となく受けていた。

日本の敗戦が色濃くなってきた昭和十九年から昭和二十年の夏にかけて、腹を減らし、洟《はな》を垂らしたまま、継ぎはぎだらけの学生服を着て、襟首には、たくさんのシラミを這わせ、ポカンと口を開けたまま、祖母山のはるか上空を、独特の爆音を響かせながら悠々と飛んでいた日本の敗戦を決定付けた超空の要塞「B-29」の銀翼を眺め、上手にまめらない片言英語で「ビーニクが来た。ビーニクが来た。」と無邪気に言っていたのは、今の児童達の祖父母の世代である。

もちろん私も日高も戦争を知らない世代ではあるが、日高は私の子供達と同じような世代である。彼は、総合学習の中で平和教育の一貫として、児童達にふるさと「五ヶ所」で終戦直後に起きた「B-29」墜落事故を教材として積極的な取り組みをしてくれた。

第六回平和祈年祭の翌日には、日高や父兄と遠足も兼ねて墜落現場に登った。墜落現場で、まだ残る残骸の一部を捜したり、慰霊のために立てた小さなプレートに花を供えた。案内役として私も参加したが、日高に引率されて山道を登る児童達の後ろ姿を見ながら、四十年以上も前に、両親に連れられて祖母山に登った時のことや、B-29墜落後に救援物資の調達に親に連れられて墜落現場に登ったであろう子供達の祖父母のことが重なった。

親父山での墜落事故により死亡したホッジス軍曹の親友ウィリアムと交流を続けるうちに、偶然にも氏の娘スーザン・ヒューズがノーフォーク市のフェアラーン小学校の教師をしていることがわかり、日高は、日本の山奥の小学校の児童とアメリカの海岸沿いの学校の児童を交流させたいと考え、手紙やビデオレターによるお互いの交流を計画し実行に移した。子供達も先生と一緒になり、慣れない手つきで自己紹介の手紙を英語で書き、お互いに交流を深めた。日高は、八人の子供達を、三秀台に連れて行き、平和祈念碑の前でウェスト・バージニアの歌「カントリー・ロード」を合唱しビデオレターに収め、フェアラーン小学校の子供達に送った。

【フェアラーン小学校生徒から五ヶ所小学校生徒への手紙】

Midori
こんにちは。私の名前はシャーニタです。ウィリアム・ヒューズさんに送ってくれたビデオを見ました。あなたはお絵描きをするのが好きみたいですね。そして、ビデオを見て、山で亡くなった兵士のために十三回鐘を鳴らして思い出すのは、悲しいけど、美しいことだと思います。

わたしは五年生です。勉強をしている科目は算数と社会と理科と色々の文章の書き方です。趣味は歌を歌うことと異なる洋服のファッションを描くことです。母は少年の刑務所での警備員です。

あなたの年はいくつですか？　どのような絵を描くのが好きですか？　どのような食べ物がすきですか？　スポーツは好きですか？

シャーニタより

Sayaka
私の名前はブリットニーです。ウィリアムに送ってくれたビデオを見て気に入りました。飛行機事故で亡くなった十三人の兵士の式はとても感動します。歌はとてもよかったと思いました。日本はきれいなところですね。
私は五年生で十一歳です。通っている学校はフェアラーン小学校でバージニア州のノーフォーク市にあります。

趣味は読書とスポーツをすることです。今読んでいる本はナンシー・ヅルーと赤い門の牧場の秘密という題名のミステリーの本です。やっているスポーツはソフトボールです。今からあなたに質問をしたいと思います。日本の生活はどのような感じですか？　私の国のアメリカとあなたの国はどのように異なってますか。どのような本を読みますか？

あなたの友だち　ブリットニーより

Riho Kai

あなたの犬の絵を見て気に入りました。私の名前はアンジェリークです。あなたの英語はとても上手です。五ヶ所は平和で落ち着くような所みたいですね。戦争後に亡くなった方々と忘れないため、そして平和のために鐘を十三回鳴らす祭りはとても感動的です。ビデオで上げてた凧はきれいで、山が美しかったです。あなた達が歌ってた歌も、とてもきれいでした。英語の読み書きを勉強していておどろきました。すごいと思います。

今、私は五年生で夏休みが来るのを楽しみにしています。私の一番好きなことは友だちと外であそぶことです。私達は外で友だちとする遊びはあなた達とあまり変わりません。同じように凧上げをします。私も犬が好きです。種類は何でも好きです。家には犬を飼っています。彼はドジで、おもしろくて、かわいいです。

今年の夏、ゆうえんちに行く予定です。アメリカでは、とても楽しいゆうえんちがあります。ウォーターパークは水遊びのゆうえんちで、のりものが色々あります。夏の暑い日には最高の場所です。

もしあなたが返事を書きましたら、日本の子供達は休日にどのようなことをしているのかを教えて下さい。ところで、犬を飼っていますか。

それでは、長く平和な人生をおくりますように願っています。

友だちのアンジェリークより

【五ヶ所小学校生徒からウィリアムさんへの手紙】


初めまして、とつぜんのおたより失礼します。私達は日本の宮崎県にある高千穂町立五ヶ所小学校の五・六年生です。

私達は、私達の住む五ヶ所にある平和祈念碑について調べる学習をしました。これは、ウィリアムさんもごぞんじのとおり、B-29・隼墜落事故をとむらい日米両国の友好と世界平和を願った慰霊碑です。私達は、この学習で、二つの事故と、戦争のおそろしさ、悲しさ、平和の大切さを学びました。

去年の秋、B-29の墜落した親父山に登り墜落現場に行ってきました。そこには、まだわずかながら部品が残っていました。そして、花をささげたり、お祈りをしたりしました。何を祈ったかは、もうお分かりですよね。そのときの写真と部品を手紙といっしょに入れておきます。

私達は、毎年平和祈念碑の前で、平和祈念祭を行い、平和の鐘を十三回鳴らします。十三回というのは、B-29の乗組員十二人と、隼の乗組員一人にちなんだものです。これからも、平和の鐘を、ここ五ヶ所から、鳴りひびかせていきたいです。
最後になりましたが、お体には、気をつけておすごしください。

P.S.ウィリアムさんの住む、バージニア州のとなり、ウェスト・バージニアは、まるで天国のような所だそうですね。私達の住む五ヶ所も、自然にめぐまれた所です。いっしょに入れておいたビデオレターもごらんになって見てください。

五ヶ所小学校五・六年生より

【ウィリアムさんから日高先生への手紙】

返事が遅れて申し訳ありません。ノーフォーク市のフェアラーン小学校で五年生を教えている娘のスーザン・ヒューズが写真やビデオを学校に持って行って子供達に見せました。生徒達はとても興味を持ちました。私は一九九五年に建てた祈念碑のことについて娘に話したので、彼女はなぜ高千穂町の五ヶ所と私の交流があるかを理解しました。娘は自分の学校を撮影する計画がありましたが、何かと忙しくてできませんでした。しかし、何人かの娘の生徒達がビデオに出演された生徒達に手紙を書きました。

アメリカ合衆国とバージニア州、ノーフォーク市、バージニア・ビーチ市の地図も同封しました。地図にところでバージニア・ビーチ市の姉妹都市は宮崎市ということを御存じであったのですね。地図に私達がいる場所をしるしで表示しました。スーザンの学校の位置はスマイリング顔のシールで表示されています。そして、バージニア州の地図の中に妻と娘と私がどこに住んでいるかを黄色のマーカーペンで表示しています。

　この封筒の中にあるものが五ヶ所小学校の生徒達にとって教育的で興味深いものであることを願っています。また、私と娘は先生と生徒達と交流ができて大変ありがたく思っています。そして、シミズさんとクドウさんに会いましたら、よろしくお伝え下さい。

ウィリアム・ヒューズ

ファックスをいただいたと同時に驚きと喜びを感じました。平和祈念碑のことについて生徒達に勉強させることはとても良いことだと思います。初めて祈念碑のことを聞いたのは祈念碑が出来てから二年後の一九九五年でした。

　祈念碑に刻まれたB-29の乗組員の一人は同じ高校に行っていた親友です。彼の名前はジョン・M・ホッジスで、戦後、九州に行きアメリカの捕虜に医薬品や食料を送っていたB-29のレーダーガンナーでした。九州の東側を飛行中、低視界のため祖母山山脈の南側斜面に墜落しました。このことについて日高先生はどれくらいご存知かわかりませんが、別の日に同じ場所で亡くなったB-29の乗組員及び日本人のパイロットのことをたくさん研究されている工藤さんならかなり情報をもっているようです。わたしは今でも、いつかその祈念碑と墜落した場所を訪れ亡くなった親友のことを偲びたいと思ってます。

　私の娘がバージニア州のノーフォークの公立小学校で教師をしており五年生を教えていますが、五ヶ所小学校の生徒達が学んだことについての手紙やビデオを送りたいと伝えた時、彼女はとても興味を持ちまして、自分のクラスに見せたいと言っておりました。

私は今、バージニア・ビーチに住んでいますが、高校時代、ジョニー（ジョンのニックネーム）と私はバージニア・ビーチの隣接しているノーフォークに住んでいました。卒業後、同時期に空軍に入隊しました。ジョニーは一つ年上で、私はイギリス行きの航空第八団で彼は太平洋行きの空軍第二十一団でした。

ジョニーには、私の家から二時間離れた所に弟さんのキルビー・ホッジスがいます。五ヶ所小学校の生徒達からの連絡（手紙とビデオ）を送ってもらうのを楽しみにしています。

もし私が知っている情報の範囲で聞きたいことがあれば、お尋ね下さい。私が知っているのはジョニーの弟と姉妹しかわかりません。

彼らの住所は
Kilby Hodges, Box 123, Capron, VA 23829 です。

よろしくお願いします。

ウィリアム・C・ヒューズより

終戦から六十年が過ぎ、当時、当然、物資はなく、また物資どころか一番頼りにしていた父親まで戦争で亡くし、途方に暮れていた家族の中で貴重な労働力として農作業に汗を流していた子供達は、今は、日高の教えている子供達の祖父母となっている。

戦争をまったく知らない子供達に、戦争を知らない世代の教師が平和教育を行うのは、難しいことである。しかし、身近に、かつて起こった戦争の悲劇を題材にして、生きた平和教育を実践してくれた若い教師に、同じ戦争を知らない世代ではあるが、長年調査と慰霊を続けてきた者として心から感謝した。

開校以来、一三四年の歴史を有する五ヶ所小学校も、これまで一二一九名の卒業生を送り出したものの児童数の減少により「子どもたちの幸せや将来」を考え、苦渋の選択により、平成二十二年三月三十一日に閉校した。

日高とともに平和教育の一貫としてB-29の墜落事故に取り組んだ子供達の心の中には、いつまでも母校五ヶ所小学校の思い出とともに、このことが残り続けるであろう。慰霊登山を兼ねた遠足で親父山から足を伸ばした障子岳山頂で、故郷五ヶ所の村を見下ろしながら弁当を開けた日の事を私も忘れることはないであろう。

第三章　曲がりブナ

日本百名山の一つに数えられる祖母山とその山群は、高度こそ本州の山々に劣るものの、なだらかな山容から峻険な峰々に至るまで変化に富み、広葉樹の原生林に覆われ、渓は切れ込みが深く、時々、九州の山として甘く見た登山者の遭難事故が発生する。その理由には、登山者が少ないこと、登山標識が本道以外未整備であること、避難小屋も含め山小屋が少なく、ほとんどが無人小屋であることもある。

平成二十二年九月、一人の若者が、この山系に入山したまま遂に帰って来なかった。晩秋の土曜日の午後、北谷登山口に、愛用のバイクを置き黒岳方面に登ったと思われる熊本市の若い地方公務員が、夕方に、四季見原キャンプ場の管理人に道を尋ねる携帯電話を入れたのを最後に消息を絶ったのである。地元警察署、消防団、山の会を含め懸命の捜索活動を続けたが、遂に、その姿を発見することなく捜索は打ち切られた。

捜索隊の一員として、ボランティアで連日近辺の山々の尾根から沢まで捜し回り、今でも遺族に頼まれて、捜索を続けている山男がいる。障子岳を主峰として親父山と古祖母山に囲まれた山峡の集落土呂久生まれの小笠原慕《つもる》（七十歳）である。小笠原は、地元の職業訓練校電気料を出ると、山口市にある電気工事会社に就職し、定年を機に、母が一人で住む故郷に、山口県出身の妻と戻ってきた。測量会社や県道の監視パトロールのアルバイトをしながら、故郷の山々を歩き回っていた。細身で長身、鼻髯をたくわえ、古武士然とした風貌で、物静かな性格である。

筆者は、彼とは、同郷の好もあり、お互いに、この山系で良く出会い、下山後は、地元の温泉で、湯に浸りながら山談議に花を咲かせていた。当然、私のB-29に関する調査についても興味を持っており、ある日、私に、墜落現場として「安らかに」と書いた小さなプレートを建てた場所から東に百五十メートル程離れた自然林の中で、遭難者の捜索中に、多くのB-29の残骸と思われる破片や機銃弾を発見したとの情報を伝えてくれた。私も、その当時、遺体収容を手伝った秀國から、その場所は一反近くある開けた斜面であったと聞いていたことから、プレートを建てた谷間のやや開けた場所とは異なる地点の可能性もあるとは思っていた。

毎年、三秀台で開催している八月木の命日近くの土曜日の午後、平和祈年祭を終えた翌日は、一人ででも親父山に登り、墜落現場に花と線香を供え、供養を続けてきた。平成二十三年八月二十七日に開催した第十六回平和祈年祭の翌日、山友三人と慰霊登山を行なうため、親父山登山口に車を止めたところ、偶然、小笠原と出会った。彼は、三尖《みつとぎり》（一四七四メートル）から黒岳（一五七八メートル）を経て親父山へ登り、再び登山口に下山するコースを歩く予定であった。プレートのある地点で合流し、一緒に、大谷川の最源流部と思われる大きな桂の木の根元から湧き出す湧水で湯を沸かし、ソーメンを作って待っていたところ、尾根の方から、黒澤明の「七人の侍」の野武士のようにスズ竹を掻き分け小笠原が降りて来た。源流水で作ったソーメンの味は格別で五人で食べた。山登りの醍醐味を味わう一時でもある。

その後、彼の言う墜落現場を確認するため、急斜面を登り、鹿の食害により見通しも良く、やや開けたゆるやかな斜面に出た。付近には、かなりの小さな金属片が散らばっており、やや大きな部品は、小笠原が集めて所々に積み上げてあった。その中には、文字盤のある計器類の一部、機銃弾を入れた弾倉の一部、

毎年墜落現場に供える日米両国旗と花

焼けて溶けたアルミ製の部品等様々であった。中には、大きな鉄板や鉄棒状の重量物もあった。これだけの部品が残っていること、周辺に大きな木が無いこと、秀國の証言から判断すると、ここが墜落地点に間違いないと思われた。

終戦直後の物資の乏しい時期に、人力のみで、山深い斜面に無残に横たわる超空の要塞B-29を解体し、山麓まで運び降ろした千穂や杣夫達の卓越した技術とそのエネルギーに改めて脱帽した。一番開けた場所に、麓から背負って来た菊の花と線香を手向け、小さな日米両国旗を立て、皆で手を合わせ、異国の深山に人知れず散った十二名の青い目の搭乗員の冥福を祈った。

山麓の高千穂地方では、秋の取り入れも終わった十一月末から、国の重要無形民俗文化財でもある高千穂夜神楽三十三番が、夜を徹して民家で舞われる。この年の神楽宿は、私の生家の隣が引き受け、三十三番のほとんどを見ることにした。徹夜の疲れを取りに、地元の温泉にゆっくり浸っていると、山から下山したばかりの小笠原が入って来た。紅葉の季節も終わり、そろそろ障子岳の山頂付近にも真白く霧氷が着く季節を迎え、湯に浸って山談議に花を咲かせた。小笠原は、今でも、例の避難者の捜索は続けており、B-29の墜落現場にもその折に足を運んでいて、新たな情報を提供してくれた。そろそろ、祖母山系も雪化粧をする日が多くなる前に、もう一度、墜落現場に一緒に登ることにし、有言実行、翌日、早速、二人で調査に出かけることにした。

燃えるような紅葉もすっかり終わり、山も冬仕度を始めた十一月の末、小笠原と二人で親父山に向かった。何十回も歩くこのコースには多くの思い出がある。一片の金属片を見つけた二十五年も前の秋の日のこと。金属片の正体を突き止め、テレビ局のスタッフや新聞記者を案内して登った日々のこと。B-29のプロペラシャフトを、安藤修一、亮一兄弟、藤田一明、松葉真治、川端章、川辺澄子、木原重則らの山仲間と雨の中、二日がかりで苦労して降ろした日のこと。平和祈念碑除幕式に参加したラリー・ミラー夫妻を案内した十七年前の夏の日のこと。……この山で出会った一片の金属片から始まったドラマを追って通い続けた親父山。五十二歳の時、剣道の稽古中に脳内出血で倒れ、ベッドの中で山歩きは二度と出来ないと諦め、悶悶と過ごしていた日々のことを思うと、今回も、こうして元気に自分の足で歩けることに感謝しつつ、一歩一歩踏み締めながら二人で登った。

墜落現場の地面は、薄い霜柱で覆われ、小さな破片も所々で、その上に乗っていた。

今回は、小笠原と二人だけの現地調査であり、同郷の山男同士の好もあり、時間をかけてゆっくり調査することにした。それぞれに別れて、スズ竹を分けながら探すと、新たに凹んだ一九四二年の刻印のあるアルミの水筒、計器類の一部、壊れたL字型の軍用懐中電灯、まだ中にガーゼの一部が残っていた小型の救急箱から、大きな物では一丁の機関銃まで、五十程の遺品を発見回収したが、いずれからも所有者個人を特定することはできなかった。

この調査を始めた当初、米空軍歴史研究所から入手した資料によると、十二名の遺体は、AからFの六カ所に、二人ずつ埋葬されたと記されているが、ゆるやかな斜面を良く見ると何となく人の手で掘られ、やや平になったと思える場所も数カ所あるような気がした。その一カ所の地表から、小さな骨片を見つけ出した。その後、知り合いの林透医師に確認してもらったところ、ヒトの上腕骨の一部と思われるとのことであった。

ほぼ全域を調査し終え、かつての大惨事が起きた六十七年前の雨の朝、異変に気付き押っ取り刀で駆け付け、腰を抜かさんばかりに驚いた千穂と杣夫達、大量の救援物資の調達に続々と登り続けた村人達、巨体の回収に、長年の巨木の搬出作業で得た知恵と技を駆使した屈強な杣夫達……。まるでタイムスリップしたように、様々なシーンが思い浮かんだ。

あれから六十七年の歳月が過ぎ、当時の墜落現場を知る者は、秀國だけになった。このドラマの唯一の目撃者である。自分自身も、これまでの二十五年間の様々な思い出をたどりながら、あたり一面を見回していると、一本のブナの木が目に入った。

九州では、標高千メートル付近からブナ林帯となり、祖母山系でも尾根筋には、ブナ林が多く残っている。この墜落現場付近の、いつも見慣れたブナ林ではあるが、一本だけ、不自然な形をしたブナの木が目に付いた。何百年という生命力を持つブナの木も、長年の風雨に曝《さら》され、それぞれの姿に変形しているが、その中の一本だけが、自然の力以外の作用で変形しているように見えたのである。このブナの木は、四メートルほどの高さで尾根に向けて直角に折れ曲がったまま立ち続けている。根回り二メートルもあるようなブナの木は、まだ樹勢も衰えず、地面と平行に曲がった幹を横に伸ばして立っている。周りを見ると、このブナの木より上には、一定の範囲で、大きなブナの木は一本も見当たらない。このエリアが、六十七年前にB-29が、墜落炎上した場所なのである。大きな曲がりブナの木肌を撫でながら、頭上に横に伸びた幹を見上げると、やはり、物理的に折れたような不自然さを感じる。

おそらく、六十七年前の夏のあの日、突然、海のかなたから飛んで来た金属の巨大な固まりが、その銀の翼でなぎ倒したものであろう。折れ曲がったまま生き伸び、静かに年輪を重ねるブナの木は、このドラマの一部始終を目にした唯一の目撃者であり、生き証人であろう。その木肌に触れていると、黙して語らぬ歴史の証人と対面しているようでもある。

このブナの木は、残りどれ位の寿命が残されているかわからないが、いずれ必ず朽ち果て、土に戻る。そして、その土の中に、超空の要塞B-29の小さな金属片も埋もれ、元の原生林に戻るであろう。私の寿命も、このブナの残りの寿命より比べようもない早い時期に尽きることは間違いない。もし、このブナの木に記憶装置があるのなら、こんな山男がいたことを、ほんの一瞬でも留めて置いてもらえばと思いつつ、もう一度曲がりブナの木肌に触れ斜面を登った。尾根筋から見下ろす曲がりブナは、他の仲間の木々に囲まれ、曲がっていることすらわからない。ここに通う登山者も私と小笠原くらいで、誰にも気付かれずに生き続けることだろう。

曲がりブナは、このまま静かに、この地でその命が尽きるまで、あの遠い日の戦争のことを伝える卒塔婆のように静かに立ち続け、そのうち静かに朽ち果てるであろう。

その時に、最後の生き証人もいなくなり、このドラマは、さらに遠い遠い昔のこととして忘れ去られるであろう。

第五部

二〇一五年八月
七十年目の夏

第一章　筒が岳

秀國少年が、B-29の墜落現場で遺体の収容作業をしたのが十六歳の時、あれから、いつの間にか七十年の歳月が流れた。八十六歳になった元少年は、まだ矍鑠《かくしゃく》として戦後七十年目に第二十回を迎えた平和祈念祭開催に向けて、米国から来日するアルフレッド中尉の妹ケリーに、自分の口から、当時の墜落現場の様子を細かく説明しようと、例年にも増して張り切っていた。

弟の盛彦と話し合い、盛彦は、自分で書いた平和祈念祭二十回記念の絵ハガキを作り、秀國は記念のタオルを印刷して、翌月の平和祈念祭を心待ちにしていた。開催経費とする寄付金を集めるため知人に絵ハガキを送ったり、電話をかけ終わり、遺族の来日をちょうど一カ月後に控えた七月二十八日朝、軽トラックに、愛用のチェンソーを載せ、五十年近く福岡県在住の山主から管理を委されている筒が岳の中腹にある杉山に出かけた。今日の作業は、杉の間伐である。直径四十センチ以上もある杉の木に、次々にチェンソーを入れ倒した。六十年近い山仕事で鍛えた熟練の技で、大杉は倒れ、何本かの杉同士が重なり合った。

枝がからみ合い、杉材として活用するには、枝を落とし、いわゆる整形が必要である。秀國はさらに、重なり合っている杉の大きな枝にチェンソーを入れた。大木同士が重なり合い、強大な反発力を十分に矯めていた大杉は、枝が落ちた瞬間、強い逆反動力で元の位置に物理的に戻ろうとした。自然の力と人間の力は、比較しようもない。大木は、突然、秀國の背後から襲いかかった。一瞬の出来事であった。山の神

アンソニーと地元の焼酎「暁」を酌み交わすありしの日の秀國

が、救いの手を差し伸べる間もなかった。

昼食に戻らない秀國を心配した長男房夫と妻サツキは、気になり昼過ぎに山に入った。いつものように林道に軽トラックが止めてあり、別段変わった様子もなかったが、大きな声を掛けても返事がないため、倒された大木に近づくと、その大木の下に、秀國がいつも愛用していた白い帽子が見えた。腰を抜かすほど驚いた二人は、駆け寄り抱き起こそうとしたが、すでに息絶えていた。

房夫はふるえる手で携帯電話を持ち、救急車、警察署に電話を入れた。それらが到着するまでの二時間近い間、妻サツキは、秀國の頭の傍に寄り添うように座り込んだ。六十年間連れ添った秀國は、いつまでも無言のままであった。祖母山麓五ヶ所に生まれ、山に生きた甲斐秀國八十六年の生涯は、筒が岳で突然終わった。

昭和二十年（一九四五）三月、空襲から帰る途中のB-29が落とした一発の焼夷弾による山火事を必死で消火した筒が岳、山の管理を引き受け、家族を養い三人の子供を立派に育て上げた筒が岳、昭和二十年八月の十六歳の夏の日のことを思い出し、いつか、あの時の青い目をした十二名の搭乗員達のために、日米お互いの平和を祈る碑を立てたいと思いつつ眺めた祖母山や親父山……。その念願も叶い、いつの間にか二十回目の平和祈念祭を控えた一月前のこの日、秀國の戦後七十年目の夏は、縁の深い筒が岳で終わった。

突然の信じられないような悲しい知らせを英明から携帯電話で受けた私も、ただ呆然として、なぜこの大事な時にと、わが耳を疑ったが、現実でもあった。すぐに会員に連絡を取り合い、英明、俊輔、渉、晃に私の、いつものメンバーは、車に同乗して忌中見舞いに駆け付けた。

妻サツキ、長男房夫、弟盛彦が、葬儀の準備に追われていた。仏壇の前に横たえられた棺に手を合わせ、その顔を見た。山林作業中の凄惨な事故であったが、その死に顔は、いつもの秀國そのものであった。つい先日まで、あんなに元気で、二十回目の平和祈念祭に向けて大きな声で話し合っていた秀國の、目の前の姿が信じられなかった。運命の悪戯は無常である。棺の前で、五人は肩を落とした。

仏壇の横には、二十年前、ジャックとともに来日し、一緒に長崎まで旅行したフローレンス未亡人から送られたインディアンのお守りが掛けられていた。人間の運命は、予測がつかない。それは、七十年前の夏に起きたB-29の十二名の場合も同じであった。

秀國と私は、親子ほどの年齢の差がある。『大地に爪する想い』の一冊の本で出会い、二十五年間行動を共にした秀國、ちょうど、これまでの二十五年間の出会いを、秀國少年が、今日に至るまでの日々を通して、この一連のドラマを一冊の本にしようと、筆を走らせ、いよいよ終章を書き上げようとしていた矢先の出来事であった。

七月三十一日、戦後七十年目の夏は、長い梅雨が明けると突然猛暑がやってきた。秀國の葬儀は、高千穂町の葬儀場で、秀國と縁のあった多くの方々が参列し、しめやかに行なわれた。導師は、秀國が総代をしていた玄武山正念寺の吉村順正住職と坊守ヴィクトリアが勤めた。

私は、平和祈念碑奉賛会代表として弔辞を読んだ。息子のような私と二十五年間共に行動し、私のおかげで予定より二十年も長生きでき、この調子なら百歳までいけると、つい先日も語っていた笑顔と、はにかんだような独特の顔をした秀國の遺影に語りかけると、涙で言葉も途切れ途切れになった。弟盛彦は、兄への感謝の言葉を述べ、翌月の平和祈念祭のアトラクションで演奏するカルデラ喜久山の尺八による追悼の曲が流れた。

弔辞

秀國会長。一昨日、あなたの突然の訃報を聞き、会員一同、今でも信じられません。今年は、戦後七十年、そして秀國さんが会長になって五ヶ所地区の皆さんの全面的な協力で立てた平和祈念碑も除幕式から、今年でちょうど二十年の節目です。

来月、アメリカから来日する七人の遺族に、十六歳の少年時代に体験したB-29の墜落現場の様子を伝え、今後も十二名の若者達の供養を続けると例年以上に張り切り、弟盛彦さんとのコンビでタオルやハガキを作って準備を進めていた矢先の出来事に、この世の無常を感じずにはおれません。

秀國さんは、戦中・終戦後も、まさに大地に爪する思いで、家族を養い仕事一筋に生きてきました。しかし、戦争が終わったらアメリカも日本もないをモットーに、グローバルな気持ちで心広く、この活動の中心となって、会長としてこれまでリードしてくれました。男気もあり、何事にも前向きで、我々にとっては頼りになる親父の存在でした。今夜もひめゆりセンターで、第四回目の実行委員会を開催し、最終の詰めをする予定ですが、会長を失った今、舵を無くした船をどう操っていくのか悲しさと不安でいっぱいです。しかし、我々は、この悲しさを乗り越え会長の意志を継ぎ、三秀台から平和の鐘は、たとえ小さな響きであろうと鳴らし続けます。

十六歳の少年の時、B-29が落とした焼夷弾で起きた山火事を必死に消し止めた筒が岳、山主の厚い信頼を受け管理をしながら、目の前に見える親父山で、十六歳の時に自分の手で埋葬した青い目の若者達を供養したいと思い続けた筒が岳。その山で運命のいたずらか、一瞬のうちに帰らぬ人となった秀國さん。あなたの意志は必ず守り続けます。一昨日、自宅を訪ねた時、棺の後ろには、二十年前に招待したフローレンス未亡人から送られたインディアンのお守りが、大事そうに掛けてありました。どうか、天国でも、日米交流を続けてください。

戦後七十年目に、また、生き証人が一人減りましたが、秀國さんの意志を継いで、これからも平和の鐘を鳴らし続けることを、ここにお誓い申し上げ、お別れのことばとさせていただきます。

長い間、お疲れ様でした。そしてありがとうございました。ゆっくりお休みください。秀國会長。

平成二十七年七月三十一日

平和祈念碑奉賛会代表

工藤　寛

奇しくも、その日は、以前から計画していた第四回の実行委員会開催日であった。会員一同会の前に、秀國に対し黙禱を捧げ、新会長を武田計助にお願いし、秀國の意志を継ぐ決意を新たにし、ほぼ最終的な段取りを決めた。

会議の最中、私の携帯が何度も鳴り続け、東京の局番に、マスコミの取材かと思いつつ出ると、二十年振りに聞いた徳義仁軍曹の姉光枝からであった。九十五歳になり、杖は欠かせないが、健在であり、八月の平和祈念祭には、妹の仁子《きみこ》と文子《あやこ》が参列するとの連絡であった。七月初めに、二十回目の平和祈念祭の案内を出したものの返信もなく、連絡が取れるのを諦めていた矢先の電話に驚き、全員一同、除幕式以来二十年目にして、再び日米の遺族が碑の前に立てるのを心から喜んだ。

会議を終え、車も通らない夜の五ヶ所高原を走ると、二十五年間の秀國との思い出が、走馬燈のように、脳裏をよぎった。

第二章　三秀台

ケリーとアルフレッド

ケリーは、十二人兄弟の下から二番目の女の子で、兄の長男のアルフレッドが亡くなった時は、五歳だった。

アルフレッドは、とても面倒見の良い兄で、年下の弟や妹達を、よくかわいがっていた。中でもケリーは、ある理由で、特にかわいがられた。その理由は、アルフレッドの恋人メルバとケリーの髪の毛が、同じ赤味がかっていて良く似ていたからである。

兄との思い出のひとつに、ある日、ブランコに乗っているケリーを、兄は、屋根に届く程高い所まで押し上げた。ケリーは、怖がって泣いたが、兄は、飛行機乗りの妹が、高い所を怖がるのを残念がっていたのを覚えている。

兄は、兄弟全員に洋服を買ったり、時には、当時珍しかったアイスクリームを買って来たこともあった。とても、おいしかった記憶が今でも残っている。兄は、商業アーティストをめざし勉強を続けていた。

兄が亡くなったことを聞いた日のことは、かすかに覚えている。数カ月間行方不明になったままであったため、兄弟は、兄はきっと元気で帰って来ると思い、祈り続けた。母は、同じ陸軍軍人の家族から励ま

アルフレッドの両親と兄弟（下段左端がアルフレッド。右上から３番目がケリー。５人が健在）

しの手紙をもらい、希望を持ち続けようと努力していた。

母への最後の手紙は、戦争も終わり、家へ帰る準備は出来ているが、日本への救援物資を運ぶ最後の任務を、自ら志願したと書いてあった。それが、兄弟が目にした兄からの最後の手紙であった。

兄アルフレッドの遺体は、四年以上も家族のもとに戻って来なかったため、家族は、アルフレッドは、いつか、きっと帰って来るだろうと思い続けた。ケリーは、兄は、記憶を失っていて、自分が、誰なのか思い出せないのだろうと、子供心に思い続けていた。

しかし、成長するにつれ、兄の死を現実のものとして受け取ることが出来るようになった。そして、いつの日にか、兄が亡くなったという日本の九州にあるＳＯＢＯＳＡＮという山を自分の目で確かめてみたいと思うようになった。

来日の計画を取りまとめたのは、アルフレッドの甥であるグレン・フォークで、一行はその妻メアリー・エレン・フォークと子供のマシュー・フォーク、妹のケリー・メイヤーと夫のドン・メイヤー、姪のメアリー・ブランソンと夫のロイ・ブランソンの七名である。一行は、シカゴに集合し、香港を経由して成田へ飛び熊本空港へ到着するコースを取った。

歓　迎

二〇一五年八月二十七日八時、宮崎交通高千穂バスセンターから、通訳の田﨑友教と私の大学の同窓で同じ県職員であった溝辺牧男に、私と妻万里子を乗せ、アメリカからの長旅で疲れ果てて到着するであろう最高齢八十歳のケリーの夫ドン・メイヤー一行七名を迎えるレンタバスは出発した。阿蘇外輪山を越え、熊本空港に一時間半で到着した。

到着ロビーには、一行の到着シーンを撮影するために、ＮＨＫ宮崎放送局の堀記者とＭＲＴの二月ディレクターとスタッフ一行が、三脚に撮影カメラをセットし、待ち構えていた。その光景に、有名なタレントでも降りて来るのかと思った一般乗客の何人もが、問い合わせてきた。成田発のジェットスター６１１便は、予定通り十時二十五分に到着したことを、電光掲示板は示していた。実際に一行の顔を見るまでは安心できない緊張感は、二十年前に、フローレンスとミラー一行を迎えた時と同じである。

出迎えの一行四人は、小さな日米両国旗を手にして到着口の前で待った。手荷物受け取りレーンに、大きな旅行カバンが次々と出始めると、大きな身体に、半ズボンの男三人と大柄の女性三人に、金髪の可愛らしい少年の七人組が現われた。ケリーは、アルフレッドの婚約者であったメルバと同じ赤味を帯びた金髪と聞いていた通りで、すぐわかった。

阿蘇草千里で通訳の田﨑友教と一行

我々は、七人に駆け寄り、それぞれに握手をした。大きな手であった。ケリーとは、緒方や友教を通じたメールのやり取りで多くの情報を得ていたので、初対面の気がしなかった。二つの放送局が、簡単なインタビューをした後、バスに乗り込んだ。一行を乗せたバスは、国道五十七号線を一路、阿蘇へと向かい、阿蘇ファームランドで昼食を取った。十二歳の誕生日が前日のマシューは、長旅の疲れで、すっかり元気がなく、食事も一切受け付けず、母メアリーに、涙を流し辛そうにしていた。腹痛も訴え、救護室で、私の妻と溝辺が付き添い、しばらく休ませて様子を見ることにし、その間に、草千里まで足を伸ばすことにした。世界一のカルデラ火山であることを説明し、記念写真を何枚も撮った。一時間程して戻ると、マシューは、ベッドの上で熟睡しており、眠そうな顔で、ようやく起き上がると、生気を取り戻した。再び、阿蘇外輪山を越え、高千穂へ向かった。

高千穂町役場の玄関前に、内倉信吾町長が出迎え、

高千穂神社本殿で通訳の溝辺牧男と一行

一行を町長室に招き、歓迎のあいさつをした。ケリーが代表して、感謝の言葉を述べた。マスコミの取材も終え、一旦、二日間の宿、今国旅館に荷を解くと、奉賛会主催による夕食会を、ホテルグレイトフル高千穂に会場を移し開催した。通訳として合流した清水達也とマイケル・ナロンを加えて、バイキングによる夕食会で、お互いに打ち解けた。夕食後は、高千穂神社で観光神楽も見物し、長旅の疲れを考え早めに宿に入ることにした。溝辺が同宿し、何かと面倒を見てくれた。

高千穂二日目の朝、昨夜と同じホテルで朝食を取り、そのまま、ジャンボタクシーで観光に出かけた。最初に、高千穂神社に参拝した。境内では、後藤宮司が出迎え、神社の由来を説明した後、神殿に上り、神式による御祓いを受け、祖国のために難に殉じた十二名の若者の御霊を慰め、日米のさらなる友好を祈念した。

その後、高千穂峡に下り、小雨の中、真名井の滝が見えるスポットで、それぞれに写真に収まりながら、何度も「オー・ビューティフル」と声を上げ、感動していた。おのころ池の売店で、湧水で冷やしたラムネ

グレン・フォーク夫妻と12歳
になったばかりのマシュー

高千穂峡でのケリー夫妻

を、それぞれに手渡し、栓の開け方を説明すると不思議そうに飲んだ。マシューは、特に気に入ったようで、空のビンを、ずっと手にしていた。

　一度ホテルに戻り、着替えると出迎えのマイクロバスが、玄関前に到着した。

三秀台

　一行を乗せた役場企画観光課の興梠洋一が運転するマイクロバスは、三秀台へと向かった。数日前から、雨が予想されていたため、リース会社に依頼して碑の上と会場に、大きなテントを設営しておいた。平和祈念碑へと続く緩やかな坂道を、私と友教の先導で一行は、ゆっくりと登った。戦後七十年目と第二十回の平和祈念祭が重なり、今までにないような大勢の人に加え、テレビ、新聞のマスコミ関係者も待ち構えていた。

平和祈念碑前で遺影を手にする日米の遺族
（左からドン・メイヤー、ケリー・メイヤー、徳文子、吉松仁子、伊勢谷里佳、伊勢谷考正）

武田奉賛会長の出迎えを受け、平和祈念碑の前に立ち、ケリーは感謝の言葉を述べた。碑の裏に刻み込まれた日米十三名の殉職者の中からアルフレッドの名を見つけると、石に刻まれた一字一字を目で追いながら、目に涙を浮かべ悲しみを押し殺すように夫のメイヤーに肩を寄せた。愛する兄の死を、兄が亡くなった日本で再確認した瞬間でもあった。

奉賛会員の佐藤乙枝の司会により一連のセレモニーは進んだ。出席者全員で黙禱を捧げた後、先月急逝した前会長甲斐秀國の弟盛彦の開会のあいさつに続き武田新会長のあいさつ、私の遺族紹介と経過報告の後、日米両国の国歌斉唱から、両国の遺族による献花・献鐘と続いた。この間、玄武山正念寺住職吉村順正と坊守吉村ヴィクトリアの読経が流れた。

続く遺族からのメッセージで、ケリーは、愛する家族を失う悲しみを徳の家族と共有し、このような祈念祭を開いてくれることに感謝の言葉も見つからないと述べた。徳義仁の妹吉松仁子は、九十五歳になる姉光枝からのメッセージに御礼の言葉を交えながら、大勢の人が兄の冥福を祈ってくれ本当にありがたいと述べた。

内倉信吾高千穂町長のあいさつから在日米陸軍連絡将校ジャクリーン・ハーン少佐のあいさつと続き、田原小学校六年生の吉村悠音《ゆうと》が追悼作文を朗読し、五ヶ所地区子供会全員により、遺族へ折鶴が各々に手渡された。この間、私のかつての上司後藤光男のハーモニカによる「アメイジング・グレイス」と「ふるさと」の二曲が静かに会場に流れた。奉賛会副会長高橋渉の閉会のあいさつで会を閉じた。小雨の降る中、二張りのテントに入り切れなかった者を含め百七十名の参加者が、静かに会の流れを見守った。

式典であいさつをするジャクリーン・ハーン少佐

甲斐秀國の遺影の前で尺八を演奏するカルデラ輝久山

式典の後、今回は、第二十回を記念してアトラクションも企画した。最初の実行委員会時から、前秀國会長が、甥で民謡と尺八の指導者であるカルデラ輝久山と娘の民謡歌手瀬井真奈美に出演を依頼する意向を伝え、実現した。尺八特有の心に染み入るような音色と五ヶ所高原の情景にマッチした全国的にも有名な民謡「刈干切歌」の野太い声が、高原一帯に響き、ケリー一行は、盛んにカメラのシャッターを押していた。小山成子のオカリナ演奏も、会場に静かに流れた。

アトラクション終了後は、全員で、碑の前で記念撮影を行い、マスコミの取材に応じた。今回は、日米双方の遺族が参加した戦後七十年目に加え、第二十回の平和祈念祭という話題性もあり、新聞、テレビ各社が、それぞれの記事や番組にするため、質問やマイクを向けた。

一方、徳家の一行は、奉賛会員の高橋渉、興梠重徳、興梠晃の案内で、河内地区遺族会会長河内和郷が待ち受ける軍人墓地に足を運んだ。

きれいに清掃された軍人墓地の一番奥にある徳義仁の墓に進み、四人は、小雨の降る中、静かに手を合わせた。徳義仁の遺族が、ここに墓があることを知ったのは、今から二十三年前の戦後四十七年目にあたる、平成四年の春のことである。初めて墓を訪れた伊勢谷親子は、話には聞いていた伯父、大伯父の墓の前で、テレビ局の取材を受け、高校一年生の考正《なりまさ》は、若者らしい率直な感想を述べた。一行は、毎年香華を絶やさず墓を守ってくれている遺族会会長に、深く感謝の言葉を述べ墓地を後にした。

徳機が墜落した鹿児島山は、すっぽりと厚い霧に包まれ、二十三年振りの身内の再訪にもその姿は見えなかった。一行を乗せたタクシーは、終戦後、徳の両親の依頼で、徳義仁の遺骨と遺品を受け取りに、東京から汽車と乗り合いバスを乗り継ぎ、ようやくたどり着き、山深い小さな村の旅館で物言わぬ親友と一晩を過ごした今野宣雄が泊まった、今は、営業はしていないものの、小さな看板だけが下げてある「成喜屋」の前を通り熊本空港へと向かった。

奉賛会主催の晩餐会は、高千穂町立武道館の前にあるホテルグレイトフル高千穂のレストランを貸し切り内倉信吾高千穂町長、佐藤定信町議会議長、富高健一郎町議会議員、平和祈念碑奉賛会員、吉村順正・ヴィクトリア夫妻、清水達也、マイケル・ナロンの通訳に、前会長甲斐秀國の長男房夫を交え、来日二日目で、それぞれ打ち解け、時の経つのも忘れ、お互いに出会った不思議な縁を感じつつ、思い出に残る時間を共にした。

武田計助を会長にした奉賛会会員の甲斐英明、高橋渉、小山忠清に、同じ昭和二十八年生まれで気心も通じた興梠重徳、興梠晃、専門分野である情報収集に大活躍してくれた緒方俊輔、第一回目から今回まで司会を続けた佐藤乙枝、資金源もなく、会員による募金活動などの心労の多い会計を快く引き受けてくれた佐藤景子、それぞれに家庭と仕事を持ちながら、ここまで無私の活動を共に続けて来た仲間を心から誇りに思った。戦争を知らない世代の「戦友」として、これからも平和祈念祭を続け、次の世代へとつなぎたい。我々の小さな行為と三秀台の小さな平和の鐘が、ずっと後世まで、平和について考える教材のひとつになればと思いつつ、妻とホテルを後にした。

慌ただしく過ぎた一日であったが、心に残った日でもあった。ケリーが、何度も口にしていたことばに「overwhelming」があった。辞書を引いてみると「精神的に圧倒される」の意とあった。我々の、この小さな行為が、ケリーの目に、そう映ってくれたのであれば、それで充分である。

玄武山正念寺での一行

正念寺

雨に降られた平和祈念祭の翌日は、朝から日は出ていないものの、まずまずの天気になった。この日の通訳兼案内役は、昨日の平和祈念祭で夫の順正と読経をしたイギリスから高千穂に嫁ぎ二十年目になる吉村ヴィクトリアが引き受けてくれた。

最初に、国見ヶ丘を訪ね、展望台からB-29が墜落した障子岳の方向を指で示したが、その付近が、あいにく雲に覆われ見ることはできなかった。眼前に広がる棚田や集落を交えた高千穂の風景は、ほとんどが丘陵地帯であるミズーリ州とは、まったく異なるようでしきりにカメラのシャッターを押していた。その後、高千穂大橋の上をゆっくりと歩き、眼下の高千穂峡の深く切れ込んだ峡谷にも、目を奪われたようで、カメラを向けていた。天の岩戸神社では、ヴィクトリアが開いている英会話教室の生徒でもある佐藤宮司に案内していただき、天の安河原まで降り、岩屋の中一面に所狭しと積まれた小さな石積みにも驚いた様子であった。

最後に、開山以来四百三十六年の歴史を持つヴィクトリアが坊守を務める玄武山正念寺を訪ねた。古い歴史を感じる山門を潜り、本堂に入り御本尊に手を合わせた。昨日は、高千穂神社、今日は正念寺と、日本の二つの文化に触れ、興味深そうに、ヴィクトリアにしきりに質問を投げていた。

コミセン

高千穂町は、昔から剣道の盛んな町である。町立武道館は、その屋根に、この地方に古来から伝わる千木《ちぎ》と呼ばれる人文字型の大きな二本の柱をあしらったデザインで、町の中心部にある。その武道館のすぐ前に、高千穂町歴史民俗資料館がある。資料館は、地域の総合的な文化交流施設に併設され、コミュニティーセンターの名称を略して、地元では「コミセン」の通称で通っている。

高千穂での最終日の午後、一行は、我々が、これまで墜落現地から回収したB-29の残骸や部品が展示してあるコミセンを訪ねることにした。資料館の学芸員であり、奉賛会会員でもある緒方の待つコミセンの正面入口前には、宮崎市にあるＮＨＫ、ＭＲＴ、ＵＭＫ三社のテレビ局のカメラとスタッフが、待ち構えていた。

通訳のヴィクトリアの案内で、コミセンの二階に一行は上がった。高千穂と周辺の地形と名所旧跡を示すジオラマで、障子岳と親父山を示しB-29の飛行コースと墜落地点を示した。午前中に、国見ヶ丘から、

高千穂町歴史民俗資料館でヴィクトリアから説明を受けるケリー

雲に隠れた障子岳の方向を説明しており、墜落した山の様子は理解できたようで、もし、もう五十メートルか百メートル高く飛行していたら、この事故は起きなかったであろうとの私の説明に、残念そうにうなずいていた。

展示ケースに収められた百点を超すB-29の残骸や部品、アルフレッドを含む搭乗員の写真を、じっと見つめながら、「こんなに、飛行機が壊れるくらいの墜落事故なら、兄のアルフレッドに、何が起きたか理解できたわ」と寂しそうに、私の方を向いた。

その後、私は、現場から回収した水筒や歯ブラシ、櫛、まだ中にガーゼの入っている小さな救急箱を手渡した。また、二年前に小笠原が現場で拾い、以前に米空軍歴史研究所から届いた十二名の遺体の検死所見の和訳に協力してくれた林透医師に鑑定していただき、ヒトの上腕骨の一部であると判断された骨片を、白い布で包み小さな箱に入れ、十二名の内で、個人を特定するのは不可能であるがと説明した上で、そっと手渡した。その小箱を手にし、しばらく無言のままの時間が過ぎ、目に涙を溜め、「これで、すべての物語が終わったのね……。サンキュー・ソー・マッチ」と述べると、私の肩に手を乗せハグしてきた。私にとっても、一つの物語が終わり、こみ上げるものがあった。返す言葉もなかった。

あれから七十年の歳月が流れたとはいえ、一片の金属片から、ここまでつながった不思議な縁と、アルフレッドと血を分けたケリーを目の前にしていることも信じられなかった。

その後、三社のテレビ局のインタビューが続き、ケリーは、我々に感謝の言葉を述べながら、一区切りがついたことを答えた。私には、ケリーに、聞くべきか迷っているひとつの質問があった。その内容は、アルフレッドの婚約者であったメルバのことである。通訳のヴィクトリアを通じて、ためらいながらも率直に聞いてみた。ケリーによると、メルバは、その後、大きな農場に嫁ぎ、九人の子供をもうけ、五年前に亡くなり、亡くなるまでは、毎年一回、兄弟全員で農作業の手伝いに行っていたという。この話に、さすがにアメリカ的な心の広さを感じた。

いよいよ、高千穂を離れることになった。コミセンのロビーで、一行は、それぞれ私たちにプレゼントを渡した。私がケリーから受け取ったのは、両親を中央に、周囲をアルフレッドと十人の兄弟姉妹（二人は、幼児の時に早逝）で囲んだエイケン一家の写真（三六〇ページ掲載）であった。奉賛会長の武田をはじめ、通訳から私の妻まで、各々に、プレゼントをもらったが、家族の写真が多く、ファミリーを大事にするアメリカの国民性も感じた。ケリーを含め、アルフレッドの三人の妹と二人の弟は、健在であるという。一行が、帰国して、今回の日本での出会いを、どのように、四人に伝えるのか楽しみでもある。ケリーは、帰国したら、残り八人の搭乗員の遺族も、探したいとも話していた。墜落事故から、すでに七十年が経過した今では、今回のように、兄弟が多い場合は、探し出せる可能性も考えられるが、それ以外は、厳しい時代を迎えたと思う。

もし、再び今回のように来日する遺族があれば、同じように迎えてあげたい。すべての遺族に、この物語のフィナーレを伝えることは、親父山での一片の金属片との出会いから始まったドラマを追い続けた山男に与えられた使命とも思っている。

いよいよ、別れの時間となった。彼らと過ごしたのは、わずか三日足らずであったが、言葉は思うように通じなくても、心は十分に通じた気がする。お互いに、それぞれの想いを胸に刻んだ有意義な時間が持てた。

七人と固い握手を交わし、一行を乗せたマイクロバスは、ヴィクトリアが熊本まで同乗して出発した。バスの窓からケリーが、手を振って振り返った。私も少し肩の荷が下りたような気がした。

一行は、熊本市内のホテルに一泊し、熊本城を見学した後、東京観光から日光まで観光に出かけ、無事帰国した。グレン・フォークは、途中のトンネルの駅の土産物屋で、私の剣道仲間工藤浩章が彫った神楽の面を買ったとのことであった。今回の一行のツアーを企画した彼にとっての高千穂での思い出に求めたものであろう。

一行が帰国して二週間後、台風の影響でケリーとの慰霊登山を中止した親父山に登った。前夜、四季見原にテントを張って泊まり、翌日登った。まだ、わずかに残骸の一部が散乱する墜落現場に、いつもしているように、小さな日米の両国旗と花を供え手を合わせた。大きく折れ曲がったブナの木の周りにあるナナカマドの葉が少し赤味を帯び、いよいよ、あれから七十年目の秋が近づいた気配を感じた。

第三章　連邦議会

七十年目の夏が終わり、秋の気配も濃くなった九月下旬、帰国したケリー・メイヤーから報せが入った。ミズーリ州選出の下院議員が、平和祈年祭のことを連邦議会に報告し、「五ケ所の人々により続けられてきた平和と友好の誓いと、墜落した戦士の栄誉を称えよう」と呼びかけたというのである。以下、その議事録の和訳である。

日本の五ヶ所の平和祈念碑奉賛会と第2次世界大戦時に高千穂町五ヶ所地区に墜落死した12人の軍人の栄誉を称える

BLAINE　LUETKEMEYER 議員　ミズーリ州

下院　二〇一五年九月八日火曜日

議長、第二時世界大戦時高千穂町の近くに墜落したアメリカ軍人を一九九五年から追悼し続けている五ヶ所の平和祈念碑奉賛会の功績を称えたいと思います。

一九四五年八月三十日にアメリカ軍人十二人を乗せた爆撃機B-29が高千穂町の親父山に墜落しました。この爆撃機は福岡県宮若市の貝島炭鉱にある捕虜収容所に救援物資を空中投下するミッシ

RECOGNIZING THE GOKASHO, JAPAN "PEACE MEMORIAL MONUMENT COMMITTEE" AND A WWII ARMY AIR CORPS CREW THAT PERISHED NEAR TAKACHIHO, GOKASHO WHOSE LIVES THEY COMMEMORATE ANNUALLY

HON. BLAINE LUETKEMEYER

OF MISSOURI

IN THE HOUSE OF REPRESENTATIVES

Tuesday, September 8, 2015

Mr. LUETKEMEYER. Mr. Speaker, I rise today to recognize the "Peace Memorial Monument Committee" of the Gokasho region of Japan which, since 1995, has honored the lives of a World War II U.S. Army Air Corps crew that perished near the local town of Takachiho.

On August 30th, 1945, an American B–29 Bomber with twelve Army Air Corps crew members on board clipped the peak of the Oyaji mountain in Takachiho. The bomber was on a mission to the Allied POW detention center at Kaitanko of Miyawaka, Fukuoka to air drop relief supplies. The ensuing crash left no survivors. The crew members' bodies were retrieved by the U.S. military with the help of the citizens of Takachiho.

The names of the flight crew members that perished are Alfred Eiken of Missouri, Henry Baker of Tennessee, Jack Riggs of Kansas, George Williamson of Pennsylvania, John Cornwell of Texas, Henry Frees of Illinois, Solomon Groner of New York, Walter Gusteveson of Pennsylvania, Norman Henninger of Ohio, John Hodges, Jr. of Virginia, John Dangerfield of Utah, and Bob Miller of Utah.

In 1995, the "Peace Memorial Monument Committee," which is organized by the people of the Gokasho region of Japan, constructed the Peace Memorial Monument to honor this Army Air Corps crew as well as that of a Japanese Army Fighter jet "Hayabusa" which crashed in a nearby mountain town. A memorial ceremony has been held each year since 1995 to commemorate these two tragedies and pray for continued peace and friendship between the United States and Japan. The ceremony is held on the Saturday in August nearest to August 30th, the date of the American crash.

Mr. Speaker, I am humbled to have the privilege of recognizing these fallen warriors, as well as the act of commitment to peace and friendship by the people of the Gokasho region that has flourished from this tragedy.

In closing, I ask all my colleagues to join me in honoring the Gokasho "Peace Memorial Monument Committee," and the twelve American Air Corps crew members whose lives they have not forgotten.

平和祈年祭の内容をミズーリ州選出の下院議員が連邦議会に報告した議事録
（資料提供 ケリー・メイヤー）

ヨンの途中でした。墜落で生存者はいませんでした。軍人の遺体は高千穂町の人たちの手助けで米軍によって収容されました。

亡くなった軍人の名前は、ミズーリ州のアルフレッド・エイケン、テネシー州のヘンリー・ベイカー、カンザス州のジャック・リグス、ペンシルベニア州のジョージ・ウィリアムソン、テキサス州のジョン・コーンウェル、イリノイ州のヘンリー・フリース、ニューヨーク州のソロモン・グローナー、ペンシルバニア州のウォルター・グスタブソン、オハイオ州のノーマン・ヘミンガー、バージニア州のジョン・ホッジス・ジュニア、ユタ州のジョン・デンジャーフィールド、ユタ州のボブ・ミラーです。

一九九五年に日本の五ヶ所地区の人々により構成される平和祈念碑奉賛会によって、このアメリカ軍人と近くの山に墜落した日本の飛行機の隼の名誉を称えるために、平和祈念碑を建てました。平和祈念祭はこの二つの悲劇を追悼するため、またアメリカと日本の友好関係と平和を願うために、一九九五年から毎年開催されています。この祈年祭はアメリカ機が墜落した八月三十日に一番近い八月の土曜日に開催されています。

議長、悲劇のあとに五ヶ所の人々により続けられてきた平和と友好への誓いと、墜落した戦士の栄誉を称えたいと思います。

最後になりましたが、皆様も五ヶ所の平和祈念碑奉賛会と十二人の空軍の戦士達の栄誉を称えていただければと思います。

歓迎晩餐会で奉賛会員とケリー夫妻
（左から興梠晃、ドン・メイヤー、高橋渉、佐藤景子、小山忠清、ケリー・メイヤー。前列興梠重徳）

【主な参考文献一覧】

○祖母山・五ヶ所関係

『祖母嶽』百渓祿郎太編　一九二五年十月（秀英社）
『五ヶ所小学校創立百周年記念誌』一九七五年一月
『高千穂町立五ヶ所小学校閉校記念誌　ごかしょ』閉校記念事業推進委員会　二〇一〇年三月
『高千穂町史』高千穂町史編纂室　一九七三年三月
『高千穂村々探訪』甲斐畩常　一九九二年四月
『甲斐有雄翁伝・広野の灯』富高則夫　一九九五年二月
『野尻の自然と歴史』甲斐利雄編著　二〇一一年六月（創流出版株式会社）
『大地に爪する想い』創価学会青年部反戦出版委員会　一九八七年八月（第三文明社）
『平和の鐘』工藤寛　一九九六年三月

○飛行第六十五戦隊関係

『飛行第六十五戦隊史』飛行第六十五戦隊戦友会　一九八五年三月
『大空に生きる』吉田穆　一九九〇年十二月
『原町戦没航空兵の記録』戦没者慰霊顕彰会　一九九八年八月（白帝社）
『日本民間航空通史』佐藤一一　二〇〇三年二月（国書刊行会）
『世界の傑作機　陸軍一式戦闘機「隼」』一九八八年十一月（文林堂）
『知覧特攻基地』知覧高女なでしこ会編　一九八三年十月（大和書房）

○B-29関係

『世界の傑作機　特集ボーイングB-29スーパーフォートレス』一九九四年（文林堂）

『Sky Walker B-29 Superfortress　別冊航空情報』一九九五年三月（酣燈社）
『B-29』カールバーガー、中野五郎、加登川幸太郎訳　一九七一年三月（サンケイ新聞出版局）
『捕虜収容所補給作戦　B-29部隊最後の作戦』奥住喜住、工藤洋三、福林徹　二〇〇四年八月
『米軍資料・日本空襲の全容　マリアナ基地B-29部隊』小山仁示訳　一九九五年四月（東方出版）
『B-29墜落　米兵を救った日本人』草間秀三郎　一九九九年七月（論創社）
『増訂　日米相互イメージの変遷　B-29墜落機をめぐって』草間秀三郎　二〇一二年一月（南窓社）

○その他

『サイパン&テニアン戦跡完全ガイドブック』小西誠　二〇一一年二月（社会批評社）
『太平洋戦争がよくわかる本』二〇〇七年十一月（PHP研究所）
『終戦直後の日本』研史ミステリー研究会編　二〇一五年六月（彩図社）
『戦時用語の基礎知識』北村恒信　二〇〇二年九月（光人社NF文庫）
『神々の座す里・高千穂の神社』高千穂町観光協会　二〇〇七年三月

あとがき

私は、戦後生まれである。もちろん、戦争を知らない世代である。この本に書いた内容で、国内での当時の様子は、いわゆる「戦中派」の方々への取材で得たものである。その時に、ほとんどの方から最初に聞かれたのは、「戦争を知らない世代がなぜ」「身内に戦死者でもいるのか」の二つであった。両親とも昭和一桁生まれで、青春時代を、後方支援要員として食糧増産のため五ヶ所高原で原野の開墾、海岸での塩炊きに動員され、勉強どころではなかった世代である。身近な身内にも戦死者はいない。

「戦争を知らない世代がなぜ」の問いを、今、自分自身に問うてみても明確な答は、持ち合わせない。しかし、本書に書いた内容のすべては、誰からも指図されずに、三十年近く手弁当で、自分の目と耳と口を使って追い続けたものである。自分の中に、ここまで没頭させた何かがあったことだけは事実である。

戦後七十年の節目に、ようやく一冊の本に書き上げ、稿を閉じるにあたり、この問いに対する答を自分なりに整理してみたい。その答を要約すると、自分が縁あって生を受け、ある時期まで過ごした故郷と長年飽きもせず続けている二つのことにたどり着くような気がする。

故郷は、その風土が、その後の人間形成に与える影響は、極めて大きいと思われる。私の生まれた故郷は、神話と伝説の町宮崎県高千穂町である。内陸性の山間部にあるこの町は、日向神話の天孫降臨の地として知られ、神様と祖先と自然と人情を大事にする気風が残っている。私自身に、特別な宗教観やイデオロギーがあるわけではないが、精神構造上と行動パターン上において、その血は、どこかに流れていると思っている。

長く続けていることの一つは、小学校四年生の時の祖母登山を始点とする登山の趣味である。それも、日本百名山を踏破するとか、より困難な岩壁の登攀に挑戦する類のものではなく、故郷の山々にこだわり続け、長じてからは、それらの山々にまつわる人知れず埋もれていた事柄に興味を抱き続けていたことである。すでに、絶滅したと言われている九州のツキノワグマの生息を信じて、山深く分け入っていたのも、そのひとつである。

もうひとつは、中学時代から現在まで続けている剣道である。特に、高邁な理念を掲げて稽古を続けたものではないが、修業の目的とする礼義仁知信は、知らず知らずのうちに自然と身に染み込んでいるものとの多少の自負は持っている。もちろん、稽古で培った体力、気力と何事にも挑戦する気持ちは、これまでの仕事にも人間形成にも大きなプラス効果を与えてくれたのも事実である。

私は現在、剣道の町・高千穂で、地元小学校の剣道クラブの指導者として、孫のような子供達と汗を流し、指導方針として「交剣知愛」を心掛けている。振り返ってみると、この本のメインテーマも、広義に解釈すれば、「交剣知愛」に通じ、墜落現場に当時矢津田や白川が立てた「六本の十字架」と「平和祈念碑」は、まさに、そのものであるとも思っている。

要約すれば、自分の人間形成に大きく影響を与えた故郷の山深くで、人知れず起き、忘れ去られようとしていたことを、趣味の登山から展開した探究心と好奇心で追い続け、その原動力、行動力となったのが、登山と同じように長年親しんだ剣道であったのではと自分なりに答にならない答として整理してみた。

この二つの墜落事故は、奇しくも神州不滅の国と思わされていた日本が敗れた昭和二十年八月十五日を境にして、その前後に起きた。いずれも交戦中の出来事ではなかった。隼の事故は、勝敗は確実に決し、あと一週間で終戦を迎える日に起き、B-29の事故は、終戦から二週間後に起きた。偶然にも、この日米二機の軍用機の墜落事故は、私が、長い間親しんでいた故郷の山深い場所で発生した。

時あたかも、未曾有の敗戦という大混乱期に、この事故は起きた。当時の日本に、事故の事実を詳しく調査する能力も余裕もなかったこと、深山での事故で目撃者もいなかったことなど、地元でさえ、具体的な内容を知る者は皆無であった。

時が時であったとはいえ、その後、高度経済成長の時代とともに忘れ去られようとしていた二つの事故のことを偶然知った一人の山男が、掘り起こし始めて三十年近くが過ぎた。

戦後七十年が過ぎ、生き証人に会うこともほぼ困難になった。今、書き残し、次の世代へ伝えなければとの思い一筋でペンを執り、書き上げたが、もちろん私一人の力では到底成し得られるものではなかった。同じ思いを持つ多くの皆さんの支えと励ましがあったからこそ書き上げることが出来た。

本書の内容は、平成七年八月の平和祈念碑建立を記念に発行した拙著『平和の鐘　奥高千穂

B-29・隼墜落悲話』を大幅に加筆・修正したものであり、特に米国の遺族との交流については、前著出版後に行なったもので、今回多くを盛り込んだ。

本文中に登場する人物の氏名と年齢は、前著出版時のままで、すべて敬称を略して記載しているが、特に「戦中派」の方々は、その後、彼岸に旅立たれた方がほとんどである。戦争を知らない世代の私の、時には不躾な質問に対して誠実に、かつ感謝のことばも含めていろいろと教えていただいた元飛行第六十五戦隊長吉田穆、松原定夫、松原弘直各氏と徳光枝様には、私の取材により当時のことを思い出させて申し訳ない気持ちもあったが、大変お世話になった。また、貴重な資料を提供していただいた福林徹、工藤洋三、草間秀三郎、犬尾博治の各氏にも御礼を申し上げる。

地元高千穂町の稲葉茂生、黒木睦郎、内倉信吾の歴代町長および地元選出の町議会議員の皆様、野尻八郎、武田計助、田上栄策、小河原文義の歴代五ヶ所地区公民館長をはじめとする五ヶ所地区全戸の皆様の御理解と御支援にも心から感謝申し上げる。この他、これまで御世話になったすべての方々にも御礼申し上げる。

平和祈念碑建立に、当初から理解と物心両面での協力を、惜しみなく続けてくれた唯一人のB-29墜落現場で遺体の収容作業経験者秀國少年こと甲斐秀國氏には、この本を、一番最初に届けようとしていた矢先に、不慮の事故で、黄泉の国へ旅立たれ、かえすがえすも残念である。また、同じように山林作業の事故でなくなられた有藤俊太郎氏にも、この本を読んで欲しかった。

この本は、ペンを執ったのは、私一人であるが、これまで、共に平和祈念祭を、毎年開いてきた平和祈念碑奉賛会会員との合作と思いつつ、これからも平和を考える一つの教材として、長く読み継がれれば、望外の幸いである。

米国の遺族との連絡や英文の和訳に全面的に協力していただいた清水達也、田﨑友教、溝辺牧男三氏には、厚く御礼を申し上げる。さし絵を書いてくれた平和祈念碑奉賛会事務局長甲斐英明にも感謝したい。

また、本の出版を勧めていただき構成・企画で力添えをいただいた鉱脈社の取締役社長川口敦己、専務取締役川口道子両氏と、私の稚拙な文章に目を通し多くの御助言をいただいた同社顧問の杉谷昭人氏、たびたびの変更にもかかわらず粘り強く制作に携わっていただいた同社の皆さんにも厚くお礼申し上げたい。

最後に、三十年近い私の取り組みに、一番理解を示してくれた妻万里子と応援してくれた三人の娘には、心から overwhelming の形容詞を添えて「ありがとう」のことばを贈りたい。

平成二十七年十月二十日

こんな出会いを作ってくれた故郷・高千穂の神々と山々と人々に感謝しつつ、
いつの間にか六十二回目の誕生日を迎えた霧深い朝に高千穂で

著者略歴

工　藤　　寛（くどう　ひろし）

1953年　宮崎県高千穂町に生まれる
1972年　県立高千穂高等学校卒業
1977年　麻布獣医科大学（現麻布大学）・獣医師
1977～2013年
　宮崎県職員として主に家畜衛生業務に従事
　剣道錬士６段

著　書　『平和の鐘』（私家版 1996年）
　　　　『高千穂牛物語』（私家版 2010年）

現住所　〒880-0024　宮崎市祇園３丁目208-1
TEL 0985-31-8218

ラスト フライト

奥高千穂 隼・B-29墜落秘話

二〇一五年 十 月二十日初版印刷
二〇一五年十一月十三日初版発行

著　者　工藤　寛©
発行者　川口　敦己
発行所　鉱　脈　社
〒八八〇－八五五一
宮崎市田代町二六三番地
電話　〇九八五－二五－一七五八
郵便振替　〇二〇七〇－七－二三六七

印刷
製本　有限会社 鉱　脈　社

印刷・製本には万全の注意をしておりますが、万一落丁・乱丁本がありましたら、お買い上げの書店もしくは出版社にてお取り替えいたします。（送料は小社負担）